KB018676

일제의 조선관습조사 종합목록

General catalog of custom investigation on Choson(朝鮮) by Japanese imperialism

Basic Research Project Team of
Korean Custom Investigation Survey by Japanese

이 저서는 2011년 정부(교육부)의 재원으로 한국학중앙연구원(한국학진흥사업단)의 지원을 받아
수행된 연구임(AKS-2011-EBZ-3107)

일제의 조선관습조사 종합목록

일제 조선관습조사 토대기초연구팀

혜안

일제는 조선 관습조사사업(1906~1938)을 추진하면서 한국사회의 전통과 관습을 일본식으로 크게 왜곡했을 뿐만 아니라 일제의 식민지기 법제의 제정에 기초자료로 활용하였다. 본 연구팀은 근대시기 한국인의 법 생활과 법 의식의 원형을 복원하기 위하여 일제의 관습조사 보고서류를 종합적으로 수집, 분류, 정리하는 것을 목표로 삼았다.

본 연구팀은 2011년부터 3년 동안(2011.12.1.~2014.11.30.)『일제의 조선관습자료 해제와 DB화 작업』연구과제로 한국학중앙연구원에서 지원을 받았다. 제1~3차년도 연구는 1906년부터 1938년까지 일제가 한국을 침략하면서 생산한 한국인의 각종 관습, 민속, 제도, 일상 생활 등에 관한 자료들을 종합적으로 조사, 수집, 정리하였다. 이 자료 중에서 핵심 자료를 대상으로 DB 구축, 해제, 자료 복사 및 디지털화를 단계별로 수행하였다. 본 사업은 크게 〈조사·분류·정리〉, 〈해제·역주〉, 〈기초자료 및 자료집 간행〉 분야로 진행되었는데, 다음 4부분으로 나누어 진행되었다.

첫째, 관습조사자료 약 7,700여 책 중에서 약 3,850책을 전수 조사하고 이 중에서 핵심적인 관습조사자료를 선별하여 목록 DB에 등재하였다. 제1차 년도에는 국사편찬위원회와 수원박물관 소장 자료를 중심으로 등재하고 국립중앙도서관 및 일본의 도쿄 지역 대학도서관에 소장된 자료를 정리하였다. 제2차 년도에서 미국 하와이 대학 등 추가 조사 및 기존 목록 수정 작업을 수행했다. 최근 기록학 연구 방법에 따라 최종 목록 DB를 구축한 것은 2,784책이다.

둘째, 부동산법조사회 및 법전조사국의 생산기록물 중에서 700책을 대상으로 해제작업을 수행하였다. 현재 관습조사자료들이 관련 학계에서 잘 활용되지 못하는 이유로 해당 자료의 사료적 성격이 제대로 소개되지 못한 측면이 있다는 점을 감안하여 부동산법조사회 기록물, 법전조사국 생산 기록물 중에서 부동산, 친족, 상속 등에 관한 자료를 중심으로 해제 작업을 수행하였다. 기본정보, 내용정보, 가치정보 등으로 나누어 상세

하게 해제하였다.

셋째, 관습조사자료들 중에서 실지조사서, 특별조사서, 풍속조사서, 제도조사서 등을 중심으로 700책에 대한 복사 및 디지털화 작업을 수행하였다. 본 연구팀의 목표는 관련 연구자들이 손쉽게 관습조사자료에 접근할 수 있도록 관련 시스템 등을 구축하는 데 있었다. 이 중에서 가치가 높은 주요 자료를 선별하여 별도로 원문 자료 DB와 영인본 작업을 수행하였다.

넷째, 본 관습조사자료의 대부분이 해당 연구자조차도 해독하기 어려운 초서로 작성된 것이 많았다. 이에 따라 본 연구팀에서는 핵심 자료를 선별하여 탈초 작업을 수행하고 색인어 추출에 필요한 기초작업을 수행하였다. 탈초 대상은 부동산법조사회와 법전조사 국에서 생산한 입법 관련 자료 및 핵심적인 관습조사자료 중에서 약 6만여 자를 탈초하였 으며, 탈초 색인서 1권으로 정리하였으나 사정상 간행하지는 않았다.

본 연구팀의 활동은 원래 한국역사연구회 토지대장 연구반에서 기획되었다. 이 작업에 는 연구책임자 왕현종을 비롯하여 일반공동연구원으로 이영학, 최원규, 김경남, 한동민, 마리킴과 전임연구원으로 이승일, 원재영, 그리고 연구보조원으로 이상순, 이순용, 채관 식, 류지아, 김성국, 김달님, 이예슬, 함승연, 최서윤, 황외정, 전소영, 하영건, 유지형 등 대학원 및 학부생이 참여하였다. 이외에도 정용서, 심철기, 요시카와 아야코(吉川絢子) 등이 도왔다.

본 연구의 협조기관으로는 수원박물관, 국사편찬위원회, 서울대학교 규장각한국학연구 원, 연세대학교 학술정보원 한국학자료실, 고려대학교 학술정보원, 한국학중앙연구원 장서 각도서관, 국립중앙도서관, 국회도서관, 일본 호세이(法政) 대학 도서관, 호세이 대학 이치가 야 캠퍼스 도서관 귀중서고 및 현대법연구소, 교토(京都) 대학 도서관, 가쿠슈인(學習院) 대학 동양문화연구소(東洋文化硏究所, 友邦文庫), 도쿄 게이자이 대학 도서관(四方博文庫, 桜井義之 文庫), 도쿄(東京) 대학 도서관, 게이오(慶應義塾) 대학 후쿠자와 연구센터, 와세다(早稻田) 대학 도서관, 일본 국립국회도서관, 오사카 시립대학 학술정보센터, 미국 하버드 대학 하버드옌칭연구소 도서관, 하와이 대학 해밀턴 도서관, UCLA, USC 도서관 등이었다. 지난 3년 동안 번거로운 방문과 열람 요청에도 조선 관습조사에 관한 귀중한 자료를 열람, 복사, 활용하게 해 주신 여러 관련 기관에 감사를 드린다. 또한 어려운 여건에도 불구하고 원고 자료를 잘 정리하여 편찬해 주신 오일주 사장님 이하 혜안출판사 여러분께 감사의 말씀을 드린다.

앞으로 이번 일제의 조선 관습조사에 대한 기초연구로 모아진 자료와 DB화 작업을 계기로 하여 향후 공동연구로 이어져 조선의 독자적인 관습의 재발견과 더불어 일제의 식민지 연구 및 법사학·민속학·사회학·경제학 등 근대한국학의 연계학문간 활발한 토론과 교류를 기대해 본다.

2016년 11월 30일 공동연구팀이 쓰다

일러두기

1. 이 책은 연세대학교 일제 조선관습조사 토대기초연구팀이 2011년~2014년까지 수집·연구하였던 일제의 조선관습조사 자료의 종합목록을 정리한 결과물이다.

2. 이 책에 수록된 자료의 주제 분류기준과 목록번호는 다음과 같다.

대분류	중분류	소분류	세분류	목록순서
관습조사군	1.민상사관습	민사관습	총칙분야(사권, 인)	1. 고적조사 관습조사 일반
			재산분야(물권, 채권, 토지, 소작)	2. 민사
			친족/상속(혼인,이혼, 입양 등)	
		상사관습	상인, 상업단체, 상행위, 수형, 회사, 해상(海商)	3. 민사상사
				4. 상사
		관습 일반류	관습법(판결록, 구관심의안, 각종 회답휘집류, 통첩, 각종 예규)	5. 법/관습법
			주요 조사기관(부동산법조사회, 법전조사국, 취조국, 참사관실, 중추원)	6. 법/재판
			입법관련자료 : 우메 문서, 각종 법률/칙령(안)	7. 일반
	2.제도조사	국제(國制) 및 왕실	국제, 왕실, 구역, 관직, 관원, 내부, 군제, 재무	1. 제도조사
		외교	외교 사항	2. 국제 및 왕실
		지방자치	향회, 향청, 향약, 리계, 사창, 작통, 민보(民堡)	3. 재무 4. 전적조사자료 5. 행정 및 내무
		재판	사송(詞訟), 형옥, 형율 등	6. 외교 및 군사
	3.풍속조사	일상 생활 및 풍속	복장, 음식, 주거, 차(車) 여(輿) 선(船), 출생, 관혼상제, 예속, 직업, 학문, 이언(俚諺), 예의, 가정의 일상, 농업, 어업, 종교, 미신, 절행(節行), 의약, 미술, 악(樂) 가(歌), 무(舞),오락 및 유희, 족보, 농업 및 어업, 무복(巫卜) 및 술객(術客), 성명, 연중행사, 잡(雜)	1. 민속 2. 일상생활 3. 종교생활 4. 사회사정
		생활상태	조선사회사정조사, 각종 부락조사	
역사/지지조사군	4.조선사	역사	조선반도사, 일한동원사(日韓同源史)	1. 사료수집 및 편찬
		사전	조선인명사서(朝鮮人名辭書)	2. 인명사전

	5.조선지지류	조선지지	조선지지(朝鮮地誌), 세종실록지리지, 신증동국여지승람색인,	1. 조선지지
		읍지류	각종 읍지 수집	2. 지방읍지
6.기타		기타	기타	1. 기타

3. 각 분류별 구성과 분량

분류	번호	제목	건수
민상사관습	1-1	고적조사 관습조사 일반	66
	1-2	민사	886
	1-3	민사상사(문제별조사서)	304
	1-4	상사	127
	1-5	법/관습법	196
	1-6	법/재판	28
	1-7	일반	319
제도조사	2-1	제도조사	16
	2-2	국제 및 왕실	83
	2-3	재무	47
	2-4	전적조사자료	68
	2-5	행정 및 내무	76
	2-6	외교 및 군사	36
풍속조사	3-1	민속	34
	3-2	일상생활	185
	3-3	종교생활	49
	3-4	사회사정	37
조선사	4-1	사료수집 및 편찬	23
	4-2	인명사전	22
조선지지	5-1	조선지지	15
	5-2	지방	31
	5-3	지방읍지	8
기타	6-1	기타	127
		22항목	2,784

4. 목록의 구성

목록 예시	내용	정렬 및 표기 원칙
慣習調査問題	표제어	오름차순 가나다 순으로 정렬. 굵은 글씨로 표기함.
不動産法調査會	집필자	생산기관.
86쪽 1책	분량/책수	자료의 쪽수와 책수. 2책 이상으로 된 자료의 분량 표기의 경우 쪽수 앞에 책번호를 매김.
韓國不動産法調査會(京城 :)	작성자(통역자)	작성자 및 통역자.
22㎝ 활자본	크기/인쇄형태	기준 크기는 '㎝'로 하고 인쇄형태는 필사본/활자본 등으로 구분함.
	출판사	출판사.
1909	연도	생산연도. 원본대조를 통해 표시된 연도를 표기함.

국립중앙도서관	소장기관	자료의 소장기관
6025-1	청구기호 (관리번호)	소장기관의 청구기호 혹은 관리번호를 표기함. 2개 이상의 기관이 소장하고 있는 경우 대표기관의 청구기호를 표기함.

5. 자료 분류별로 표제어 기준으로 오름차순으로 정렬되어 있다. 단 I-3 (문제별 조사서)의 경우에는 조사번호를 기준으로 정렬하였다. '(번호)자료제목' 형태의 자료의 경우에는 검색을 용이하게 하기 위해 번호를 제외한 제목의 내용을 기준으로 하여 순서를 매겼다.

6. 자료목록의 표기방법은 표제어는 한자표기를 원칙으로 하였으며 집필자의 경우 일반적인 관서의 이름이 반복되는 경우에는 한글로 표기하였다(예 : 朝鮮總督府 中樞院 → 조선총독부 중추원). 자료를 생산한 작성자/통역자의 경우에는 일본인 인명과 기관명 표기의 이유로 인해 한자로 표기하였다.

7. 각 항목 중 내용이 없는 경우에는 공란으로 두지 않고 다음 항목을 끌어서 표기하였다.

목 차

일제의 조선관습조사 종합목록 소개

1. 연구 사업의 기획 의도

본 연구사업은 1906년부터 1938년까지 일제가 한국을 침략하면서 한국의 관습, 민속, 제도, 일상생활 등에 관하여 조사하고 관련 자료들을 대상으로 하고 있다. 이 자료들을 종합적으로 수집, 정리하고 공개서비스를 위한 토대사업을 수행하는 것이 연구의 목적이다. 이를 통해 근·현대 한국인의 생활상을 온전히 복원하고 한국 법제와 관습 연구의 기초자료를 제공하여 역사학, 법학, 민속학, 사회학 등 관련 연구의 활성화에 크게 기여할 수 있을 것으로 기대한다.

일제는 부동산법조사회(1906)를 설치하여, 대한제국의 토지 및 부동산에 관하여 조사하였고 법전조사국(1908~1910)에서는 민법과 상법 분야를 중심으로 관습을 조사했다. 1910년 한국병합 이후에는 조선총독부 취조국, 참사관실, 중추원이 관습, 민속, 풍속, 제도 및 생활상태 등에 대해서 1910년부터 1938년까지 관습조사사업을 지속했으며 이 과정에서 방대한 양의 조사보고서류를 생산하였다.

법전조사국의 관습조사는 한국의 주요 70개 지역을 선별하여 해당 지역의 한국인을 상대로 질문하고 그 응답을 기록하는 '실지조사'와 조선 재래의 주요 법전 및 구문기류(舊文記類)를 조사하는 '문헌조사'로 시행되었다. 실지조사는 일본인이 주로 수행하였고 문헌조사는 한국인이 수행하였는데 이 같은 조사기법상의 특징과 함께 조사기록물이 식민통치에 활용된 점을 고려하면 다양한 학문적인 가치를 지닌다고 말할 수 있다.

한국병합 이후에는 조선총독부 취조국을 설치하여 조선의 전통적 구관, 제도, 관습 등을 조사, 편찬하기 시작하였으며 1912년에는 취조국을 폐지하고 참사관실이 해당 업무를 인계받았다. 1915년 이후에는 1938년까지 조선총독부 중추원으로 이 업무를 이관하여 본격적으로 조사, 편찬 사업을 전개하였다.

이 자료들은 첫째, 근대 시기 각 지방의 관습, 민속, 풍속, 생활상태 및 법 생활을 일본인의 시각으로 채록하였다는 특성이 있다. 둘째, 일제는 관습조사보고서류를 식민지 행정을 위한 기초자료로 활용했을 뿐만 아니라 1910년 이후 식민지 통치 법령의 제정을 위한 법제 자료와 식민지 사법재판의 준칙으로도 활용하였다. 셋째, 관습조사보고서류를 토대로 제정된 일본식 법제 체제는 1945년 해방 이후에도 완전히 청산되지 못한 채, 오늘날까지도 일부는 여전히 현행 한국 민법에 영향을 큰 미치고 있는 실정이다.

이처럼 일본의 식민지 지배의 준비과정에서 생산된 방대한 분야의 관습조사보고서류는 근대 한국인의 민속, 풍속, 관습, 법 및 일상생활 등을 총체적으로 보여주는 대단히 희귀한 사료일 뿐만 아니라 일제의 시각에서 한국인의 관습 등을 정리하였다는 점에서 식민정책 연구에서도 중요한 의미를 가지고 있다. 근대시기 한국인의 법 생활과 법 의식의 원형을 복원하기 위해서도 일제의 관습조사보고서류를 종합적으로 수집, 분류, 정리, DB화하여 관련 학계에 제공할 필요성이 있다.

2. 일제의 조선관습조사 자료 연구 방향

1) 관습조사사업의 조사 방법

본 연구에서는 일제가 한국의 식민지배를 위해 수행한 관습조사사업(1906~1938) 과정에서 생산된 각종 조사보고서류를 다음과 같은 방향으로 조사하였다.

첫째, 관습조사보고서류가 국내외 여러 기관에 파편적으로 소장되어 있어 각 자료들이 통일적으로 분류·정리되지 못한 점을 극복하기 위하여 표준적이고 통일적인 분류체계로 정리하고 공통적인 목록기술요소를 개발한다. 이를 통하여 주요 자료의 소재정보를 확인하고 종합목록 DB를 구축하여 목록집을 출판하였다.

둘째, 국내외에 산재해 있는 주요 관습조사보고서류가 관련 학계에 제대로 소개되어 있지 못할 뿐만 아니라 전문 연구자들에게 해당 조사보고서류들이 어떠한 성격의 자료인지가 알려져 있지 않아서 자료에 대한 접근성이 떨어지는 상황을 개선하기 위하여 주요 자료들을 해제, 역주, 색인작업을 수행하였다. 특히 법전조사국에서 조사한 전국 70여개 지역의 지역조사서와 특별조사서를 핵심 대상으로 한다.

셋째, 이 같은 기초조사를 토대로 하여, 관련 자료들을 출판 서비스하고 근대 한국인의 관습에 대한 영인자료집을 출판하도록 한다. 이 자료집들을 온라인으로 연계하여 제공함으로써 연구자들의 접근성을 제고하는 방향으로 사업을 추진하려고 하였다.

본 연구팀에서 조사한 결과 확인한 관습조사보고서류는 1906년부터 1938년까지 약 7,700여권이다. 관습조사보고서류의 소장 기관과 소장량은 다음과 같다.

〈표 1〉 소장기관별 관습조사보고서류의 소장현황

소장기관		관습조사보고서류의 유형	소장량
국사편찬위원회		- 지역조사서, 특별조사서(130여책) - 문헌조사서류(1,200여책) - 민속·풍속·경제 관련 조사자료(700여책) - 읍지, 문집류(1,300여책) - 해외 관련 자료(600여책) - 법전류, 경전류(480여책)	약 4,410여책
수원시 박물관		- 지역조사서 및 특별조사서(150여책) - 문제별 조사서(600여책) - 관습조사사업 관련 문서류(50여책)	약 800여책
국회도서관		- 지역조사보고서류 - 중추원 조사보고서류	약 80책
국립중앙도서관		- 중추원 조사보고서류	약 76책
서울대 도서관		- 취조국 및 참사관실의 관습조사보고서류 - 중추원 조사보고서류	약 120여책
서울대 규장각		- 관습조사사업 관련 공문서	약 100여건
연세대학교 도서관		- 관습조사보고서(전주 지역)	1책
일본	호세이(法政)대학	- 우메 겐지로 문서(梅謙次郎文書, 대한제국기 입법관련 문서) - 관습조사보고서류	약 70여건
	고베(神戶)대학	- 중추원 조사자료, 관습조사보고서류	약 200여책
	도쿄(東京)대학	- 중추원 조사자료, 관습조사보고서류	약 60여책
	학습원(學習院)대학	- 중추원 조사자료, 관습조사보고서류	약 50여책
	교토(京都)대학	- 중추원 조사자료, 관습조사보고서류	약 200여책
	와세다(早稻田)대학	- 중추원 조사자료, 관습조사보고서류	약 290여책
	히토츠바시(一橋)대	- 중추원 조사자료	약 300여책
미국	하와이대	- 관습조사보고서류, 관습조회철(慣習照會綴, 60여책) - 경제, 도시, 풍속 등 조사보고서(200여책) - 식민지 법규, 호적, 호패 등 조사자료(30여책) - 농업관계, 소작, 임업, 어업 등 보고서(100여책)	약 400여책
	하버드 대학	- 조선총독부 조사자료	약 174책
	예일 대학	- 조선총독부 조사자료	약 117책
	콜롬비아 대학	- 조선총독부 조사자료	약 170책
	UCLA 대학	- 조선총독부 조사자료	약 80책
총계			약 7,697책

원래, 관습조사자료들은 해방 직후 조선총독부 중추원의 업무를 승계한 국사관(현 국사편찬위원회)의 도서로 일부 인계되었으나 일제의 조직적인 기록물 소각과 한국전쟁 등의 혼란 와중에 많은 자료들이 국내외로 산일되었다. 이 중에서 일부의 자료들이 (고)이종학 선생, 국립중앙도서관, 국회도서관, 국내 대학도서관, 일본의 각 대학, 하와이대학 해밀턴도서관, 하버드 대학도서관 등에 의해 수집된 것으로 추정된다.

이 중에서 국사편찬위원회에 가장 많은 자료가 소장되어 있는 것으로 조사되었으며 그 다음으로는 (고)이종학 선생이 개인적으로 수집한 관습조사보고서류가 가장 체계적이고 양도 많은 편이다. 이 자료들은 (고)이종학 선생의 유족들이 수원시 박물관에 기증하였는데 약 800여책 가량으로 조사되었다. 하와이대학의 해밀턴도서관에도 약 400여책의 조사 및 편찬 자료를 소장하고 있는 것으로 조사되었다. 이외에 국회도서관, 일본, 서울대학 도서관, 규장각 등에 관련 자료들이 파편적으로 소장되어 있는 실정이다.

본 연구는 국사편찬위원회, 수원시 박물관, 국회도서관, 서울대, 하와이대학 해밀턴도서관, 일본 등에서 소장하고 있는 관습조사보고서류를 종합적으로 수집, 정리, 해제, 역주, 출판하여 근현대 한국인의 생활상을 종합적으로 복원하는 데 목적이 있다.

2) 관습조사사업의 정리 방법

가. 자료조사

(1) 문헌 조사 절차 : ① 각 기관별 소장자료의 목록 조사, ② 각 기관의 관습조사보고서류 소장 경위 조사, ③ 관습조사보고서류의 생산현황 및 기록물 유형 조사, ④ 관련 분야 연구성과 조사(법학, 인류학, 민속학 등), ⑤ 관습조사사업 관련 인물 조사, ⑥ 관습조사사업 관련 기구의 변천 조사, ⑦ 일제의 식민지 지배정책에 대한 연구 성과 조사

(2) 현지 조사 및 복사 : ① 국사편찬위원회 자료 복사, ② 하와이대학 해밀턴도서관 및 구미 한국관련 자료 조사 및 복사, ③ 국내 산일 자료(수원시 박물관, 서울대 구관 도서관, 규장각한국학연구원, 국회도서관 등) 복사, ④ 일본 소장 자료(法政大學, 東京大學 등) 복사 및 식민지 지배정책 관련 자료 조사

나. 분류작업

관습조사보고서류가 부동산법조사회→ 법전조사국→ 취조국→ 참사관실→ 중추원 등에서 생산되고 관리되었으나 해방 후 사회 혼란기를 거치면서 하나의 기관에서 수집 관리된 것이 아니라 다양한 기관에서 여러 경로를 통하여 파편적으로 수집되어 관리되고 있다. 그리고 관습조사보고서류임에도 불구하고 소장 기관의 특성에 따라 분류체계가 통일되어 있지 못하다. 본 작업에서는 관습조사보고서류의 특성에 부합하는 통일된 분류체계를 개발할 계획이다. 기록물의 분류에 대해서는 기록학계에서 정설로 확립되어 있는 출처주의 원칙과 원질서존중의 원칙에 입각하여 수행하기로 하였다. 따라서 본 연구사업에서는 관습조사보고서류 일체를 최신의 기록학 연구방법론에 따라서 분류체계를 개발하여 목록의 재조직화를 시도하였다.

〈표 2〉 조선총독부 중추원 자료 분류안

대분류	중분류	소분류	세분류
관습조사군	민상사관습(1)	민사관습	총칙분야(사권, 인)
			재산분야(물권, 채권, 토지, 소작)
			친족/상속(혼인,이혼, 입양 등)
		상사관습	상인, 상업단체, 상행위, 수형, 회사, 해상(海商)
		관습 일반류	관습법(판결록, 구관심의안, 각종 회답휘집류, 통첩, 각종 예규)
			주요 조사기관(부동산법조사회, 법전조사국, 취조국, 참사관실, 중추원)
			입법관련자료 : 우메 문서, 각종 법률/칙령(안)
	제도조사(2)	국제(國制) 및 왕실	국제, 왕실, 구역, 관직, 관원, 내부, 군제, 재무
		외교	외교 사항
		지방자치	향회, 향청, 향약, 리계, 사창, 작통, 민보(民堡)
		재판	사송(詞訟), 형옥, 형율 등
	풍속조사(3)	일상 생활 및 풍속	복장, 음식, 주거, 차(車) 여(輿) 선(船), 출생, 관혼상제, 예속, 직업, 학문, 리언(俚諺), 예의, 가정의 일상, 농업, 어업, 종교, 미신, 절행(節行), 의약, 미술, 락(樂) 가(歌) 무(舞), 오락 및 유희, 족보, 농업 및 어업, 무복(巫卜) 및 술객(術客), 성명, 연중행사, 잡(雜)
		생활상태	조선사회사정조사, 각종 부락조사
역사/지지조사군	조선사(4)	역사	조선반도사, 일한동원사(日韓同源史)
		사전	조선인명사서(朝鮮人名辭書)
	조선지지류(5)	조선지지	조선지지(朝鮮地誌), 세종실록지리지, 신증동국여지승람색인,
		읍지류	각종 읍지 수집
기타(6)		기타	기타

다. 종합목록 통합메타데이터 작성

관습조사보고서류가 관련 학계에 널리 활용되기 위해서는 정확한 목록집의 출판이 필요하다. 본 연구팀은 목록기술에 필요한 기술요소와 방법론으로 기록학적 연구성과를 반영하여 다음의 명세표를 작성하였다. 일반적으로 기록학에서의 기술은 서로 다른 기록물 세트의 기원, 배경, 출처, 기록물의 파일링 구조, 기록물의 형태와 내용, 기록물을 찾아내고 활용하는 방법 등에 대한 정보를 포착, 대조, 분석하고 검색 편의를 제공하는 과정으로 정의된다. 본 연구팀은 기록물 기술에 관한 국제기술규칙을 참고하고 관습조사보고서류의 기록물 특성을 반영하여 독자적인 목록기술규칙을 다음과 같이 정리하였다.

〈표 3〉 종합목록 통합 메타 데이터 명세표

항목분류	항목	사례	항목설명
연구팀설정정보	순번(관리번호)	국내기관웹-001	국내외 소장기관별 자료군 분류번호
과제정보	수행기관	연세대근대한국학연구소	연구수행기관
과제정보	과제명	일제의 조선관습자료 해제와 DB화 작업	연구과제명
과제정보	산출물명	일제 조선관습자료 해제 및 DB	연구과제로 산출되는 자료명
자료명	대표표제어	客主ノ營業ニ關スル調査報告書	원문표제어
자료명	부가표제어	객주의 영업에 관한 조사보고서	한글표제어
분류정보	분야	관습조사	관습조사, 민속조사, 제도조사, 전적조사, 조선사 관련 기타
분류정보	유형	서명	자료 유형 분류
분류정보	시대	대한제국	자료 관련 시대 분류
분류정보	지역		자료 관련 지역 분류
분류정보	자료구분	서적	사전, 멀티미디어, 고문헌 등
부가정보	키워드	상사	자료의 주제어
부가정보	언어	일본어	자료 작성 언어
부가정보	첨부파일	PDF	추가 자료 첨부파일
부가정보	URL	https://library.hanyang.ac.kr/	추가 자료의 주소 또는 ID
저작권정보	집필자	법전조사국	자료 저자, 집필자
저작권정보	저작권자	한양대도서관	디지털 자료의 소유자, 저작권자
원자료	원자료		해제 및 색인 파일과 연동하여 활용함
연구팀 설정정보	관리번호	090 20	소장처 자료 관리번호
	기록번호	300	소장처 자료 기록번호
	분량	7	자료의 분량
	책수	1책	자료의 책수
	작성자(통역자)		자료 저자, 집필자
	출판사	발행처불명	자료의 발행처
	매체	종이	자료의 전달매체
	크기	26㎝	자료의 크기

	필사/활자본	필사본	자료의 표기형태
	생산년도	미상	자료의 생산년도
	소장처	한양대도서관	자료의 소장처

〈표 4〉 조선관습조사 종합목록 범례(예시)

항 목	사 례	설 명
1.순번(관리번호)	국내기관웹-000	국내 기관 및 대학도서관 소장 자료
	수원시박물관-I-000	수원시 박물관 소장 관습조사 자료
	수원시박물관-II-000	수원시 박물관 소장 관습조사 자료(문제별 조사서)
	일본기관웹-000	일본 기관 및 주요 대학도서관 소장 자료
	미국기관웹-000	미국 주요 대학도서관 소장 자료
	규장각-000	서울대 규장각한국학연구원 소장 자료
	국사편찬위원회-000	국사편찬위원회 소장 중추원 관련 자료
2. 정렬방식		소장 기관별 표제어 오름차순 정리를 기본으로 함.
3. 지역		자료의 성격상 지역 표시가 되어 있는 경우에만 표기함
4. 첨부파일		소장 기관의 자료공개 협의에 따라 제공
5. URL		소장 기관의 인터넷 주소(중복될 경우 대표주소)
6. 연구팀설정정보		일제의 조선관습조사 자료의 상세 내역 소개

3. 일제의 조선관습조사 자료의 현황

1) 부동산법조사회의 설치와 생산 자료

한국의 통감으로 부임한 이토 히로부미(伊藤博文)는 1906년에 부동산법조사회를 설치하여 부동산법 제정을 추진하였다. 이토가 부동산법조사회를 설치한 이유는 한국에 거주하는 일본인들의 재산을 법률로써 보호하기 위해서였다. 그는 부동산 관련법을 제정하기에 앞서 일본 민법의 기초자이자 민법학의 대가였던 우메 겐지로(梅謙次郎)를 초빙하여 한국의 부동산 관련법의 기안(起案)과 관습조사를 맡겼다.

우메 겐지로는 일본의 '민사관례조사(民事慣例調査)'를 모방하여 관습조사를 지휘하였다. 부동산법조사회는 미리 조사사항을 작성하여 각 관아에서 응답을 준비할 수 있도록 하였고 각 관아는 응답자를 선정하였다. 이에 따라 지방 노유석사(老儒碩士) 가운데 연혁이나 관습에 정통한 한국인 관료를 위원을 임명하여 조사하기도 하였으나, 실제 조사는 일본인이 직접 담당하였다. 야마구치 게이이치(山口慶一)를 비롯한 일본인 조사자들은 대체로 호세이 대학(法政大學) 출신이었으며 나카야마 세타로(中山成太郎)는 대만 구관조사에도 직접 참여한 바가 있었다.

부동산법조사회는 한국을 대표하는 지역을 선정하여 조사보고서를 작성하였다. 조사 지역은 경기도, 충청남북도, 황해도, 평안남북도, 함경남북도, 경상남북도 등의 지역이었다. 우메가 직접 참여한 조사를 살펴보면, 조사지역은 경성이사청, 인천이사청, 개성부, 평양관찰부, 평양이사청, 수원관찰부, 대구관찰부, 부산이사청, 마산이사청 등 5개 이사청, 3개 관찰부 및 1개 부 등이었다. 이후 가와사키 만죠(川崎萬藏)와 야마구치 게이이치(山口慶一), 히라키 간타로(平木勘太郞) 등이 우메의 조사방법에 따라 1906년 8월부터 제2차 조사를 시행하는 등 한국의 주요 지역의 부동산 관습을 조사한 후에 관련 조사보고서류를 작성하였다.

『조사사항설명서(調査事項說明書)』, 『토지가옥증명규칙요지(土地家屋證明規則要旨)』, 『한국 부동산에 관한 관례 : 황해도 중 12군. 제2철(韓國不動産ニ關スル慣例 : 黃海道中拾貳郡. 第二綴)』, 『토지급가옥의 매매, 증여, 교환 및 저당의 증명에 관한 규칙 및 지령 등 요록(土地及建物ノ賣買, 贈與, 交換及典當ノ證明ニ關スル規則及指令等要錄)』 등이 있다.

서울대도서관과 규장각에는 부동산법조사회 관련 공문서류를 소장하고 있다. 부동산 법조사회의 직제, 직원의 임면 사항, 예산, 출장 및 조사 방침 등을 상세히 기록한 부동산법 조사회관계서류(不動産法調査會關係書類), 부동산법조사회안(不動産法調査會案) 등이 있다.

2) 법전조사국의 지역별 문제별 조사서 작성

1907년 12월 설립된 법전조사국에서는 민법, 상법, 형법 등 주요 법률들을 제정하려고 하였다. 법전조사국은 부동산법조사회에 비하여 조사 지역 및 피조사자, 조사 일정 등에서 규모가 대단히 컸다. 관습조사 방법으로는 실지조사와 문헌조사가 있었는데 실지조사는 일반조사와 특별조사로 나뉘어 진행되었다. 일반조사는 전국을 대표하는 48개 지역을 선정하여 수행되었다. 법전조사국은 조사의 편의를 위하여 전국의 48개 지역을 제1관 지역과 제2관 지역으로 나누어 조사를 수행하였다. 제1관 지역은 1908년에 경기도, 충청도, 경상도, 전라도 등의 한반도 중남부 26개 지역이고, 제2관 지역은 1909년에 황해도, 평안도, 함경도, 강원도 등의 한반도 중북부 22개 지역이었다.

일반조사와 특별조사는 실지조사의 방식을 취하였는데 실지조사는 각 지역에서 관습조사에 응할 수 있는 사람을 미리 선발하고 해당 관청으로 불러서 질문을 하고 그 답변을 기록하는 방식으로 수행되었다. 1910년에는 일반조사뿐만 아니라 특수사항에 관해서

<표 5> 법전조사국의 관습조사지역

지역	일반조사지역(47개)				특수조사지역
	행정 중심지	구개항장 (개시장)	구 중심지	기타	
경　　성(제1관 지역)	경성				
경 기 도(제1관 지역)	수원	인천	개성	안성	여주, 풍덕, 장단, 파주, 연천
충청남도(제1관 지역)	공주	공주		예산, 온양, 은진	강경, 연산
충청북도(제1관 지역)	청주		충주	영동	
경상북도(제1관 지역)	대구		상주, 안동, 경주		성주, 포항
경상남도(제1관 지역)	진주	동래(부산) 창원(마산)		울산	밀양, 김해, 용남
전라남도(제1관 지역)	광주	무안(목포)	제주		나주, 법성포, 순천
전라북도(제1관 지역)	전주	옥구(군산)	남원		금산
황 해 도(제2관 지역)	해주		황주		재령. 서흥, 안악, 봉산
평안남도(제2관 지역)	평양	진남포(삼화)	안주	덕천	숙천
평안북도(제2관 지역)	의주	용천(용암포)	강계, 영변		정주
함경북도(제2관 지역)	경성	경흥, 성진, 회령			
함경남도(제2관 지역)	함흥	덕원(원산)	갑산, 북청		
강 원 도(제2관 지역)	춘천		원주 강릉		
	14	11	15	8	38개 지역-중복 16개(밑줄)

9개도 38개 지역을 선정하여 별도로 특별조사를 실시하였다. '지역조사서'가 48책, '특별조사서'가 111책이 작성되었다. 이외에, 법전조사국의 관습조사 과정에서 다양한 형식의 기록물들이 대량으로 생산되었다.

『관습조사보고서』는 최종적으로 만들기 위해 별도로 기록물을 생성하였다. 예컨대, '지역조사서'를 해철하여 각 문제별로 새롭게 작성한 '문제별조사서'가 600여책이 만들어졌다. 각 지역간 관습의 차이를 일목요연하게 정리한 '각지관습이동표'는 5책이 만들어졌다. 수원박물관에는 약 300여책의 '문제별조사서'가 있다. '문제별조사서'는 제1관 및 제2관 지역으로 나누어서 각 문제별로 초서본과 정서본을 별도로 작성하였다. 제1관 지역과 제2관 지역으로 묶어서 부책을 새롭게 만들었기 때문에 각 1개 문항당 최대 4책(제1관 지역 초서본 및 정서본, 제2관 지역 초서본 및 정서본)이 생산될 수 있었다. 하지만 모든 문항을 대상으로 정서본을 전부 작성한 것은 아니었기 때문에 총 660책만이 생산되었다. 현재 '문제별조사서'는 수원박물관에만 소장되어 있는 특이한 자료이다.

조선총독부가 관습법 선명(宣明)의 법원(法源)으로 삼고 있었던 것은 1910년에 발행된 『한국관습조사보고서(韓國慣習調査報告書)』였다. 『관습조사보고서』는 비록 일본인들이 일본 민법적 개념을 기초로 준비하기는 했지만, 한국 역사상 최초로 전국 단위로 한국인들의 각종 관습을 실지조사(實地調査)·전적조사(典籍調査)를 했다는 점에서 매우 중요한 자료적 가치를 갖고 있다. 『관습조사보고서』의 조선관습이 일본의 식민정책의 일환으로 추진되었다는 점에서 일본민법적 개념의 투영은 불가피했다고 볼 수 있다. 그러나 일본민법적 개념에 의한 변형이라는 구도뿐만 아니라, 또 하나 고려해야 할 것은 전통적 관습법 체제가 근대적 법전체제로 이행하는 과정에서의 변형도 동시에 진행되었다.

3) 조선총독부 중추원 관련 자료 현황

한국병합 이후에 관습조사는 중단되지 아니하고 식민정책의 필요에 의해서 계속 시행되었다. 한국병합 직후인 1910년 9월 30일에 조선총독부는 법전조사국을 폐지하고 취조국(取調局)을 설치하였다. 취조국은 ① 조선에 있어서의 여러 제도 및 일체의 구관을 조사하고, ② 총독이 지정한 법령의 입안 및 심의, ③ 법령의 폐지개정에 대해 의견을 구신(具申)할 것을 목적으로 하였다. 1910년 10월 1일에 취조국장관으로 이시즈카 에이죠(石塚英藏)를 임명하였고 서기관 겸 참사관에 나카야마 세이타로(中山成太郎), 사무관에 시오카와 이치타로(塩川一太郎)·오다 미키지로(小田幹治郎) 등과 조선인 촉탁 등이 임명되었다.

취조국은 한국병합의 결과 구(舊)제도 및 관습 등을 조사할 필요성이 더욱 커졌기 때문에 조사의 범위를 확장하였다. 그리고 식민행정상 각반의 시설에 자료를 제공하고 또 사법재판의 준칙이 될 만한 관습을 제시하며, 동시에 한국인에게 적합한 법제의 기초를 확립하기 위하여 한국 전역에 걸쳐서 각지의 관습을 조사하고 전적(典籍)을 섭렵하여 제도 및 관습의 연원(淵源)을 찾으려고 하였다. 예컨대, 한국인의 토지제도, 친족제도, 면(面) 및 동(洞), 종교 및 사원의 제도, 양반에 관한 제도, 조선어사전 편찬, 지방제도, 구(舊)법전조사국의 조사사항 정리, 상민(常民)의 생활상태, 한국 통치에 참고할 수 있는 구미각국의 속령지 및 식민지 제도연구 등 18개 항목을 조사하였다. 그러나 취조국은 1년 반만에 폐지되는 바람에 조사를 완료하지 못하였고 대전회통의 번각(飜刻), 조선어사전의 편찬, 조선도서해제에 착수한 상태에서 잔무는 참사관실로 인계하였다.

1912년 4월 1일 참사관실은 취조국의 업무를 모두 승계하였다. 다만, 1912년 4월에 조선민사령이 제정되면서 일부 조사의 범위가 조정되었다. 구관조사는 〈조선민사령〉에서 관습으로 규율하기로 정한 아래의 사항, 즉 ① 조선인의 능력 및 무능력자의 대리에 관한 관습 ② 조선인의 친족에 관한 관습 ③ 조선인의 상속에 관한 관습 ④ 조선 내의 부동산에 관한 권리의 종류, 효력 및 그 득상변경에 대한 특별한 관습 ⑤ 조선인 외에 관계없는 사건에 대해 공(公)의 질서에 관련되지 않은 규정과 다른 관습 등이다.

참사관실이 조사를 완료한 조사보고서로는 실지조사보고서 123책, 전적조사에 따른 발췌한 조사자료 83책이었다. 또 별도로 조선왕조실록으로부터 요강을 발췌한 것이 있는데 주로 법전, 친족, 상속, 유언, 호구(戶口), 전폐(錢幣), 호패(號牌), 노비, 양역(良役), 제전(諸田), 공부(貢賦), 세제(稅制), 관혼상제(冠婚喪祭) 등에 관한 사항 색인이었다. 이외에도, 참사관실에서는 식민통치에 필요한 자료들을 수집하였다. 예컨대, ① 조선 고서(古書) 및 금석문(金石文), 탁본(拓本) 수집, ② 각군의 읍지 수집, ③ 조선 재래 활자 및 판목의 정리 등을 추진하였다. 따라서 참사관실의 기록물에는 이러한 업무들을 수행한 기록물이 다수 포함되어 있다. 참사관실의 구관조사 업무는 1915년에 중추원 관제가 개정되면서 중추원으로 이관되었다.

취조국과 참사관실에서 생산한 자료는 많이 남아 있지 않으나 국사편찬위원회에 일부 자료가 소장되어 있는 것을 확인할 수 있다. 특히, 국사편찬위원회에는 취조국에서 시행한 구관조사 및 도서정리 과정을 상세히 파악할 수 있는 자료가 있다. 『조선구관 및 제도조사 연혁조사 제2책(朝鮮舊慣及制度調査 沿革調査 第二冊)』이다. 서울대학도서관과 규장각에도 취조국과 참사관실의 관습조사 활동을 복원할 수 있는 중요 자료들이 소장되어 있다.

취조국 관련 문서는 대한제국 왕실도서를 인계받은 후에 정리하는 과정과 결과를 알 수 있는 도서정리관계서류철, 도서목록, 조선어사전 편찬 과정 등이 있다. 〈참사관실분실관계서류(1~3)〉는 참사관실에서 수행한 관습조사사업, 도서정리사업 등을 시기별로 상세히 기록하고 있다. 이 자료들은 취조국과 참사관실에서 관습조사사무를 인계받은 시점부터 관습조사사무를 중추원으로 이관하기까지의 관습조사활동과 도서정리사업 등을 상세히 기록하고 있는 귀중한 자료이다.

4) 조선총독부 중추원 구관조사 현황

1915년 4월 30일 칙령 제62호로 중추원관제가 개정되어 구관 및 제도에 관한 조사는 조선총독부 참사관실에서 중추원으로 이관되었다. 1915년 5월 1일부터 구관제도조사는 중추원 소관이 되었지만 참사관실의 관습조사는 아직 종료하지 못한 상태였다. 중추원은 완결하지 못한 부분을 계속하여 조사하여 정리하기로 하고, 고래의 법제 및 관습을 적당하게 분류하여 기술할 것을 계획하였다.

제도 및 사법 이외의 구관에 대해서는 종래 필요에 따라 일부 조사를 하였지만 아직 전반에 걸쳐 조사하지 못하였기 때문에 중추원에서는 다시 계획을 세워서 백반의 제도를

조사함과 동시에 행정상 및 일반의 참고가 될 풍속관습을 모두 조사하기로 하였다. 1915년 7월에 데라우치 총독의 결재를 받아서 다음과 같은 방침을 세웠다. ① 사법(私法)에 관한 관습의 조사를 완결하고 편찬할 것, ② 널리 구래의 제도를 조사할 것, ③ 행정상 및 일반의 참고가 될 풍속관습을 조사·편성할 것 등이었다.

조선총독부는 구관조사의 관련사업으로서 조선반도사 편찬, 조선인명휘고(朝鮮人名彙考)[이후 조선인명사서(朝鮮人名辭書)로 개칭] 편찬, 조선사회사정조사(朝鮮社會事情調査), 조선지지(朝鮮地誌) 편찬, 부락조사 등 사업의 영역을 확대하였다. 1915년에 관습조사사무를 인계받은 중추원에서는 대체로 참사관실의 방침을 답습하여 조사하였다.

조선총독부 중추원은 각종 사항에 관해서 전적조사(典籍調査)에 치중하였다. 물론 실지조사도 병행하였으나, 1917년부터는 실지조사 경비가 대폭 축소되어 전적조사를 중심으로 진행되고 있었다. 1919년에 1차로 조사를 완료하였는데, 1919년은 조선총독부의 법제정책에서 중요한 시기였다. 조선민사령 제11조 개정이 진행 중이었고, 또 다른 한편으로는 구관심사위원회를 설치하여 조선관습에 대해 심의를 하고 있었다. 중추원은 1921년에는 민사관습·상사관습·제도·풍속 등 4가지로 구분하여 조사하였기로 하고 1930년대까지 수행하였다.

1936년까지 중추원은 토지소유권의 연혁 및 현행법령과의 관계, 계(契), 호적, 성명 및 관(貫), 혼인요건 등이었다. 민사관습에 관한 각종 조사보고서는 『소작에 관한 관습조사서(小作에 關한 慣習調査書)』(1930), 『민사관습회답휘집(民事慣習回答彙集)』(1933), 『이조의 재산상속법(李朝의 財産相續法)』(1936), 『조선제사상속법론서설(朝鮮祭祀相續法論序說)』(1939) 등이 차례로 편찬되었다. 이상으로 조선총독부가 추진했던 민사관습사업은 친족, 상속, 부동산 물권에 집중되어 있었고, 대략 1930년대 말에 종료될 예정이었음을 알 수 있다. 이는 조선총독부가 민사관습을 조사하여 관습법을 정립함과 동시에 조선총독부가 추진한 조선의 친족상속에 관한 관습의 성문법화 계획과도 밀접한 관련이 있었다.

조선총독부 중추원이 생산한 관습조사자료는 국사편찬위원회와 수원역사박물관에 다수 소장되어 있다. 관습조사자료 중에서 중추원 생산 자료가 가장 많은 편이다. 또한 1920년대에 중추원 조사가 민사관습, 상사관습, 풍속조사, 제도조사 등으로 진행된 것을 반영하듯이 이 같은 유형의 자료군들이 포함되어 있다. 그리고 1920~30년대 조선총독부의 소작정책을 뒷받침하기 위하여 생산된 소작 관련 자료도 많이 있다.

이외에 주목할 자료로는 국사편찬위원회에는 조사한 관습을 구관심사위원회와 구관급제도조사위원회에서 심의한 자료이다. 구관심사위원지, 구관심사위원회회의록, 구관심사위원회 의안원고이다. 회의록에는 관습 심사에 참여한 위원들의 발언을 그대로 기록하고 있어서 심의의 방향을 잘 파악할 수 있다. 이외에, 전적조사자료와 풍속조사, 제도조사자료가 매우 방대한 분량으로 남아 있다. 조선총독부 중추원에서 출판한 각종 조사자료의 초안이 소장되어 있는 것이 특징이다. 지금까지 관습에 대한 연구가 극히 일부 자료만을 대상으로 진행되고 있는데 본서에 수록된 자료들을 종합한 연구가 나온다면 관습연구를 한단계 높일 수 있을 것이라고 생각한다.

〈표 6〉 관습 조사 기관의 주요 업무 변동과 자료의 성격

기관 변동	주요 업무	자료의 성격
부동산법조사회 (1906.7.13.~1907.12.22)	1. 부동산법 관련 법률 기안	한국 부동산의 관습 및 제도
법전조사국 (1907.12.23.~1910.9.30)	1. 민법, 형법, 민사소송법, 형사소송법 및 부속 법률의 기안	한국 민법, 상법, 친족, 상속 관련 관습 및 제도
조선총독부 취조국 (1910.10.1~1912.3.31)	1. 조선의 각반의 제도 및 일체의 구관조사 2. 총독이 지정한 법령의 입안 및 심의 3. 법령의 폐지 개정에 대한 의견 구신(具申)	토지제도, 친족제도, 면(面) 및 동(洞), 종교 및 사원의 제도, 양반에 관한 제도, 조선어사전 편찬, 지방제도, 구(舊)법전조사국의 조사사항 정리, 상민(常民)의 생활상태, 조선통치에 참고할 수 있는 구미각구의 속령지 및 식민지 제도연구 등 18개 항목
조선총독부 참사관실 (1912.4.1~1915.4.29)	1. 조선의 제도 및 구관의 조사	1. 구관조사(조선인의 능력,친족, 상속, 부동산 물권) 2. 조선 고서(古書) 및 금석문(金石文), 탁본(拓本) 수집 3. 각군의 읍지 수집 4. 조선 재래 활자 및 판목의 정리
조선총독부 중추원 (1915.4.30~1938)	1. 조선의 구관 및 제도의 조사	1. 민사관습의 조사 2. 상사관습의 조사 3. 제도 조사 4. 민속 및 풍속의 조사(조선사회사정조사 포함) 5. 조선사의 조사 및 편찬 6. 조선역사지리의 조사 7. 일반 조사자료의 수집 및 편찬

4. 한국 관습조사자료의 활용 방법

1) 관습자료 DB의 전산화 및 자료 공개화 :

① 일제의 조선관습자료 해제와 DB화 사업 목록 및 해제 사이트⇒
http://ywh.yonsei.ac.kr/contents/research.htm?ch=2&id=1

〈일제 관습조사자료 해제의 DB화 작업〉을 수행하였던 본 연구팀은 사업의 전체 개요와 목적 및 성과에 대한 정리와 함께 해제 자료 및 전체 자료목록에 대한 검색시스템을 구축하기로 하였다. 이는 한국학중앙연구원에서 종합적으로 구축한 〈기초학문자료센타〉와 연동하여 별도로 추후 관련 목록, 해제, 원본자료의 수정 보완 및 업데이트를 원활하게 함으로써 연구자 및 일반인에게 정선된 자료를 지속적으로 제공할 것이다.

② 국사편찬위원회 전자사료관 구관조사자료 목록(구관(舊慣)조사 자료－보고서, 현지 조사 자료, 주제별 정리 자료)⇒ http://archive.history.go.kr/

이 사료군의 자료는 식민지 시기 중추원에서 생산 혹은 보관하고 있던 자료이다. 현재 국편에는 식민지 시기 중추원에서 생산 혹은 보관하고 있던 자료, 약 5,765건이 보관되어 있는데 해방 후 조선사편수회 자료와 함께 국편으로 넘어 온 것으로 추정되고 있다.

국편에서는 '중'자라는 별치 기호를 두고 이들 자료를 관리해 오고 있었다. 2010년 해당 자료를 재조사하여 중추원 자료의 목록을 재확정하였다. 보다 자세한 것은 첨부된 해제 파일을 통해 확인할 수 있다. 중추원의 관습조사자료 중 고문헌 조사자료를 제외한 현지 조사 및 질의 조사 등의 자료는 일부 번역되어 한국사데이터베이스를 통해 일반에 제공되고 있다(http://db.history.go.kr)

③ 수원 광교박물관 이종학 기증문고실⇒ http://ggmuseum.suwon.ne.kr/index.do

수원 광교박물관 2층 '기증문고실'에는 기증도서가 상당량 소장되어 있다. 대표적인 기증문고로 수원지역 출신으로 초대 독도박물관장을 역임하고 우리나라 고문헌을 수집·

연구해 온 사운 이종학(史芸 李鍾學, 1927~2002)의 기증도서 4천여 권을 '사운문고'를 두어 운영하고 있다. 임진왜란·동학혁명·일제 침략 및 독도 관련 자료가 주를 이루며 대표 장서로 1996년 발행된 『동학동민전쟁사료총서』 전30권, 『화성성역의궤』, 『정조대왕 및 충효자료 도록』 등이 있다. 이종학의 기증 자료는 영토 및 일제강점기 연구에 매우 중요하게 활용될 것이다.

④ 일본 호세이 대학 소장 우메 겐지로(梅謙次郞) 문서
⇒ http://www.hosei.ac.jp/library/rare/Top.html

일본 호세이 대학에 소장되어 있는 우메 겐지로 문서 중에서 한국의 관습조사와 입법 활동과 관련된 것은 제3부문으로서, 검토결과 부동산법조사회와 법전조사국 시기에 추진한 각종 법률 초안, 토지건물관습 조사사항, 자문안, 통감부 관제 초안 등이 포함되어 있다. 특히 법률초안은 부동산법조사회시기에 공포된 토지 건물의 매매, 교환, 양여, 전당에 관한 법률(폐안), 토지건물소유권 증명규칙(시행), 부동산법요지, 지권가권법(地券家券法) 등에 대한 것이 있으며, 형법, 민법, 호적법, 변호사법, 토지수용법 등을 이후 법률 제정에 필요한 원본 자료 등을 수록하고 있다.

〈표 7〉 일제의 조선관습조사 기관별 자료목록표

소장기관	관습조사자료 중분류					
	관습	민속	제도	전적	기타	합계
국사편찬위원회(2차정리)	188	83	238	44	38	591
수원박물관(1차분)	572	31	54		92	749
국내기관	122	47	9		30	208
미국소장	107	65	1		35	208
일본소장	528	77	13		43	661
규장각(부책, 공문서)	340			21	6	367
총수	1857	303	315	65	244	2784

[종합목록 소개 및 목록 최종 정리 | 이상순]

일제의 조선관습조사 종합목록

1. 민상사관습

1-1. 고적조사 관습조사 일반

各官履歷書存案
내각(조선)
101쪽 1책
25.6×18.4 필사본
隆熙2年(1908)
규장각
奎18002의4

第一案 各地慣習異同表
법전조사국
110쪽 1책
19.5×27㎝ 필사본
1910
수원시박물관
B-1-183

第一案 各地慣習異同表
법전조사국
70쪽 1책
19.5×27㎝ 필사본
1910
수원시박물관
B-1-225

第一案 各地慣習異同表
법전조사국
71쪽 1책

19.5×27㎝ 필사본
1910
수원시박물관
B-1-010

京畿古蹟臺帳
미상
1책
하와이 대학
Asia DS901/.P5

慶尙南道 古蹟臺帳
미상
하와이 대학
Asia DS901/.P5

古蹟及遺物登錄台帳抄錄
조선총독부 학무국
141쪽 1책
1924
하와이 대학
Asia DS903/.A49

古跡調査報告
조선총독부 고적조사위원회
1책
1919~1930

하와이 대학
Asia FO/DS903/.A48

古蹟調査特別報告(第2冊)北滿州及び東部
西伯利亜調査報告
조선총독부
1책
1922
東京經濟大学櫻井義之文庫
0541 45

慣習及制度調査計劃
조선총독부 중추원
28쪽 1책
조선총독부 중추원(京城)
28㎝ 활자본
1933
서울대도서관
경 951.05 K133

慣習及制度調査沿革草起稿狀況
조선총독부 중추원
106쪽 1책
寫本
1938寫
국사편찬위원회
中B14-15

(慣習調査) 復命書
조선총독부 중추원
53쪽 1책
20×27.5㎝ 필사본
1927

수원시박물관
B-1-451

慣習調査問題
법전조사국
88쪽 1책
19㎝ 활자본
1908
국립중앙도서관
朝21-16＝2

慣習調査問題
不動産法調査會
86쪽 1책
韓國不動産法調査會(京城)
22㎝ 활자본
1909
국립중앙도서관
6025-1

慣習調査問題
不動産法調査会[編]
84쪽 1책
미상
法政大学
361.4/1//AKIYAMA

慣習調査報告書
법전조사국 조사 조선총독부취조국 訂補
404쪽, 附：表24 1책
1913
学習院大学友邦文庫
322-3

慣習調査報告書：瑞山 保寧
조선총독부 중추원
123쪽 1책
발행처불명
27㎝ 필사본
경상대학교도서관
360.911관58ㅈ

慣習調査事項
조선총독부 중추원
161쪽 1책
20×28㎝ 필사본
수원시박물관
B-1-199

隆熙二年度 慣習調査應答者週
법전조사국
62쪽 1책
19×26㎝ 필사본
1908～1910
수원시박물관
B-1-402

慣習調査項目
69쪽 1책
司法部參事官室
활자본
1939
東京大学東洋文化研究所図書室
G70：55

慣習回答目錄
조선총독부 중추원

17쪽 1책
19.5×27㎝ 필사본
수원시박물관
B-1-162

舊慣及制度調査書並同資料出版計劃書
조선총독부 중추원
8쪽 1책
20×27.5㎝ 필사본
수원시박물관
B-1-653

舊慣温泉権史料集
미상
Tokyo：Sōbunkan Sh
1963
콜롬비아 대학
454.3 H68

舊慣制度調査
조선총독부 중추원
15쪽 1책
20×29㎝ 필사본
1929
수원시박물관
B-1-515

舊慣制度調査
조선총독부 중추원
17쪽 1책
20×28㎝ 필사본
1929
수원시박물관

B-1-452

舊慣調査
조선총독부 중추원
36쪽 1책
20×28㎝ 필사본
1926
수원시박물관
B-1-448

舊慣地方制度調査
조선총독부 중추원
26쪽 1책
19×27㎝ 필사본
1931
수원시박물관
B-1-453

舊調査書表
조선총독부
42쪽 1책
19×26.8㎝ 필사본
수원시박물관
B-1-708

民事慣習調査項目
조선총독부 중추원
23쪽 1책
20×28㎝ 필사본
수원시박물관
B-1-200

報告書

조선총독부 중추원
35쪽 1책
20×28㎝ 필사본
1928
수원시박물관
B-1-459

不動産法調査會案
의정부(조선)
35쪽 1책
26×19㎝ 필사본
光武10年~隆熙1年(1906~1907)
규장각
奎18029

事務日誌
조선총독부 중추원
58쪽 1책
19.5×26.5㎝ 필사본
1938
수원시박물관
B-1-158

議政府新築工事關係書類, 不動産法調査會關係書類
120쪽 1책
282×195㎝
光武11年~隆熙4年(1907~1910)
규장각
奎20907

第一, 諮問機關改革ニ關スル意見
조선총독부 중추원

31쪽 1책
20×27㎝ 필사본
수원시박물관
B-1-147

雜書綴
법부 법무보좌관실(조선)
15쪽 1책
28×20㎝ 謄寫本
隆熙1年(1907)
규장각
奎20112

朝鮮古代の墓制
미상
1책
梅原末治
座右宝刊行会
1947
하와이 대학
K.302 157

朝鮮古跡図譜
조선총독부
1책
하와이 대학
Asia FO/DS903/.A53

朝鮮古跡行脚
미상
280쪽 1책
田中万宗
泰東書院

1930
하와이 대학
Asia DS903/.A78

朝鮮舊慣制度 調査事業槪要 原稿(昭和十二年十二月)
조선총독부 중추원
468쪽 1책
18×26㎝ 필사본
1937
수원시박물관
B-1-010

朝鮮舊慣制度調査事業槪要
조선총독부 중추원
223쪽 1책
조선총독부 중추원(京城)
23㎝ 활자본
1938
국립중앙도서관
朝21-46＝2

朝鮮辭書審査委員會記事附屬書類綴
조선총독부 참사관실 사서위원회
127쪽 1책
28×20㎝ 필사본
1914
규장각
奎21071

朝鮮人蔘耕作記
전촌등, 복산순조, 중택양정, 공교정(日本)
41쪽 1책

27×18㎝ 增補版
1938
규장각
經古 633.88-T153c

朝鮮調査特報告
조선총독부 고적조사위원회
1책
하와이 대학
Asia FO/DS903/.A61 AsiaDS925/.Y35A6

朝鮮總督府參事官分室關係書類(1~3)
조선총독부 참사관분실
357쪽 3책
朝鮮總督府(京城)
26×19㎝ 활자본
서울대도서관
0500 70 1, 2, 3

中樞院改革ニ關スル意見書
미상
28쪽 1책
20×27.5㎝ 필사본
수원시박물관
B-1-135

中樞院去案
29쪽 1책
265×175㎝ 필사본
隆熙元年~隆熙2年(1907~1908)
규장각
奎17789

中樞院官制改正ニ關スル資料
조선총독부 중추원
100쪽 1책
油印版
1910~1945
국사편찬위원회
中B12B-20

中樞院來文
10책
275×185㎝(大小不同) 필사본
建陽元年~隆熙4年(1896~1910)
규장각
奎17788-v.1-10

中樞院奏本
6책
262×175㎝ 필사본
建陽1年~光武7年(1896~1903)
규장각
奎17790-v.1-6

中樞院會議ニ於ケル訓示·演述·説明及答申要項
113쪽 1책
조선총독부 중추원
1932
東京大学
D81：11：1 2,

中樞院會議議事録
조선총독부 중추원
1933

東京大学
D81 : 11 : 2

忠清南道 古蹟臺帳
미상
1책
하와이 대학
Asia DS901/.P5

忠清南道 古蹟臺帳寫
미상
1책
하와이 대학
Asia DS901/.P5

忠清北道 古蹟臺帳寫
미상
1책
하와이 대학
Asia DS901/.P5

勅令②
의정부(조선)
26책, 圖 권수 0021
334×275㎝(大小不同) 필사본
高宗31年~隆熙4年(1894~1910)
규장각
奎17706

勅令②
의정부(조선)
26책, 圖 권수 0026
334×275㎝(大小不同) 필사본

高宗31年~隆熙4年(1894~1910)
규장각
奎17706

統監府來去案
의정부(조선)
12책
26.5×18.5㎝ 필사본
光武10年~隆熙4年(1906~1910)
규장각
奎17850-v.1-12

統別推薦往復案
내각(조선)
20쪽 1책
26×185㎝ 필사본
隆熙4年(1910)
규장각
奎17862

特別調査
조선총독부 중추원
200쪽 1책
19.5×27㎝ 필사본
1918
수원시박물관
B-1-460

平安南道 古蹟臺帳
미상
1책
하와이 대학
Asia DS901/.P5

韓國慣習調査報告書：平北篇
법전조사국
1책
27㎝ 필사본
1910
국회도서관
345.951 ㅎ155 323

漢城裁判所刑事事件
한성재판소(조선)
1책
30×20㎝ 필사본
光武11年(1907)
규장각
奎21218 13

咸鏡南道 古蹟臺帳
미상
1책
하와이 대학
Asia DS901/.P5

咸境南道慣習調査報告書
법전조사국
277쪽 1책
法典調査局(甲山)
26㎝ 필사본
1909
국회도서관
349.1 ㅎ199ㅈ

咸鏡北道 古蹟臺帳
조선총독부 중추원
22쪽 1책
20×27.5㎝ 필사본
수원시박물관
B-1-077

咸鏡北道三郡 舊慣調査
조선총독부 중추원
14쪽 1책
20×28㎝ 필사본
1927
수원시박물관
B-1-450

1-2. 민사

アフリカの土地慣習法の構造
미상
Tokyo : Ajia Keizai Kenkyūjo hotsko : Tokyo
Daigaku Shuppankai hatsubai
1963
콜롬비아 대학
330.22 Aj52 v.48

家券地券調査報告書
법전조사국
11쪽 1책
室井德三郎
28×20㎝ 사본
1910~1945寫
국사편찬위원회
中B14-1

家舍(비변사등록)
조선총독부 중추원
8쪽 1책
28×20㎝ 사본
1910~1945寫
국사편찬위원회
中B18B-1

家舍(실록)
조선총독부 중추원

21쪽 156쪽 1책
28×20㎝ 사본
1910~1945寫
국사편찬위원회
中B18E-1

家庭と女性を中心に見た : 支那の社会と慣習
176쪽 1책
滿洲事情案内所(新京)
활자본
1942
日本国立国会図書館, 東京大学東洋文化研究所図書室, 東京大学大学院人文社会系研究科文学部図書室, 青山学院大学図書館, 京都大学法学部図書室, 高知大学総合情報センター(図書館)中央館, 国立民族学博物館情報管理施設, 財団法人東洋文庫,相愛大学図書館, 東北大学附属図書館, 明星大学日野校舎図書館, 遼寧省図書館
302.225176

家族範圍家屬家口
조선총독부 중추원
12쪽 1책
劉猛
28×20㎝ 사본

1917寫
국사편찬위원회
中B13IF-1

各道小作料割合調査
조선총독부 중추원
38쪽 1책
28×20㎝ 寫本
1910~1945寫
국사편찬위원회
中B13G-2

**各地ノ風習舊慣ヲ私法ト為ス等申禁解禁ノ
条件**
확인불가
大蔵省
미상
1872
国立国会図書館
CZ-4-1

江原道小作調査書
조선총독부 중추원
105쪽 1책
28×20㎝ 寫本(原本)
1920寫
국사편찬위원회
中B13G-4

漑ニ關スル慣習
112쪽 1책
하와이 대학
Asia DS901/.P5/v.114

開墾小作資料
조선총독부 중추원
259쪽 1책
28×20㎝ 寫本
1910~1945寫
국사편찬위원회
中B13G-6

改譯版 慣習調査報告書
미상
Sŏul Tŭkpyŏlsi : Hang'uk Pŏpche Yŏn'guwŏn
2000
콜롬비아 대학
KPA2340.K96 2000

**檢地と分家慣習(二·完) : 長野縣上水内郡
榮村の事例**
확인불가
社会経済史学会
활자본
1937.11.15.
CiNii論文PDF(원문)
AN00406090(NCID)

**檢地と分家慣習(一) : 長野縣上水内郡榮村
の事例**
확인불가
社会経済史学会
활자본
1937.10.15.
CiNii論文PDF(원문)
AN00406090(NCID)

隔地者間ノ意思表示ニ關スル調査報告書
법전조사국
10쪽 1책
室井德三郎
20×27㎝ 필사본
1909
수원시박물관
B-1-195

結作
조선총독부 중추원
5쪽 1책
28×20㎝ 寫本
1910~1945寫
국사편찬위원회
中B18F-1

京畿道小作慣行の數字的調査
경기도 산업부 농무과
15쪽 1책
19×26.5㎝ 필사본
1930
수원시박물관
B-1-201

京都市に於ける商慣習 : 西陣織物及京染呉
服に就て
1-3쪽, 2-164쪽 2책
司法省調査課(東京)
활자본
1937
国立国会図書館デジタル化資料
325.11

京濱地方綿花綿糸商慣習取調報告書
40쪽 1책
활자본
1900
一橋大学附属図書館
Azn : 381

京濱地方砂糖賣買慣習調査報告
확인불가
東京高等商業学校
활자본
1900
JAIRO(원문), 一橋大学附属図書館
Azn : 355

慶尙南道·慶尙北道管內 契·親族關係·財産
相續ノ槪況報告
조선총독부 조사국
144쪽 2책
김한목
寫本
1911寫
국사편찬위원회
中B16BBC-7

慶尙南道調査報告書綴
조선총독부 중추원
74쪽 1책
寫本
1910~1945寫
국사편찬위원회
中B13G-9

慶州東萊昌原大邱郡ニ於ケル調査報告書
(附錄書類)
법전조사국
33쪽 1책
寫本
1910~1945寫
국사편찬위원회
中B16BBC-10

慶州府江東面甲午式戶籍臺帳
미상
113쪽 1책
寫本
1910~1945寫
국사편찬위원회
中B13G-22

契
조선총독부 중추원
35쪽 1책
有賀啓太郎, 齊藤音作
新活字寫本混用版
1910~1945 刊
국사편찬위원회
B13G-23

契ニ關スル資料
조선총독부 중추원
229쪽 1책
鄭寅旭
寫本
1910~1945寫
국사편찬위원회

中B13G-25

契に關する調査(朝鮮民政資料)
조선총독부
15쪽 1책
朝鮮總督府(京城)
23㎝ 활자본
1923
국립중앙도서관
朝21-5＝2, 3

契ニ關スル調査報告書
법전조사국
24쪽 1책
室井德三郎
19×26.5㎝ 필사본
1910
수원시박물관
B-1-411

契ニ關スル調査資料 原稿
조선총독부 중추원
139쪽 1책
19×26.5㎝ 필사본
수원시박물관
B-1-643

繼親子及嫡母庶子ノ關係
조선총독부 중추원
46쪽 1책
김영한
寫本
1917寫

국사편찬위원회
中B13IF-2

古「バビロン」慣習法ノ研究
175쪽 1책
早稲田大学法学会
활자본
1925.12.2.0
JAIRO(원문),
DSpace at Waseda University
AN00259112(NCID)

古バビロニア法の研究
358쪽 1책
巌松堂(東京)
활자본
1935
国立国会図書館
322

高等商業学校内国実践課主要商品売買慣
習取調報告 生糸
50쪽 1책
高等商業学校(東京)
활자본
1899
国立国会図書館デジタル化資料
670

高等土地調査委員會社務報告書
조선총독부
86쪽 1책
朝鮮總督府(京城)

24㎝ 활자본
1920
국립중앙도서관
朝30-51

高砂族慣習法語彙
100쪽 1책
ヘラルド社(東京)
활자본
1941
国立国会図書館
322.22

高砂族舊慣調査書
150쪽 1책
不明
활자본
1936
東京大学駒場図書館
CK：O69

高知縣ニ於ケル舊慣永小作
138쪽 1책
不明
미상
미상
九州大学附属図書館
Nj 20/K/18

昆布錬粕取引慣習
확인불가
東京高等商業学校
필사본

1899

JAIRO(원문), 一橋大学附属図書館

Call No. Azn : 153

公課負擔ト年齡トノ關係, 戸主權行使ト年齡トノ關係

조선총독부 중추원

9쪽 1책

19.5×27㎝ 필사본

미상

수원시박물관

B-1-091

公法上ノ年齡ニ關スル法規ノ拔萃

조선총독부 중추원

8쪽 1책

19.5×27㎝ 필사본

수원시박물관

B-1-206

公有地ニ於ケル入會

조선총독부 중추원

78쪽 1책

19×26.5㎝ 필사본

수원시박물관

B-1-190

公州地方ニ於ケル特別調査書

법전조사국

58쪽 1책

平木勘太郎

油印版

1910寫

국사편찬위원회

中B16BBE-6

果實ニ關スル定アルカ

법전조사국

33쪽 1책

20×28㎝ 필사본

수원시박물관

B-1-155

灌漑調査

조선총독부 중추원

143쪽 1책

洪奭鉉

寫本

1925寫

국사편찬위원회

中B16CB-1

關東州土地舊慣一斑

1-310쪽, 2-10쪽, 3-60쪽 3책

關東都督府臨時土地調査部

활자본

1915

国立国会図書館デジタル化資料

334.6

関東州土地舊慣提要

1-212쪽, 2-48쪽 3-2책

関東都府臨時土地調査部(旅順)

활자본

1918

国立国会図書館デジタル化資料

323.992

關東州土地制度論：關東州土地制度改正
に際し慣習法の尊重を望むの論
1-2쪽, 2-7쪽, 3-204쪽 3책
南満州鉄道(大連)
활자본
1922
東京大学経済学図書館, 東京大学総合図書館,
東京大学東洋文化研究所図書室, 東京大学農
学生命科学図書館, 東京大学法学部, 愛知大
学豊橋図書館, 大阪市立大学経済研究所, 岡
山大学附属図書館, 小樽商科大学附属図書館,
関西学院大学図書館, 九州大学附属図書館,
九州大学附属図書館, 九州大学附属図書館,
京都大学経済学部図書室, 京都大学附属図書
館, 京都大学法学部図書室, 神戸大学附属図
書館社会科学系図書館, 首都大学東京図書館,
成蹊大学図書館, 拓殖大学図書館, 筑波大学
附属図書館中央図書館, 長崎大学附属図書館
経済学部分館, 名古屋大学経済学図書室, 一
橋大学経済研究所資料室, 一橋大学附属図書
館, 弘前大学附属図書館, 北海道大学附属図
書館, 山口大学図書館総合図書館
A90：1859

關東州土地制度論：關東州土地制度改正
に際し慣習法の尊重を望むの論
153쪽 1책
南満州鉄道(大連)
활자본
1929
日本国立国会図書館デジタル化資料, 東京大学

社会科学研究所, 大分大学学術情報拠点(図書
館), 大分大学経済学部教育研究支援室, 大阪
市立大学学術情報総合センター, 大阪大学附属
図書館外国学図書館, 大阪大学附属図書館総
合図書館, 小樽商科大学附属図書館, 九州大
学附属図書館, 九州大学附属図書館, 京都大
学経済学部図書室, 京都大学人文科学研究所
図書室, 京都大学附属図書館, 京都大学文学
研究科図書室, 筑波大学附属図書館中央図書
館, 東北大学附属図書館, 同志社大学図書館
今出川図書館, 日本貿易振興機構アジア経済
研究所図書館, 北海道大学大学院農学研究科
図書室, 北海道大学附属図書館, 遼寧省図書
館41

關東廳ノ法廷ニ現ハレタル支那ノ民事慣習
1-705(上), 2-689(下) 2책
南満州鉄道総務部資料課
필사본
1936
日本国立国会図書館デジタル化資料, 東京大学
総合図書館, 東京大学東洋文化研究所図書室,
東京大学法学部, 大阪市立大学学術情報総合
センター, 学習院大学図書館, 九州大学附属図
書館, 京都大学附属図書館, 高知大学総合情
報センター(図書館)中央館, 甲南大学図書館, 滋
賀大学附属図書館, 東北大学附属図書館, 新
潟大学附属図書館, 日本貿易振興機構アジア
経済研究所図書館, 一橋大学経済研究所資
料室, 一橋大学附属図書館, 兵庫県立大学神
戸学園都市学術情報館, 放送大学附属図書館,
北海道大学附属図書館, 遼寧省図書館
AC8-811

関東庁ノ法廷ニ現ハレタル支那ノ民事慣習
彙報　上巻
1410쪽　1책
南満州鉄道株式会社(大連)
활자본
1934
国立国会図書館デジタル化資料
327.92

関東庁ノ法廷ニ現ハレタル支那ノ民事慣習
彙報　下巻
확인불가
南満州鉄道株式会社(大連)
활자본
1934
国立国会図書館
327.92

冠禮
조선총독부 중추원
218쪽　1책
寫本
1910~1945寫
국사편찬위원회
中B13FB-1

冠禮
조선총독부 중추원
55쪽　1책
19.5×27㎝　필사본
수원시박물관
B-1-661

冠禮ニ關スル慣習調査報告書
법전조사국
9쪽　1책
金○○
19.5×27㎝　필사본
미상
수원시박물관
B-1-414

冠禮笄禮ニ關スル調査報告書
조선총독부　조사국
11쪽　1책
油印版
1910~1945刊
국사편찬위원회
中A5E-4

慣習調査問題ニ關スル古典抄錄
법전조사국
50쪽　1책
下森久吉
19.5×27㎝　필사본
1909
수원시박물관
B-1-407

慣習調査報告書
법전조사국
81쪽　1책
法典調査局(京城)
26㎝　활자본
1910
경상대학교도서관

朝21-2

慣習調査報告書
조선총독부
445쪽 1책
朝鮮總督府(京城)
26㎝ 활자본
1913
국립중앙도서관
朝21-2-2

慣習調査報告書
조선총독부
445쪽 1책
朝鮮總督府(京城)
26㎝ 활자본
1913
국립중앙도서관
朝21-2-2＝2, 3

慣習調査報告書
법전조사국
449쪽 1책
法典調査局(東京)
27㎝ 필사본
미상
국립중앙도서관
360.911관58ㅂ

慣習調査報告書
14쪽, 404쪽 1책
石塚英藏
26㎝ 활자본

1912
동국대도서관
390.951 관58

慣習調査報告書
1-14쪽, 2-408쪽 2책
不明
미상
1910
東京大学
T951：6025：K10

慣習調査報告書
확인불가
朝鮮總督府
활자본
1912
東京大学
L11：302

慣習調査報告書
404쪽 1책
朝鮮總督府取調局(京城)
활자본
1912
日本国立国会図書館デジタル化資料, 学習院大
学友邦文庫
322.21

慣習調査報告書
미상
Keijō：Chōsen Sōtokufu
Torishirabekyoku, Taishō

1913

콜롬비아 대학

329.19 K843

慣習調査報告書

조선총독부

27㎝

1913

프린스턴 대학

(ANXA)J4879.49/4222

館習調査報告書

조선총독부

445쪽 1책

朝鮮總督府(京城)

26㎝

미상

1913

국립중앙도서관

朝21-2-2=2, 3

慣習調査報告書

조선총독부

403쪽 1책

27㎝ 활자본

1910

국회도서관

345.0951 ㅈ538ㄱ

慣習調査報告書

조선총독부

미상 1책

朝鮮總督府(京城)

25㎝ 활자본

1912

서강대도서관

LA 340.5251 관58

慣習調査報告書

조선총독부

14쪽, 404쪽 1책

朝鮮總督府(京城)

26㎝ 활자본

1913

서울대도서관

설송 345.06 C458k

慣習調査報告書(親族, 相續)

1책

19.5×26㎝

수원시박물관

B-1-138

慣習調査報告書. 韓国最近事情一覧

조선총독부

龍溪書舍

21㎝

1995

프린스턴 대학

(RCPPA) DS916.54 .K35

慣習調査復命書

조선총독부 중추원

46쪽 1책

20×27.5㎝ 필사본

1927

수원시박물관
B-1-517

一橋大学附属図書館
Call No. CQ：163

膠州灣占領ノ當初ニ於ケル獨乙國政府ノ施政不動産法調査會

57쪽　1책
23㎝　활자본
1906
국립중앙도서관
3-95-49

舊慣守ニ依ル農業水利調整事例　第1輯

195쪽　1책
農林省農政局
활자본
1941
滋賀県立図書館
3-6143-キ

舊慣ニ依ル台湾宗教概要

38쪽　1책
台湾総督府
활자본
1915
大阪市立大学学術情報総合センター, 京都大学法学部図書室, 神戸大学附属図書館社会科学系図書館
160.2//TAI//FUKUDA

舊慣温泉権史料集：群馬県伊香保町千明仁泉亭文書

1-242쪽, 2-34쪽 2책
宗文館書店
활자본
1963
日本国立国会図書館デジタル化資料, 東京大学社会科学研究所, 東京大学法学部, 東京都立中央図書館, 神奈川県立図書館, 富山県立図書館, 愛知大学豊橋図書館, 愛知大学豊橋図書館, 愛媛大学図書館, 大阪大学附属図書館総合図書館, 岡山大学附属図書館, 香川大学附属図書館, 鹿児島大学附属図書館, 関西大学図書館, 関西学院大学図書館, 学習院大学図書館, 学習院大学図書館, 学習院大学図書館, 九州大学附属図書館, 九州大学附属図書館, 国士舘大学図書館情報メディアセンター, 佐賀大学附属図書館, 札幌大学図書館, 高崎経済大学附属図書館, 筑波大学附属図書館中央図書館, 帝京大学図書館, 東北大学附属図書館, 名古屋大学法学図書室, 日本大学総合学術情報センター, 一橋大学附属図書館, 弘前大学附属図書館, 福井大学附属図

舊慣等ニ依ル農業水利調整例　第1輯

195쪽　1책
農林省農政局
활자본
1941
国立国会図書館デジタル化資料
614

舊慣税制

26쪽　1책
활자본
1935

書館, 法政大学図書館, 北海学園大学附属図書館, 北海道大学大学院農学研究科図書室, 北海道大学附属図書館, 明治大学図書館, 立教大学図書館, 龍谷大学深草図書館, 和歌山大学附属図書館

324.2

舊慣調査(靈光·潭陽·務安·扶餘·公州)

조선총독부 중추원

18쪽 1책

20×27㎝ 필사본

1926

수원시박물관

B-1-166

舊慣調査資料

12785쪽

琉球政府

활자본

1989

東京大学東洋文化研究所図書室, 東京大学農学生命科学図書館, 東京大学法学部, シェフィールド大学日本研究センター, 青山学院大学図書館, 跡見学園女子大学茗荷谷図書館, 大阪教育大学附属図書館, 大阪産業大学綜合図書館, 沖縄大学図書館, お茶の水女子大学附属図書館, 鹿児島国際大学附属図書館, 京都女子大学図書館, 京都大学人文科学研究所図書室, 熊本学園大学図書館, 高知大学総合情報センター(図書館)中央館, 神戸大学附属図書館人文科学図書館, 神戸大学附属図書館人間科学図書館, 国際日本文化研究センター, 国立歴史民俗博物館図書室, 佐賀大学附属図書館, 札幌大学図書館,

静岡大学附属図書館, 昭和女子大学図書館, 上越教育大学附属図書館, 摂南大学図書館, 総合地球環境学研究所図書室, 大東文化大学図書館, 千葉大学附属図書館, 帝京大学図書館, 東京家政学院大学附属図書館, 東京女子大学図書館, 東洋大学附属図書館朝霞図書館, 同志社大学図書館今出川図書館, 長崎大学附属図書館, 奈良大学図書館, 南山大学名古屋図書館, ノートルダム清心女子大学附属図書館, 花園大学情報センター(図書館), 姫路獨協大学附属図書館, 兵庫大学情報メディアセンター図書館, 福岡大学研究推進部, 福島大学附属図書館, 武蔵大学図書館, 明星大学日野校舎図書館, 立正大学情報メディアセンター(熊谷図書館), 琉球大学附属図書館

G986：980：O.65

舊慣彙纂：一名舊慣制：写本

30쪽 1책

不明

미상

1895

鹿児島県立図書館

K32/ǂ895

舊藩本年租税ハ舊慣ニ仍リ従来ノ方法ヲ査点録上セシム(『法令全書』明治4年)

확인불가

国立印刷局

활자본

1871

国立国会図書館デジタル化資料

CZ-4-1

舊新発田藩の開墾政策と土地慣習：参考
調査書
68쪽 1책
不明
활자본
1925
新潟県立図書館
N/614/O67k/

九州石炭集散及賣買慣習取調報告
3151쪽 1책
미상
1904
一橋大学附属図書館, JAIRO(원문)
Azn：404

九州石炭集散及売買慣習取調報告
151쪽 1책
東京高等商業学校
활자본
1905
秋田県立図書館, 千葉県立中央図書館
17/636/

国内私法上ノ慣習法ヲ論ス
확인불가
野家文之介
활자본
1899
京都大学人間·環境学研究科総合人間学部図
書館
三高簿冊//文書//151//三高和

國事犯者ハ相續人トナルコトヲ得サルカ
미상
33쪽 1책
川原信義
19.5×27㎝ 필사본
1910
수원시박물관
B-1-207

國譯慣習調査報告書
미상
Chŏng, Kŭng-sik
Sŏul T'ŭkpyŏlsi：Han'guk Pŏpche Yŏn'guwŏn
1992
콜롬비아 대학
KPA2340.C473 1992

國有地ニ於ケル入會權
조선총독부 중추원
32쪽 1책
19.5×26.5㎝ 필사본
수원시박물관
B-1-092

國有地調査書
조선총독부 중추원
258쪽 1책
寫本
1910~1945寫
국사편찬위원회
中B13G-31＝2

宮房田

일성록
9쪽 1책
寫本
1910~1945寫
국사편찬위원회
中B18F-18

宮城県土木人足舊慣使役法ノ件
확인불가
発令主体：内閣法制局
미상
1886
国立国会図書館
CZ-4-1

宮庄土
조선총독부 중추원
23쪽 1책
寫本
1910~1945寫
국사편찬위원회
中B13G-33

歸化ニ關スル事項
조선총독부 중추원
10쪽 1책
寫本
1910~1945寫
국사편찬위원회
中B13J-20

歸化人事項拔萃
조선총독부 중추원

30쪽 1책
이능화
寫本
1921寫
국사편찬위원회
中B13J-21

近代日本最初の「植民地」沖縄と舊慣調
査：1872~1908
375쪽 1책
藤原書店
활자본
2011
東京大学社会科学研究所，東京農業大学図書館，オックスフォード大学ボドリアン図書館，愛知教育大学附属図書館，愛知県立大学長久手キャンパス図書館，愛知淑徳大学図書館，愛知大学豊橋図書館，愛知大学名古屋図書館，青山学院女子短期大学図書館，青山学院大学万代記念図書館(相模原分館)，亜細亜大学図書館，跡見学園女子大学新座図書館，茨城大学附属図書館，愛媛大学図書館，追手門学院大学附属図書館，大阪経済大学図書館，大阪国際大学守口図書館，大阪商業大学図書館，大阪市立大学学術情報総合センター，大阪府立大学人間社会学部図書室，大谷大学図書館，沖縄キリスト教学院図書館，沖縄国際大学図書館，沖縄大学図書館，神奈川大学平塚図書館，関西大学図書館，関西学院大学図書館，学習院大学図書館，京都産業大学図書館，京都精華大学情報館，京都橘大学図書館，京都大学農学部図書室，京都大学附属図書館，京都府立大学附属図書館，京都府立大学附属図書館，近畿大学中央図書館，甲南大学

図書館, 神戸市立中央図書館, 神戸大学附属図書館社会科学系図書館, 公立大学法人福井県立大学附属図書館, 国学院大学たまプラーザ図書館, 国学院大学図書館, 国際基督教大学図書館, 国際日本文化研究センター, 国士舘大学図書館·情報メディアセンター, 国立歴史民俗博物館図書室, 駒澤大学図書館, 埼玉大学図書館, 札幌学院大学図書館, 静岡大学附属図書館, 首都大学東京図書館, 信州大学附属図書館中央図書館, 城西大学水田記念図書館, 上智大学図書館, 成蹊大学図書館, 成城大学図書館, 西南学院大学図書館, 専修大学図書館, 専修大学図書館神田分館, 創価大学中央図書館, 大東文化大学図書, 千葉商科大学付属図書館, 中央学院大学図書館, 中央大学中央図書館, 中部大学附属三浦記念図書館, 筑波大学附属図書館中央図書館, 帝京大学図書館, 東海大学付属図書館, 東京外国語大学附属図書館, 東京経済大学図書館, 東北大学附属図書館, 東洋大学附属図書館, 富山大学附属図書館, 同志社大学図書館今出川図書館, 獨協大学図書館, 長崎大学附属図書館, 名古屋学院大学学術情報センター瀬戸キャンパス, 名古屋市立大学総合情報センター山の畑分館, 名古屋大学附属図書館, 奈良県立図書情報館, 二松学舎大学附属図書館(九段), 日本女子大学図書館, 日本大学工学部図書館, 日本大学法学部図書館, 一橋大学附属図書館, 弘前大学附属図書館, 広島女学院大学図書館, 広島大学図書館中央図書館, フェリス女学院大学附属図書館, 福岡工業大学附属図書館, 藤女子大学図書館, 佛教大学図書館, 法政大学図書館, 北星学園大学図書館, 北海学園大学附属図書館, 北海道大学附属図書館, 宮城大学総合情報センター, 武蔵大学図書館, 武蔵野大学有明図書館, 明治学院大学図書館, 明治大学図書館, 桃山学院大学附属図書館, 立正大学情報メディアセンター(大崎図書館), 立正大学情報メディアセンター(熊谷図書館), 立教大学図書館, 立命館大学図書館, 龍谷大学大宮図書館, 龍谷大学深草図書館, 琉球大学附属図書館, 和光大学附属梅根記念図書·情報館, 和洋女子大学メディアセンター

B：0109：466

近代沖縄における舊慣·内法調査の研究

100쪽 1책

沖縄大学

활자본

2007

琉球大学附属図書館

201.6 TA

錦江及洛東江沿岸泥生浦落慣習調査報告書

조선총독부 취조국

62쪽 1책

安藤靜, 朴宗烈

寫本

1912寫

국사편찬위원회

中B16CB-2

吉林地方ノ耕作現況竝農業諸慣習：附敦化·蛟河·新站經濟事情

69枚1책

京城總裁席調査課

활자본
1933
京都大学経済学部図書室
15//3-5(4)//Kit

吉黒兩省ノ民事習慣調査ニ就テ
181쪽 1책
満州国統計処
활자본
1934
日本国立国会図書館デジタル化資料, 東京大学
東洋文化研究所図書室, 東京大学法学部, 大
阪市立大学学術情報総合センター, 金沢大学附
属図書館, 京都大学人文科学研究所図書室,
滋賀大学附属図書館, 一橋大学経済研究所資
料室, 北海道大学附属図書館
324.92

男女相互ノ身分關係ニ因ル婚姻ノ制限
조선총독부 중추원
173쪽 1책
寫本
1910~1945寫
국사편찬위원회
中B18E-26

南洋群島に於ける舊俗慣習
262쪽 1책
南洋庁
미상
1939
東京都立中央図書館, 神奈川県立図書館
382.2

南洋群島々民舊慣調査報告書
468쪽 1책
南洋庁(コロール島)
활자본
1939
国立国会図書館デジタル化資料
324.998

男子結髪ニ關スル沿革
조선총독부 중추원
6쪽 1책
劉猛
寫本
1919寫
국사편찬위원회
中A5E-6

内外ニ於ケル小作ニ関スル裁判組織農林局
확인불가
朝鮮総督府農林局
등사판
미상
学習院大学友邦文庫
B290

内外商取引上注意すべき慣習其他に関する
調査
1-94쪽, 2-24쪽 2책
農商務省商務局
활자본
1911
国立国会図書館デジタル化資料
678

內地向茶賣買慣習調查報告
94쪽 1책
東京高等商業學校
활자본
1901
JAIRO(원문), 一橋大学附属図書館
Azn：214

奴婢(일성록)
조선총독부 중추원
1-76쪽, 2-34쪽 2책
寫本
1910~1945寫
국사편찬위원회
中B18F-19

奴婢ニ關スル資料 原本
298쪽
하와이 대학
Asia DS901/.P5

奴婢ニ關スル資料原本
조선총독부 중추원
79쪽 1책
寫本
1910~1945寫
국사편찬위원회
中B13H-11

奴婢ニ關スル資料原本
조선총독부 중추원
250쪽 1책
寫本

미기재
국사편찬위원회
中B13H-12

奴婢ニ關スル資料原本(실록)
조선총독부 중추원
408쪽 2책
鄭鳳時
寫本
1910~1945寫
국사편찬위원회
中B18F-20

奴婢ニ關スル調査
조선총독부 중추원
12쪽 1책
19×26.5㎝ 필사본
1915
수원시박물관
B-1-169

奴婢ニ關スル調査報告書
법전조사국
14쪽 1책
崔○○
寫本
1910~1945寫
국사편찬위원회
中B13H-13

奴婢田宅其他ノ財産ニ關スル相續ノ制度慣習
조선총독부 중추원

10쪽 1책
劉猛
寫本
1910~1945寫
국사편찬위원회
中B13H-14

農家経済調査
조선농회
295쪽 1책
1934
하와이 대학
Asia HD2095.5/.K353

農事慣習に於ける個人労力の社会性：ユヒの問題に関連して
59쪽 1책
활자본
1937
長崎県立長崎図書館
384.3/N

農山漁村に於ける契
258쪽 1책
朝鮮総督府農村振興課
활자본
1937
学習院大学東洋文化研究所
338-53

農山漁村に於ける契
조선총독부
258쪽 1책

1937
학습원대학교 동양문화연구소
336.8/1

農業統計表(昭和七年)
미상
104쪽 1책
1933
하와이 대학
K.745

農山村に於ける契
조선총독부 농림국
258쪽 1책
1938序
東京経済大学櫻井義之文庫
0033

(能力) 10 能力ニ關スル事項
조선총독부 중추원
22쪽 1책
19.5×26.5㎝ 필사본
1912
수원시박물관
B-1-423

(能力) 16 能力ニ關スル事項
조선총독부 중추원
13쪽 1책
19.5×26.5㎝ 필사본
1912
수원시박물관
B-1-424

(能力) 29 能力ニ關スル事項
조선총독부 중추원
22쪽 1책
19.5×27㎝ 필사본
1912
수원시박물관
B-1-425

(能力) 46 能力ニ關スル事項
조선총독부 중추원
12쪽 1책
19×26.5㎝ 필사본
1913
수원시박물관
B-1-426

(能力) 53 能力ニ關スル事項
조선총독부 중추원
19쪽 1책
19×26㎝ 필사본
1913
수원시박물관
B-1-427

(能力) 63 能力ニ關スル事項
조선총독부 중추원
23쪽 1책
19×26.5㎝ 필사본
1913
수원시박물관
B-1-428

(9-1) (能力) 能力, 物權, 債權, 親族, 相續,

僧侶及白丁ニ關スル事項
조선총독부 중추원
15쪽 1책
19.5×27㎝ 필사본
1918
수원시박물관
B-1-456

(6-1) (能力) 能力ニ關スル事項
조선총독부 중추원
23쪽 1책
19.5×27㎝ 필사본
1918
수원시박물관
B-1-439

(7-1) (能力) 成年及無能力幷ニ法定代理
조선총독부 중추원
8쪽 1책
19.5×27㎝ 필사본
수원시박물관
B-1-434

(8-2) (能力) 成年及無能力幷ニ法定代理
조선총독부 중추원
6쪽 1책
19×27㎝ 필사본
수원시박물관
B-1-393

(6-3) (能力) 現時ニ於ケル行爲能力ト年齡
トノ關係
조선총독부 중추원

25쪽 1책 필사본
수원시박물관
B-1-435

糖業と舊慣諸制度：琉球産業資料
293쪽 1책
沖縄砂糖同業組合
활자본
1933
沖縄県立図書館, 琉球大学附属図書館
K58/N45

糖業と舊慣諸制度：創立二十週年記念
319쪽 1책
沖縄砂糖同業組合
활자본
1926
国立国会図書館デジタル化資料
588

大邱郡ニ於ケル調査報告書
법전조사국
62쪽 1책
寫本
1910~1945寫
국사편찬위원회
中B16BBC-22

大豆賣買慣習調査復命書
45쪽 1책
東京高等商業學校
활자본
1897

JAIRO(원문), 一橋大学附属図書館
Azn：172

臺灣に於ける舊慣の賣買契約：特に乾隆年間の不動産に關する實例
7쪽 1책
臺北帝國大學理農學部農業法律學研究室
활자본
미상
東京大学東洋文化研究所図書室
F70：5

臺灣ニ於ケル小作問題ニ關スル資料
1-280쪽, 2-36쪽 2책
台湾総督府殖産局
활자본
1930
日本国立国会図書館デジタル化資料, 日本大学商学部図書館, 日本貿易振興機構アジア経済研究所図書館, 北海道大学大学院農学研究科図書室, 北海道大学附属図書館, 山口大学図書館総合図書館
611

臺灣に於ける永小作の史的發展：南支土地慣習法と關聯して
20쪽 1책
社会経済史学会
활자본
1938.12.15.
CiNii論文PDF(원문)
AN00406090(NCID)

臺灣ニ於ケル親族及相續ニ關スル現行慣習
ノ大要
17쪽 1책
不明
미상
1929
筑波大学附属図書館中央図書館
BA45267368(NCID)

臺灣經營上舊慣制度の調査を必要とする意
見
31쪽 1책
東亞研究所第六調査委員會
활자본
1940
東京大学東洋文化研究所図書室
ZB596：285：3

臺灣慣習記事
확인불가
臺灣慣習研究會
활자본
1901
東京大学経済学図書館, 東京大学総合図書館,
東京大学大学院法学政治学研究科附属近代日
本法政史科センター(明治新聞雑誌文庫), 東京大
学東洋文化研究所図書室, 東京大学理学部, 大
阪大学附属図書館総合図書館, 九州大学附属
図書館, 京都大学附属図書館, 国学院大学図書
館, 駒澤大学図書館, 天理大学附属天理図書館,
獨協大学図書館, 日本貿易振興機構アジア経済
研究所図書館, 人間文化研究機構国文学研究
資料館, 一橋大学経済研究所資料室, 一橋大学

附属図書館, 一橋大学附属図書館, 武蔵大学図
書館, ロンドン大学SOAS図書館, 早稲田大学図
書館(中央図書館)
ZJ：25

臺灣慣習大要：全
227쪽 1책
臺法月報發行所
활자본
1913
東京大学大学院人文社会系研究科文学部図
書室, 東京大学経済学図書館, 東京大学総合
図書館, 東京大学東洋文化研究所図書室, 東
京大学法学部, 大阪市立大学学術情報総合セ
ンター, 大阪大学附属図書館総合図書館, 九州
大学附属図書館, 京都大学法学部図書室, 甲
南大学図書館, 国立科学博物館, 駒澤大学図
書館, 財団法人東洋文庫, 玉川大学図書館, 天
理大学附属天理図書館, 東洋大学附属図書館,
名古屋大学法学図書室, 一橋大学経済研究所
資料室, 広島大学図書館中央図書館, ベルリン
国立図書館, 北海道大学附属図書館
L10：23

臺湾舊慣制度調査書
15쪽 1책
不明
미상
미상
OPACリンクあり絞り込み結果：1件
BA86795990(NCID)

臺灣舊慣制度調査一斑

1-2쪽, 2-8쪽, 3-238쪽, 4-40쪽 4책
臨時臺灣土地調査局
미상
1901
東京大学大学院人文社会系研究科文学部図書室, 東京大学経済学図書館, 東京大学総合図書館, 東京大学東洋文化研究所図書室, 東京大学法学部, 大阪府立中央図書館, 愛知教育大学附属図書館, 九州大学附属図書館, 京都大学教育学部図書室, 京都大学経済学部図書室, 京都大学附属図書館, 京都大学文学研究科図書館, 京都大学法学部図書室, 神戸大学附属図書館社会科学系図書館, 財団法人東洋文庫, 首都大学東京図書館, 拓殖大学図書館, 筑波大学附属図書館中央図書館, 天理大学附属天理図書館, 一橋大学附属図書館, 福井大学附属図書館, 山口大学図書館総合図書館
M40：99

臺灣舊慣制度調査一斑

임시대만토지조사국(臺北)
미상
1책
26×19㎝ 미상
1901
서울대도서관
5100 11

臺灣舊慣調査事業報告

139쪽 1책
臨時台湾旧慣調査会
미상
1917

東京大学総合図書館, 天理大学附属天理図書館, 日本貿易振興機構アジア経済研究所図書館
M30：38

臺灣糖業舊慣一斑

1-215쪽, 2-132쪽 2책
臨時臺灣舊慣調査会
활자본
1909
国立国会図書館デジタル化資料
588.1

臺灣大調査 : 臨時臺灣舊慣調査會之研究

453쪽 1책
博揚文化事業
활자본
2005
大阪市立大学学術情報総合センター, 九州大学附属図書館
BA77699227(NCID)

臺灣番族慣習研究

확인불가
臺灣總督府番族調査會
활자본
1921
東京大学経済学図書館, 東京大学駒場図書館, 東京大学総合図書館, 東京大学東洋文化研究所図書室, 東京大学理学部, 東京大学大学院人文社会系研究科文学部図書室, 国立国会図書館, ケンブリッジ大学図書館, 愛知大学豊橋図書館, 岩手大学情報メディアセンター図書館, 大阪大学附属図書館総合図書館, 岡山大学附属

図書館, 小樽商科大学附属図書館, 鹿児島大学附属図書館, 金沢大学附属図書館, 九州大学附属図書館, 九州大学附属図書館, 京都大学大学院アジア・アフリカ地域研究研究科, 京都大学経済学部図書室, 京都大学人間・環境学研究科総合人間学部図書館, 京都大学附属図書館, 京都大学文学研究科図書館, 京都大学法学部図書室, 神戸大学附属図書館社会科学系図書館, 国際日本文化研究センター, 国立民族学博物館情報管理施設, 国立歴史民俗博物館図書室, 駒澤大学図書館, 成蹊大学図書館, 筑波大学附属図書館中央図書館, 天津図書館, 東京外国語大学附属図書館, 東京国立博物館, 東北大学附属図書館, 長崎大学附属図書館経済学部分館, 奈良女子大学附属図書館, 日本貿易振興機構アジア経済研究所図書館, 北海道大学附属図書館, 武蔵大学図書館, 桃山学院大学附属図書館, 山口大学図書館総合図書館, 琉球大学附属図書館, 遼寧省図書館

T90 : 5

臺灣番族慣習研究

확인불가

南天書局

활자본

1977

九州大学附属図書館, 　ブリティッシュ・ライブラリー

389.224/N 48/1, 2, 3, 4, 5, 6, 7, 8

臺灣蕃族慣習研究

확인불가

南天書局

활자본

1977

九州大学附属図書館, 　ブリティッシュ・ライブラリー

389.224/N 48/1, 2, 3, 4, 5, 6, 7, 8

臺灣番族慣習研究

대만총독부번족조사회(대북)

미상

8책

岡松參太郎

26×19㎝ 미상

1921

서울대도서관

7460 43 1, 2, 3, 4, 5, 6, 7, 8

臺灣蕃族圖譜

확인불가

南天書局

활자본

1994

東京大学大学院人文社会系研究科文学部図書室, 東京大学大学院人文社会系研究科文学部図書室, 　オックスフォード大学ボドリアン図書館, 愛知大学国際問題研究所, 大阪市立大学学術情報総合センター, 大阪大学附属図書館総合図書館, 関西学院大学図書館, 学習院女子大学図書館, 京都女子大学図書館, 久留米大学附属図書館御井学舎分館, 国際日本文化研究センター, 　国立民族学博物館情報管理施設, 高千穂大学図書館, 　名古屋大学文学図書室, 兵庫教育大学附属図書館, 　福岡大学図書館, 佛教大学図書館, 明治学院大学図書館, 立命

館大学図書館
Z2I：Lin

臺灣蕃族圖譜

미상
[Taihoku]：Rinji Taiwan Kyūkan Chosakai
1915
콜롬비아 대학
468.918 R47 F

臺灣蕃族圖譜 第1,2卷

확인불가
臨時台湾旧慣調査会
활자본
1915
日本国立国会図書館, 東京大学経済学図書館,
東京大学駒場図書館, 東京大学総合図書館, 東
京大学東洋文化研究所図書室, 東京大学理学
部, 小樽商科大学附属図書館, 九州大学附属
図書館, 京都大学人文科学研究所図書室, 京
都大学附属図書館, 神戸大学附属図書館社会
科学系図書館, 国立科学博物館, 首都大学東
京図書館, セインズベリー日本藝術研究所, 筑波
大学附属図書館中央図書館, 東北大学附属図
書館, 独立行政法人水産大学, 一橋大学附属
図書館, 北海道大学附属図書館, 和歌山大学
附属図書館
412-16

臺灣蕃族志

미상
[Taihoku]：compiler
1917

콜롬비아 대학
468.918 R471

臺灣蕃族志

1-360쪽, 2-22쪽 2책
臨時臺灣舊慣調査會
활자본
1917
東京大学総合図書館, 東京大学東洋文化研究
所図書室, 東京大学理学部, 東京大学大学院
人文社会系研究科文学部図書室, 国立国会図
書館デジタル化資料, 岩手大学情報メディアセン
ター図書館, 大阪経済大学日本経済史研究所,
大阪市立大学学術情報総合センター, 大阪府立
大学学術情報センター, 岡山大学附属図書館,
小樽商科大学附属図書館, 九州大学附属図書
館芸術工学図書館, 九州大学附属図書館, 九
州大学附属図書館, 京都大学経済学部図書室,
京都大学工学部, 京都大学附属図書館, 神戸
大学附属図書館社会科学系図書館, 国立民族
学博物館情報管理施設, 滋賀県立大学図書情
報センター, 静岡大学附属図書館, 筑波大学附
属図書館中央図書館, 東京国立博物館, 東北
大学附属図書館, 長崎大学附属図書館経済学
部分館, 名古屋大学経済学図書室, 日本貿易
振興機構アジア経済研究所図書館, 一橋大学附
属図書館, 北海道大学附属図書館, 山口大学
図書館総合図書館, 横浜国立大学附属図書館
T90：7

臺灣不動産權舊慣法要目

21쪽 1책
不明

활자본
미상
東京大学総合図書館, 東京大学法学部, 京都
大学法学部図書室
L11：109

臺灣私法
확인불가
臨時臺灣舊慣調查會
미상
1909
東京大学総合図書館, 東京大学東洋文化研究
所図書室, 東京大学農学生命科学図書館, 東
京大学法学部, 東京大学駒場図書館, 国立国
会図書館, 大阪経済大学日本経済史研究所, 大
阪市立大学学術情報総合センター, 金沢大学附
属図書館, 九州大学附属図書館, 京都大学経
済学部図書室, 京都大学人文科学研究所図書
室, 京都大学附属図書館, 京都大学文学研究
科図書館, 近畿大学中央図書館, 神戸大学附
属図書館社会科学系図書館, 国立民族学博物
館情報管理施設, 拓殖大学図書館, 筑波大学
附属図書館中央図書館, 天理大学附属天理図
書館, 長崎大学附属図書館経済学部分館, 名
古屋大学附属図書館, 名古屋大学文学図書室,
奈良女子大学附属図書館, 日本貿易振興機構
アジア経済研究所図書館, 一橋大学附属図書館,
北海道大学附属図書館, 山口大学図書館総合
図書館, 遼寧省図書館
L11：764：1

臺灣私法
확인불가

南天書局
미상
1983
愛知教育大学附属図書館, オックスフォード大学
ボドリアン図書館, 愛知大学豊橋図書館, お茶の
水女子大学附属図書館, 鹿児島国際大学附属
図書館, 金沢大学附属図書館, 高知大学総合
情報センター(図書館)中央館, 神戸大学附属図
書館海事科学分館, 国際基督教大学図書館, 津
田塾大学図書館, 帝京大学図書館, 東京学芸
大学附属図書館, 東北大学附属図書館, 山口
大学図書館総合図書館, 立命館大学図書館, 琉
球大学附属図書館
324.922//R45//1-1

臺灣私法
임시대만구관조사회(대북)
미상
4책
臨時臺灣舊慣調查會(臺北)
26㎝ 활자본
1909
국립중앙도서관
3-20-85-1, 2, 3, 4

**臺灣私法：臨時臺灣舊慣調查會第一部調
查第三回報告書 第三卷上**
13쪽, 517쪽 2책
臨時臺灣舊慣調查會
미상
1911
沖縄県立図書館
324.92/TA25/1

<u>臺灣私法：臨時臺灣舊慣調查會第一部調查第三回報告書 第三卷下</u>

1-15쪽, 2-477쪽 2책

臨時臺灣舊慣調查會

미상

1911

沖縄県立図書館

324.92/TA25/2

<u>臺灣私法：臨時臺灣舊慣調查會第一部調查第三回報告書 第二卷上</u>

1-10쪽, 2-471쪽 2책

臨時臺灣舊慣調查會

미상

1911

沖縄県立図書館

324.92/TA25/1

<u>臺灣私法の成立過程：テキストの層位学的分析を中心に</u>

300쪽 1책

九州大学出版会

활자본

2009

東京大学総合図書館, 東京大学法学部, 東京大学社会科学研究所, 東京大学大学院人文社会系研究科文学部図書室, 東京大学大学院人文社会系研究科文学部図書室, 愛知教育大学附属図書館, 愛知県立大学長久手キャンパス図書館, 愛知大学豊橋図書館, 愛知大学名古屋図書館, 青山学院大学図書館, 亜細亜大学図書館, 愛媛大学図書館, 桜美林大学図書館, 大阪商業大学図書館, 大阪市立大学学術情報総合センター, 大阪市

立大学学術情報総合センター, 大阪大学附属図書館総合図書館, 沖縄国際大学図書館, 関西大学図書館, 関西学院大学図書館, 関西学院大学図書館, 関東学院大学図書館文学部分館, 関東学院大学図書館法学部分館, 学習院大学図書館, 学習院大学図書館, 北九州市立大学図書館, 九州大学附属図書館伊都図書館, 九州国際大学図書館, 九州大学附属図書館, 九州大学附属図書館, 京都産業大学図書館, 京都女子大学図書館, 京都大学人文科学研究所図書室, 京都大学法学部図書室, 久留米大学附属図書館御井学舎分館, 神戸学院大学図書館長田キャンパス館, 神戸大学附属図書館総合図書館国際文化学図書館, 神戸大学附属図書館社会科学系図書館, 国学院大学図書館, 国際日本文化研究センター, 国士舘大学鶴川図書館・情報メディアセンター, 国士舘大学図書館・情報メディアセンター, 国立民族学博物館情報管理施設, 札幌学院大学図書館, 首都大学東京図書館, 上智大学図書館, 成蹊大学図書館, 成城大学図書館, 専修大学図書館神田分館, 創価大学中央図書館, 高崎経済大学附属図書館, 拓殖大学図書館, 大東文化大学60周年記念図書館, 大東文化大学図書館, 中央大学中央図書館, 中京大学図書館, 中部大学附属三浦記念図書館, 筑波大学附属図書館中央図書館, 天理大学附属天理図書館, 東海大学付属図書館, 東京外国語大学附属図書館, 東京学芸大学附属図書館, 東京経済大学図書館, 東京国際大学第1キャンパス図書館, 東洋大学附属図書館, 同志社大学図書館今出川図書館, 獨協大学図書館, 名古屋学院大学学術情報センター瀬戸キャンパス, 名古屋大学法学図書室, 奈良大学図書館, 二松学舎大学附属図書館(九段), 日本大

学法学部図書館, 一橋大学附属図書館, 広島修道大学図書館, 広島大学図書館中央図書館, 福岡工業大学附属図書館, 佛教大学図書館, 平成国際大学図書館, 別府大学附属図書館, 法政大学図書館, 北星学園大学図書館, 北海道大学附属図書館, 明治大学図書館, 目白大学新宿図書館, 桃山学院大学附属図書館, 山形大学小白川図書館, 横浜国立大学附属図書館, 立正大学情報メディアセンター(大崎図書館), 立教大学図書館, 立命館大学図書館, 流通経済大学図書館, 麗澤大学図書館, 和光大学附属梅根記念図書·情報館

324.92：N81

臺灣私法附録参考書

확인불가
臨時臺灣舊慣調査會
미상
1909

東京大学総合図書館, 東京大学東洋文化研究所図書室, 東京大学農学生命科学図書館, 東京大学法学部, 大阪経済大学日本経済史研究所, 九州大学附属図書館, 九州大学附属図書館, 京都大学経済学部図書室, 京都大学人文科学研究所図書室, 京都大学附属図書館, 京都大学文学研究科図書館, 京都大学法学部図書室, 近畿大学中央図書館, 神戸大学附属図書館社会科学系図書館, 国立民族学博物館情報管理施設, 拓殖大学図書館, 筑波大学附属図書館中央図書館, 天理大学附属天理図書館, 長崎大学附属図書館経済学部分館, 名古屋大学附属図書館, 名古屋大学文学図書室, 奈良女子大学附属図書館, 日本貿易振興機構アジ

ア経済研究所図書館, 山口大学図書館総合図書館

L11：764：4

臺灣私法附録参考書

확인불가
臨時臺灣舊慣調査會
미상
1910

東京大学東洋文化研究所図書室, 東京大学農学生命科学図書館, 東京大学法学部東京大学総合図書館, 東京大学社会科学研究所, 東京大学経済学図書館, 東京大学駒場図書館, 東京大学大学院人文社会系研究科文学部図書室, 愛知大学国際問題研究所, 跡見学園女子大学新座図書館, 大阪市立大学学術情報総合センター, 岡山大学附属図書館, 小樽商科大学附属図書館, 鹿児島大学附属図書館, 金沢大学附属図書館, 学習院大学図書館, 九州大学附属図書館, 九州大学附属図書館, 九州大学附属図書館, 京都教育大学附属図書館, 京都女子大学図書館, 京都大学経済学部図書室, 京都大学人文科学研究所図書室, 京都大学附属図書館, 京都大学文学研究科図書館, 京都大学法学部図書室, 熊本大学附属図書館, 国際日本文化研究センター, 国立教育政策研究所教育研究情報センター教育図書館, 国立民族学博物館情報管理施設, 静岡大学附属図書館, 首都大学東京図書館, 首都大学東京図書館, 拓殖大学図書館, 千葉大学附属図書館, 中国人民大学図書館, 筑波大学附属図書館中央図書館, 津田塾大学図書館, 天理大学附属天理図書館, 東北大学附属図書館, 同

志社大学図書館今出川図書館，長崎大学附属図書館経済学部分館，名古屋大学文学図書室，奈良大学図書館，新潟大学附属図書館，日本大学総合学術情報センター，日本貿易振興機構アジア経済研究所図書館，一橋大学経済研究所資料室，一橋大学附属図書館，兵庫県立大学神戸学園都市学術情報館，福岡教育大学学術情報センター図書館，北海道大学附属図書館，武蔵大学図書館，明治大学図書館，山口大学図書館総合図書館，横浜市立大学学術情報センター

L11：765

臺灣私法附録參考書

확인불가

南天書局

활자본

1983

オックスフォード大学ボドリアン図書館，　愛知教育大学附属図書館，愛知大学豊橋図書館，お茶の水女子大学附属図書館，　鹿児島国際大学附属図書館，金沢大学附属図書館，高知大学総合情報センター(図書館)中央館，国際基督教大学図書館，帝京大学図書館，東京学芸大学附属図書館，東北大学附属図書館，独立行政法人水産大学，山口大学図書館総合図書館，立命館大学図書館，琉球大学附属図書館

324.922//R45//1-1, 2, 3, 2-1, 2, 3-1, 2

臺灣私法附録參考書：臨時臺灣舊慣調査會第一部調査第三回報告書

확인불가

龍渓書舎

활자본

2000

東京大学社会科学研究所，大阪学院大学図書館，大阪市立大学学術情報総合センター，学習院大学図書館，京都大学人文科学研究所図書室，国際日本文化研究センター，首都大学東京図書館，成蹊大学図書館，東京農業大学図書館，同志社大学図書館今出川図書館，日本大学商学部図書館，一橋大学経済研究所附属社会科学統計情報研究センター，姫路獨協大学附属図書館，広島大学図書館中央図書館，法政大学図書館，明治大学図書館，桃山学院大学附属図書館，流通経済大学図書館，麗澤大学図書館

V：0600：18.e：528, 529, 503, 531, 532, 533, 534

臺灣私法附録參考書：臨時臺灣舊慣調査會第一部調査第三回報告書　第二卷下

352쪽　1책

臨時臺灣舊慣調査會

미상

1911

沖縄県立図書館

X324.922/TA25。

臺灣私法附録參考書：臨時臺灣舊慣調査會第一部調査第三回報告書　第一卷下

437쪽　1책

臨時臺灣舊慣調査會

미상

1911

沖縄県立図書館

X324.922/TA25

臺灣私法附録參考書第三巻：臨時臺灣舊
慣調査會第一部調査第三回報告書 上
293쪽 1책
臨時臺灣舊慣調査會
미상
1910
沖縄県立図書館
X324.922/TA25

臺灣私法附録參考書第一巻：臨時臺灣舊
慣調査會第一部調査第三回報告書 下
437쪽 1책
臨時臺灣舊慣調査會
미상
1911
沖縄県立図書館
X324.922/TA25

臺灣省臺灣形勢概要
확인불가
成文出版社
활자본
1985関西大学図書館, オックスフォード大学ボド
リアン図書館, 久留米大学附属図書館御井学
舎分館, 国立民族学博物館情報管理施設, 専
修大学図書館, 東北大学附属図書館, 文教大
学越谷図書館, 琉球大学附属図書館
292.2*C9*124-1, 2

臺灣總督府臨時臺灣舊慣調査會番族慣習
調査報告書
확인불가
臺灣總督府臨時臺灣舊慣調査會

활자본
1996CiNii(소재불명)

臺灣總督府臨時臺灣舊慣調査會蕃族調査
報告書
확인불가
中央研究院民族學研究所
활자본
2007
東京大学総合図書館, 東京大学東洋文化研究
所図書室, 東京大学大学院人文社会系研究科
文学部図書室, 愛知学院大学図書館情報セン
ター, 鹿児島大学附属図書館, 関西大学図書館,
学習院大学図書館, 京都産業大学図書館, 京
都大学東南アジア研究所図書室, 京都大学経
済学部図書室, 京都大学人文科学研究所図書
室, 京都大学文学研究科図書館, 国学院大学
図書館, 国立民族学博物館情報管理施設, 東
京外国語大学附属図書館, 東北大学附属図書
館, 名古屋大学文学図書室, 日本貿易振興機構
アジア経済研究所図書館, 文教大学越谷図書館,
法政大学図書館, 立命館大学図書館
T90：702：6

大典會通に於ける財産相續に關する規定の
意釋
미상
37쪽 1책
20×27.5㎝ 필사본
미상
수원시박물관
B-1-194

大典會通財産相續ニ關スル規定の意釋
조선총독부 중추원
34쪽 1책
20×27.5㎝ 필사본
수원시박물관
B-1-420

島根縣下の株小作附山陰地方に於ける小作
慣用語
58쪽 1책
島根県経済部
활자본
1943
島根県立図書館
C2/2473/

東京及横濱ニ於ケル石油ノ賣買慣習
57쪽 1책
활자본
1900
一橋大学附属図書館, JAIRO(원문)
Azn：395

東京米穀商慣習取調報告書
31쪽 1책
東京高等商業學校
활자본
1900
一橋大学附属図書館
Azn：356

東國文獻備考拔萃禮考中次養子
조선총독부

2쪽 1책
寫本
1910~1945寫
국사편찬위원회
中B13IF-3

東萊郡ニ於ケル調査報告書
법전조사국
69쪽 1책
寫本
1910~1945寫
국사편찬위원회
中B16BBC-25

東萊密陽兩郡ニ於ケル入會調査書
조선총독부 중추원
141쪽 1책
渡邊某(日本) 報告
寫本
1927寫
국사편찬위원회
中B13IB-6

東萊地方入會權及補充調査ニ關スル慣習
報告書
법전조사국
42쪽 1책
平木勘太郎
20×27㎝ 필사본
미상
수원시박물관
B-1-093

銅賣買慣習取調報告書

확인불가

東京高等商業學校

활자본

1900

JAIRO(원문), 一橋大学附属図書館

Azn：175

同姓不婚の慣習に就て

조선총독부 중추원 조사과

6쪽 1책

中樞院 調査課(京城)

23㎝ 활자본

미상

서울대도서관

설송 345.62 J773d

東亞食糧問題と食糧慣習

19쪽 1책

京都帝国大学経済学部内東亜経済研究所

활자본

1941

JAIRO(원문), 東京大学経済学図書館, 大分大学経済学部教育研究支援室, 大阪市立大学学術情報総合センター, 小樽商科大学附属図書館, 京都大学人文科学研究所図書室, 京都大学文学研究科図書館, 滋賀大学附属図書館, 一橋大学経済研究所資料室, 和歌山大学附属図書館

4.478472222

東印度慣習法と其の研究法

12쪽 1책

南洋経済研究所出版部

활자본

1943

東京大学社会科学研究所, 東京大学東洋文化研究所図書室, 九州大学附属図書館, 国際日本文化研究センター, 大東文化大学60周年記念図書館, 山口大学図書館総合図書館

L5：9：78

東印度慣習法に就て

7쪽 1책

南洋経済研究所出版部

활자본

1943

国立国会図書館デジタル化資料

322.9

東印度慣習法序説

1-6쪽, 2-79쪽 2책

東亞研究所

활자본

1944

東京大学社会科学研究所, 東京大学東洋文化研究所図書室, 帝京大学図書館

L70：20

同族間に於ける不立賣契の慣習

46쪽 1책

不明

활자본

1937

東京大学経済学図書館

5：1：50-50

同族間に於ける不立賣契の慣習
46쪽 1책
不明
활자본
1938
東京大学経済学図書館, 遼寧省図書館
5：1：50-50

屯田(일성록)
조선총독부 중추원
89쪽 1책
寫本
1910~1945寫
국사편찬위원회
中B18F-23

羅馬法に於ける慣習法の歴史及理論
225쪽 1책
弘文堂書房
활자본
1924
国立国会図書館デジタル化資料
322.315

蘭領東印度法規ノ抜萃：附·慣習
38쪽 1책
横濱正金銀行調査課
활자본
1921
東京大学経済学図書館, 京都大学経済学部図
書室, 京都大学法学部図書室, 九州大学附属
図書館
24：226

藍賣買慣習取調報告
확인불가
東京高等商業学校
활자본
1901
JAIRO(원문), 一橋大学附属図書館
Azn：212

量案ニ於ケル自然人以外ノ所有者
조선총독부 중추원
94쪽 1책
寫本
1910~1945寫
국사편찬위원회
中B13G-65

量案様式
법전조사국
84쪽 1책
寫本
1910~1945寫
국사편찬위원회
中B13G-64

量田
조선총독부 중추원
246쪽 1책
寫本
1910~1945寫
국사편찬위원회
中B18B-41

遼陽縣に於ける土地に關する慣習調査報告書
1-2쪽, 2-2쪽, 3-76쪽 3책
地籍整理局
활자본
1938
東京大学東洋文化研究所図書室, 京都大学人文科学研究所図書室, 高知大学総合情報センター(図書館)中央館, 西南学院大学図書館, 中國社會科学院文獻信息中心, 一橋大学経済研究所資料室
G70：67：a

琉球産業資料糖業と舊慣諸制度
319쪽 1책
沖縄砂糖同業組合
등사판
1933
沖縄県立図書館
YK61/N45。

流行·虚榮並に慣習
32쪽 1책
不明
미상
1933
大分大学経済学部教育研究支援室
BB00422647(NCID)

離緣ニ關スル資料
조선총독부 중추원
57쪽 1책
20.5×28.5㎝ 필사본
미상

수원시박물관
B-1-418

里有財産處分ニ關スル事項, 年中行事ニ關スル件
조선총독부 중추원
34쪽 1책
19×26.5㎝ 필사본
1924
수원시박물관
B-1-083

離婚
조선총독부 중추원
312쪽 1책
寫本
1910~1945寫
국사편찬위원회
中B13IF-11

臨時臺灣舊慣調査會第 一部調査第二回報告書
미상
[Taihoku]：Compiler
1906~1907
콜롬비아 대학
328.8 R472

臨時臺灣舊慣調査會第1部調査第3回報告書 臺灣私法
미상
[Taipei]：Rinji Taiwan Kyūkan Chosakai
1910~1911

콜롬비아 대학

328.8 R473

臨時臺灣舊慣調查會第一部番族慣習調査報告書

미상

Taihoku-shi：Taiwan Sōtokufu] Rinji Taiwan Kyūkan Chōsakai

1915~1922

콜롬비아 대학

DS799.42.B362 1915

臨時臺灣舊慣調查會第一部蕃族調查報告書

미상

Taihoku-shi：Taiwan Sōtokufu] Rinji Taiwan Kyūkan Chōsakai

1913~1921

콜롬비아 대학

DS799.42.B36 1913

臨時臺灣舊慣調查會第一部調查第一回報告書

미상

[Taihoku]：Compiler

1903

콜롬비아 대학

328.8 R471

臨時臺灣舊慣調查會第二部調查經濟資料報告

확인불가

文岡圖書

미상

1979

東京大学東洋文化研究所図書室, 九州大学附属図書館, 京都大学人文科学研究所図書室, 国立民族学博物館情報管理施設, 中國社會科学院文獻信息中心

F102：6：1, 2

臨時臺灣舊慣調查會第一部調查第三回報告書

1-544(上), 2-504(下) 2책

臨時臺灣舊慣調查會

활자본

1911

日本国立国会図書館デジタル化資料, 東京大学社会科学研究所, 大阪学院大学図書館, 大阪市立大学学術情報総合センター, 学習院大学図書館, 京都大学人文科学研究所図書室, 国際日本文化研究センター, 首都大学東京図書館, 成蹊大学図書館, 東京農業大学図書館, 同志社大学図書館今出川図書館, 日本大学商学部図書館, 一橋大学経済研究所附属社会科学統計情報研究センター, 姫路獨協大学附属図書館, 広島大学図書館中央図書館, 法政大学図書館, 明治大学図書館, 桃山学院大学附属図書館,流通経済大学図書館, 麗澤大学図書館

317-54

臨時臺灣舊慣調查會第一部調查第二回報告書

780쪽 1책

臨時台湾旧慣調査会

미상

1906

日本国立国会図書館, 東京大学経済学図書館, 東京大学総合図書館, 東京大学東洋文化研究所図書室, 東京大学法学部, ケンブリッジ大学図書館, 大阪経済大学日本経済史研究所, 大阪大学附属図書館総合図書館, 金沢大学附属図書館, 九州大学附属図書館, 京都大学経済学部図書室, 京都大学附属図書館, 京都大学文学研究科図書館, 京都大学法学部図書室, 近畿大学中央図書館, 高知大学総合情報センター(図書館)中央館, 神戸大学附属図書館社会科学系図書館, 国立教育政策研究所教育研究情報センター教育図書館, 国立民族学博物館情報管理施設, 首都大学東京図書館, 拓殖大学図書館, 筑波大学附属図書館中央図書館, 東北大学附属図書館, 長崎大学附属図書館経済学部分館, 日本貿易振興機構アジア経済研究所図書館, 一橋大学経済研究所附属社会科学統計情報研究センター, 一橋大学附属図書館, 佛教大学図書館, 北海道教育大学附属図書館旭川館, 北海道大学大学院農学研究科図書室, 北海道大学附属図書館, 山口大学図書館総合図書館, 龍谷大学大宮図書館, 琉球大学附属図書館

322.92

臨時臺灣舊慣調査會第一部調査第一回報告書

확인불가

臨時臺灣舊慣調査會

미상

1903

東京大学経済学図書館, 東京大学駒場図書館,

東京大学東洋文化研究所図書室, 東京大学法学部, 東北大学附属図書館, ケンブリッジ大学図書館, 大阪経済大学日本経済史研究所, 学習院大学図書館, 九州大学附属図書館, 京都大学経済学部図書室, 京都大学附属図書館, 京都大学文学研究科図書館, 京都大学法学部図書室, 神戸大学附属図書館社会科学系図書館, 国立教育政策研究所教育研究情報センター教育図書館, 国立民族学博物館情報管理施設, 首都大学東京図書館, 拓殖大学図書館, 筑波大学附属図書館中央図書館, 日本大学総合学術情報センター, 日本貿易振興機構アジア経済研究所図書館, 一橋大学経済研究所附属社会科学統計情報研究センター, 一橋大学附属図書館, 北海道教育大学附属図書館旭川館, 山口大学図書館総合図書館, 琉球大学附属図書館, 和歌山大学附属図書館

F947：9653：R03

臨時台湾舊慣調査会第二部調査経済資料報告

1-758(上), 2-839(下) 2책

臨時臺灣舊慣調査會

미상

1905

日本国立国会図書館, 東京大学総合図書館, 東京大学東洋文化研究所図書室, 東京大学法学部, 東京大学経済学図書館, 青山学院大学図書館, 岩手大学情報メディアセンター図書館, 大阪市立大学学術情報総合センター, 大阪大学附属図書館総合図書館, 小樽商科大学附属図書館, 九州大学附属図書館, 京都大学経済学部図書室, 京都大学附属図書館, 京都大学法

学部図書室, 高知大学総合情報センター(図書館)中央館, 神戸大学附属図書館社会科学系図書館, 財団法人東洋文庫, 拓殖大学図書館, 天理大学附属天理図書館, 東京大学大学院人文社会系研究科文学部図書室, 長崎大学附属図書館経済学部分館, 名古屋大学経済学図書室, 名古屋大学附属図書館, 奈良女子大学附属図書館, 日本貿易振興機構アジア経済研究所図書館, 一橋大学経済研究所資料室, 一橋大学附属図書館, 広島大学図書館中央図書館, 北海道大学大学院農学研究科図書室, 北海道大学附属図書館, 山口大学図書館総合図書館, 龍谷大学深草図書館, 和歌山大学附属図書館
600

臨時台湾舊慣調査会第一部番族慣習調査
報告書 第1巻
384쪽 1책
臨時台湾旧慣調査会
활자본
1915
新潟県立図書館
3-0910031124

臨時台湾舊慣調査会第一部番族慣習調査
報告書 第2巻
13472쪽 1책
臨時台湾旧慣調査会
미상
1915
宮城県図書館
382.2 リ1-4 2

臨時台湾舊慣調査会第一部番族慣習調査
報告書 第3巻
14189쪽 1책
臨時台湾旧慣調査会
미상
1917
宮城県図書館
382.2 リ1-4 3

臨時台湾舊慣調査会第一部番族慣習調査
報告書 第4巻
302쪽 1책
臨時台湾旧慣調査会
활자본
1983
東京都立中央図書館
/ 3892/ 92/ 18

臨時台湾舊慣調査会第一部番族慣習調査
報告書：阿眉族奇密社, 同太巴=社, 同馬
太鞍社, 同海岸蕃
23331쪽 1책
臨時台湾旧慣調査会
미상
1914
宮城県図書館
382.2 リ1-3 2

臨時台湾舊慣調査会第一部番族慣習調査
報告書：阿眉族南勢蕃, 同馬蘭社, 卑南
族卑南社
394쪽 1책
臨時台湾旧慣調査会

활자본

1914

国立国会図書館デジタル化資料

389.224-R57b

臨時台湾舊慣調査会第一部蕃族調査報告書：武崙族前編

262쪽 1책

臨時台湾旧慣調査会

미상

1919

大阪府立中央図書館

647/43/#

臨時台湾舊慣調査会第一部報告清国行政法 索引

162쪽 1책

臨時台湾旧慣調査会

활자본

1915

大阪府立中央図書館

431/89/#

臨時台湾舊慣調査会第一部報告清国行政法 第2巻

528쪽 1책

臨時台湾旧慣調査会

활자본

1910

大阪府立中央図書館

431/89/#

臨時台湾舊慣調査会第一部報告清国行政

法 第3巻

535쪽 1책

臨時台湾旧慣調査会

활자본

1910

大阪府立中央図書館

431/89/#

臨時台湾舊慣調査会第一部調査報告書 第1回附録参考書

217쪽 1책

臨時台湾旧慣調査会

활자본

1909

国立国会図書館

322

臨時台湾舊慣調査会第一部調査報告書 第1回上巻

255쪽 1책

臨時台湾旧慣調査会

활자본

1909

国立国会図書館

322

臨時台湾舊慣調査会第一部調査報告書 第1回下巻

174쪽 1책

臨時台湾旧慣調査会

활자본

1909

国立国会図書館

322

臨時台湾舊慣調査会第一部調査報告書　第2回附録参考書

289쪽　1책

臨時台湾旧慣調査会

활자본

1909

国立国会図書館

322

臨時台湾舊慣調査会第一部調査報告書　第2回第1巻

405쪽　1책

臨時台湾旧慣調査会

활자본

1909

国立国会図書館

322

臨時台湾舊慣調査会第一部調査報告書　第2回第1巻附録参考書

203쪽　1책

臨時台湾旧慣調査会

활자본

1909

国立国会図書館

322

臨時台湾舊慣調査会第一部調査報告書　第2回第2巻上巻

413쪽　1책

臨時台湾旧慣調査会

활자본

1909

国立国会図書館

322

臨時台湾舊慣調査会第一部調査報告書　第2回第2巻下巻

181쪽　1책

臨時台湾旧慣調査会

활자본

1909

国立国会図書館

322

臨時台湾舊慣調査会第一部調査報告書　第3回第3編上巻

239쪽　1책

臨時台湾旧慣調査会

활자본

1909

国立国会図書館

322

臨時台湾舊慣調査会第一部調査報告書　第3回第3編上巻附録参考書

159쪽　1책

臨時台湾旧慣調査会

활자본

1909

国立国会図書館

322

臨時台湾舊慣調査会第一部調査報告書　第

3回第3編下巻
189쪽　1책
臨時台湾旧慣調査会
활자본
1909
国立国会図書館
322

臨時台湾舊慣調査会第一部調査報告書　第3回第3編下巻附録参考書
95쪽　1책
臨時台湾旧慣調査会
활자본
1909
国立国会図書館
322

臨時台湾舊慣調査会第一部調査第三回報告書台湾私法　第1巻上
388쪽　1책
臨時台湾旧慣調査会
활자본
1910
国立国会図書館
324

臨時台湾舊慣調査会第一部調査第三回報告書台湾私法　第1巻下
247쪽　1책
臨時台湾旧慣調査会
활자본
1910
国立国会図書館

324

臨時台湾舊慣調査会第一部調査第三回報告書台湾私法附録参考書　第1巻上
278쪽　1책
臨時台湾旧慣調査会
활자본
1910
国立国会図書館
324

臨時台湾舊慣調査会第一部調査第三回報告書台湾私法附録参考書　第2巻上
183쪽　1책
臨時台湾旧慣調査会
활자본
1910
国立国会図書館
324

臨時台湾舊慣調査会第一部調査第三回報告書台湾私法附録参考書　第3巻上
156쪽　1책
臨時台湾旧慣調査会
활자본
1909
国立国会図書館
324

臨時台湾舊慣調査会第一部調査第三回報告書台湾私法附録参考書　第3巻上
156쪽　1책
臨時台湾旧慣調査会

활자본
1910
国立国会図書館
324

臨時台湾舊慣調査会第一部調査第三回報告書台湾私法附録参考書　第3巻下
123쪽　1책
臨時台湾旧慣調査会
활자본
1909
国立国会図書館
324

臨時台湾舊慣調査会第一部調査第三回報告書台湾私法附録参考書　第3巻下
123쪽　1책
臨時台湾旧慣調査会
활자본
1910
国立国会図書館
324

臨時台湾舊慣調査會第一部調査第三回報告書台湾私法附録参考書　第二巻上
254쪽　1책
臨時台湾旧慣調査会
활자본
1910
国立国会図書館
324

臨時台湾舊慣調査会第一部調査第二回報

告書　附録参考書
562쪽　1책
臨時台湾旧慣調査会
활자본
1907
国立国会図書館
322.22

臨時台湾舊慣調査会第一部調査第二回報告書　第1巻付録参考書
204쪽　1책
臨時台湾旧慣調査会
활자본
1906
国立国会図書館
322.92

臨時台湾舊慣調査会第一部調査第二回報告書　第2巻上
791쪽　1책
臨時台湾旧慣調査会
미상
1906
国立国会図書館
322.92

臨時台湾舊慣調査会第一部調査第二回報告書　第2巻上
791쪽　1책
臨時台湾旧慣調査会
미상
1907
国立国会図書館

322.92

臨時台湾舊慣調査会第一部調査第二回報
告書 第2巻下
341쪽 1책
臨時台湾旧慣調査会
미상
1907
岩手県立図書館, 大阪府立中央図書館
322.22

立案ト立旨ノ性質及區別
조선총독부 중추원
30쪽 1책
김한목
寫本
1910~1945寫
국사편찬위원회
中B14-57

立替權請求書
경성공업전문학교
15쪽 1책
16.7×24.5㎝ 필사본
1918
수원시박물관
B-1-758

麻及麻布賣買慣習調査報告
55쪽 1책
東京高等商業學校
필사본
1901

JAIRO(원문), 一橋大学附属図書館
Azn : 211

滿蒙諸慣習概要
남만주철도주식회사총무부조사과
89쪽 1책
滿蒙文化協會出版部(大連)
23㎝ 활자본
1920
국립중앙도서관
朝38-4-1

滿蒙諸慣習概要：土地商租
1-79쪽, 2-69쪽 2책
滿蒙文化協会出版部
활자본
1920
国立国会図書館
322.22

滿蒙調査復命書
관동도독부민정부
224쪽 1책
關東都督府民政部(旅順)
23㎝ 활자본
1915
국립중앙도서관
朝68-150-1

滿洲に於ける慣習並特殊事情より見たる判
例集
94쪽 1책
法律時報社

활자본
1940
CiNii, 財団法人東洋文庫
BB02680337(NCID)

滿州家族制度慣習調査
만주국사법부
미상 1책
有斐閣(東京)
22㎝ 활자본
1943
서울대도서관
설송 345.6 M317m v.1

滿洲家族制度慣習調査
만주국사법부
868쪽 1책
滿洲有斐閣(新京)
22㎝ 활자본
1944
서울대도서관
6520 173 1

滿洲家族制度慣習調査 第1卷(哈爾浜及延
吉地方)
890쪽 1책
有斐閣
활자본
1944
国立国会図書館デジタル化資料
324.92

滿州家族制度慣習調査 第1卷

905쪽 1책
前野茂
有斐閣(東京)
23㎝ 활자본
1944
국립중앙도서관
朝28-193-1

滿洲家族制度慣習調査 第1卷(哈爾濱及延
吉地方)
미상
Maeno, Shigeru
Tokyo : Yūhikaku
1944
콜롬비아 대학
367.1 M31

滿洲穀物取引慣習一班 : 草稿
147쪽 1책
関東都督府民政部
활자본
1910
国立国会図書館デジタル化資料
676

滿州舊慣 調査報告 內務府管莊
남만주철도주식회사
263, 145 1책
大同印書館(新京)
23㎝ 활자본
1935
성균관대도서관
333.0952 ㄴ168ㅁ

滿洲舊慣報告書 後篇(3)

1-73쪽, 2-36쪽 2책
南満洲鉄道株式会社総務部事務局調査課
미상
1914
大阪府立中央図書館
324.9/M6/1

滿州舊慣調査報告書

확인불가
御茶の水書房
활자본
1985
東京大学駒場図書館, 愛知大学車道図書館, 愛媛大学図書館, 追手門学院大学附属図書館, 九州大学附属図書館, 京都女子大学図書館, 京都大学人間·環境学研究科総合人間学部図書館, 釧路公立大学附属図書館, 高知大学総合情報センター(図書館)中央館, 国際日本文化研究センター, 国士舘大学図書館·情報メディアセンター, 国立民族学博物館情報管理施設, 駒澤大学図書館, 埼玉大学図書館, 静岡大学附属図書館, 上智大学図書館, 千葉大学附属図書館, 筑波大学附属図書館中央図書館, 帝京大学図書館, 東京大学大学院人文社会系研究科文学部図書室, 東京外国語大学附属図書館, 東北大学附属図書館, 東洋大学附属図書館, 徳島大学附属図書館, 同志社大学図書館今出川図書館, 名古屋学院大学学術情報センター瀬戸キャンパス, 名古屋大学工学図書室, 名古屋大学附属図書館, 奈良大学図書館, 新潟大学附属図書館, 日本大学文理学部図書館, 日本大学文理学部図書館, 日本大学法学部図書館, 梅花女子大学図書館, 姫路獨協大学附属図書館, フェリス女学院大学附属図書館, 佛教大学図書館, 北海道大学経済学研究科·経済学部図書室, 北海道教育大学附属図書館, 武蔵大学図書館, 四日市大学情報センター, 立命館大学図書館, 龍谷大学深草図書館, 琉球大学附属図書館, 流通経済大学図書館
3号館ソウショIV：0475

滿洲舊慣調査報告書

남만주철도주식회사조사과(동경)
86쪽 1책
南滿洲鐵道株式會社調査課(東京)
26㎝ 활자본
1922
영남대도서관
360.9125 ㄴ49ㅁ

滿洲舊慣調査報告書

1-178쪽, 2-146쪽, 3-104쪽, 4-85쪽 4책
南満洲鉄道総務部事務局調査課
미상
1913
佐賀県立図書館
611.2/ MI37/

滿洲舊慣調査報告書

확인불가
大同印書館
활자본
미상
京都大学法学部図書室

BB01808906

滿洲舊慣調査報告書
만철총무부사무국조사과
512쪽 5책
大同印書院(新京)
26㎝ 활자본
1913~1915
국립중앙도서관
朝28-14-1, 2, 3, 4, 5

滿州舊慣調査報告書 前篇
확인불가
南満州鉄道総務部事務局調査課
미상
1914
国立国会図書館
322.22

滿洲舊慣調査報告書 前篇(土地の種目), 後篇(不動産権)
확인불가
南満洲鉄道
미상
1915
国立国会図書館
322

滿洲舊慣調査報告書 前篇(土地の種目) 内務府官荘
174쪽 1책
南満洲鉄道総務部事務局調査課
활자본

1915
国立国会図書館
322

滿洲舊慣調査報告書 前篇(土地の種目)蒙地
197쪽 1책
南満洲鉄道総務部事務局調査課
활자본
1915
国立国会図書館
322.92

滿洲舊慣調査報告書 前篇(土地の種目) 一般民地上巻
11쪽 1책
南満洲鉄道総務部事務局調査課
활자본
1915
国立国会図書館
322

滿洲舊慣調査報告書 前篇(土地の種目) 一般民地中巻
174쪽 1책
南満洲鉄道総務部事務局調査課
활자본
1915
国立国会図書館
322

滿洲舊慣調査報告書 前篇(土地の種目) 一般民地下
282쪽 1책

南満洲鉄道総務部事務局調査課

활자본

1915

国立国会図書館

322

滿洲舊慣調査報告書 前篇(土地の種目) 皇産

267쪽 1책

南満洲鉄道

활자본

1915

国立国会図書館

322

滿洲舊慣調査報告書 前篇ノ内 內務府官莊

225쪽 1책

南満洲鉄道総務部事務局調査課

활자본

1915

国立国会図書館

322.92

滿洲舊慣調査報告書 前篇ノ内 一般民地上卷

102쪽 1책

南満洲鉄道総務部事務局調査課

활자본

1915

国立国会図書館

322.92

滿洲舊慣調査報告書 前篇ノ内 一般民地中卷

177쪽 1책

南満洲鉄道総務部事務局調査課

활자본

1915

国立国会図書館

322.92

滿洲舊慣調査報告書 前篇ノ内 一般民地下卷

288쪽 1책

南満洲鉄道総務部事務局調査課

활자본

1915

国立国会図書館

322.92

滿洲舊慣調査報告書 前篇ノ内 皇產

267쪽 1책

南満洲鉄道総務部事務局調査課

활자본

1915

国立国会図書館

322

滿洲舊慣調査報告書 前篇 第1卷

1-200쪽, 2-137쪽 2책

大同印書館

활자본

1935

神奈川県立図書館

322.2 3 1-1

滿洲舊慣調査報告書 前篇 第2卷
1-142쪽, 2-36쪽 2책
大同印書館
활자본
1935
神奈川県立図書館
322.2 3 1-2

滿洲舊慣調査報告書 前篇 第3卷
1-178쪽, 2-146쪽 2책
大同印書館
활자본
1935
神奈川県立図書館
322.2 3 1-3

滿洲舊慣調査報告書 前篇 第4卷
1-220쪽, 2-296쪽 2책
大同印書館
활자본
1935
神奈川県立図書館
322.2 3 1-4

滿洲舊慣調査報告書 前篇 第5卷
1-302쪽, 2-194쪽 2책
大同印書館
활자본
1935
神奈川県立図書館
322.2 3 1-5

滿洲舊慣調査報告書 前篇 第6卷

1-263쪽, 2-145쪽 2책
大同印書館
활자본
1935
神奈川県立図書館
322.2 3 1-6

滿洲舊慣調査報告書 後篇(3)
1-73쪽, 2-36쪽 2책
大同印書館
활자본
1935
神奈川県立図書館
322.2 3 2-3

滿洲舊慣調査報告書 後篇(不動産権) 押ノ
慣習
65쪽 1책
南満洲鉄道
활자본
1915
国立国会図書館
322

滿洲舊慣調査報告書 後篇(不動産権) 典ノ
慣習
103쪽 1책
南満洲鉄道
활자본
1915
国立国会図書館
322

滿洲舊慣調査報告書 後篇(不動産権) 租権

65쪽 1책

南満洲鉄道

활자본

1915

国立国会図書館

322

滿洲舊慣調査報告書 後編(第3)

1-73쪽, 2-36쪽 2책

南満洲鉄道株式会社調査課

활자본

1914

国立国会図書館

322.22

滿州舊慣調査報告書 後篇 1·2巻

확인불가

南満州鉄道総務部事務局

미상

1913

山口県立山口図書館

322.22

滿洲舊慣調査報告書 後篇 第1巻

1-104쪽, 2-85쪽 2책

大同印書館

활자본

1935

神奈川県立図書館

322.2 3 2-1

滿洲舊慣調査報告書 後篇 第2巻

1-76쪽, 2-36쪽 2책

大同印書館

활자본

1935

神奈川県立図書館

322.2 3 2-2

滿洲舊慣調査報告書 後篇 第3巻

1-73쪽, 2-36쪽 2책

大同印書館

활자본

1935

神奈川県立図書館

322.2 3 2-3

滿洲舊慣調査報告書 後篇 第二巻

1-76쪽, 2-36쪽 2책

南満洲鉄道株式会社調査課

미상

1915

国立国会図書館

322.22

滿洲舊慣調査報告書 後篇 第一巻

103쪽 1책

南満洲鉄道総務部事務局調査課

활자본

1915

国立国会図書館

322.92

滿洲舊慣調査報告書 前篇

136쪽 1책

南満州鉄道総務部事務局調査課
미상
1913
国立国会図書館
322.22

滿洲舊慣調査報告書 前篇ノ内一般民地

516쪽 1책
大連(旧関東州)南満洲鉄道総務部
미상
1915
長崎県立長崎図書館
332/MI37/

滿洲國に於ける慣習性麻藥に関する研究

확인불가
활자본
1937
国立国会図書館
UT51-60-F192

滿洲農村社會實態調査報告書

미상 2책
滿洲帝國大同學院(新京)
26㎝ 미상
1936
국립중앙도서관
朝88 KDCP 2102.1

滿洲土地舊慣ト土地賣買契約概論

10쪽, 2쪽, 349쪽 1책
滿洲拓植公社土地課
활자본

1939
東京大学東洋文化研究所図書室, 関西学院大
学図書館,財団法人東洋文庫, 日本貿易振興機
構アジア経済研究所図書館, 一橋大学経済研
究所資料室
G103：116：a

滿鉄調査資料 第1編(滿蒙諸慣習概要·土地商租)

1-49쪽, 2-44쪽 2책
南満州鉄道
활자본
1929
国立国会図書館
041

滿鉄調査資料 第5編

153쪽 1책
南満州鉄道
활자본
1929
国立国会図書館
041

梅謙次郎 文書

梅謙次郎著
마이크로필름 462매
韓國立法事業担任當時起案書類
文書33-訴訟法(上)
34-民事訴訟法案(上)
35-民事訴訟法(下ノ上)
36-民事訴訟法案
37-民事訴訟法(第四章)

37-民事訴訟法(第五章)
東京, 法政大学図書館(私製)
1986-1996
필사본
일본 호세이대학 MF/IC/UK

麦ノ賣買慣習取調報告書
64쪽 1책
활자본
1900
JAIRO(원문), 一橋大学附属図書館
Azn：192

麦稈眞田賣買慣習取調報告
2쪽, 41쪽 1책
활자본
1901
JAIRO(원문), 一橋大学附属図書館, 小樽商科
大学附属図書館, 神戸大学附属図書館社会科
学系図書館, 一橋大学附属図書館
Azn：404

麦稈真田売買慣習取調報告
42쪽 1책
高等商業学校
활자본
1901
国立国会図書館デジタル化資料
670

麦粉賣買慣習取調報告書
확인불가 1책
東京高等商業學校

미상
1901
CiNii, 一橋大学附属図書館
BB01368773(NCID)

綿花綿糸売買慣習取調報告書
36쪽 1책
高等商業学校
활자본
1900
国立国会図書館
670

綿花綿絲賣買慣習取調報告
36쪽 1책
활자본
1900
JAIRO(원문), 一橋大学附属図書館
Azn：404

棉花綿絲売買慣習取調報告書
36쪽 1책
高等商業学校内国商業実践科
미상
1899
国立国会図書館
670

名古屋の商取引と商慣習
119쪽 1책
名古屋商工会議所
미상
1933

名古屋市鶴舞中央図書館

S0A6/00048/

名貫諡號ニ關スル資料

조선총독부 중추원

438쪽 1책

寫本

1910~1945寫

국사편찬위원회

中B10F-2

明治期宮古島の舊慣調査資料

51쪽 1책

宮古島市教育委員会

미상

2008

東京大学史料編纂所図書室, 国立国会図書館,
大阪経済大学日本経済史研究所, 沖縄国際大
学図書館, 成城大学図書館, 琉球大学附属図
書館

1041.99：152：1

**母ノ親權ニ對シ遺言ヲ以テ制限ヲ加ヘ得ル
ヤ否ヤノ件**

조선총독부 중추원

7쪽 1책

19.5×27㎝ 필사본

수원시박물관

B-1-219

木綿商慣習調査報告

160쪽 1책

활자본

1900

JAIRO(원문), 一橋大学附属図書館

Azn：181

木材賣買慣習

확인불가

東京高等商業學校

미상

1901

一橋大学附属図書館

Azn：262 118361180T

木材市場の形體及ひ買買上の慣習(承前)

확인불가

社団法人日本建築学会

활자본

미상

CiNii論文PDF(원문)

AN00079427(NCID)

木材市場の形體及ひ賣買上の慣習(承前)

확인불가

社団法人日本建築学会

활자본

1603

CiNii論文PDF(원문)

AN00079427(NCID)

木材取引ニ關スル商慣習調査資料

7쪽, 181쪽 1책

東京商工會議所商慣習調査委員會

미상

1936

東京大学経済学図書館
0.365335648

蒙古慣習法の研究
450쪽 1책
東亜経済調査局
활자본
1935
国立国会図書館
322.92

蒙古民族の慣習法
422쪽 1책
興安総署総務処調査科
활자본
1934
国立国会図書館
322.22

蒙利契ニ關スル参考書(咸興地方)
법전조사국
15쪽 1책
法典調査局編
寫本
1910~1945寫
국사편찬위원회
中B16CB-3

蒙地
2쪽, 9쪽, 200쪽, 136쪽 1책
大同印書館
활자본
1914

東京大学東洋文化研究所図書室, 愛知大学豊橋図書館, 九州大学附属図書館, 東京大学大学院人文社会系研究科文学部図書室, 北海道大学大学院農学研究科図書室, 北海道大学附属図書館, 北海道大学文学研究科·文学部図書室, 酪農学園大学附属図書館, 龍谷大学大宮図書館
3号館D：17：1：2

蒙地
2쪽, 9쪽, 200쪽, 136쪽 1책
大同印書館
미상
1936
東京大学社会科学研究所, 東京大学東洋文化研究所図書室, 大阪大学附属図書館外国学図書館, 鹿児島大学附属図書館, 金沢大学附属図書館, 学習院大学図書館, 九州大学附属図書館伊都図書館, 九州大学附属図書館, 京都大学文学研究科図書館, 城西大学水田記念図書館, 東北大学附属図書館, ベルリン国立図書館
8405

蒙地
2쪽, 9쪽, 200쪽, 136쪽 1책
大同印書館
활자본
1936
東京大学経済学図書館, 東京大学東洋文化研究所図書室, 一般社団法人中国研究所図書館, 大分大学学術情報拠点(図書館), 鹿児島国際大学附属図書館, 学習院大学図書館, 九州大学附属図書館, 九州大学附属図書館, 九州大

学附属図書館, 京都大学人文科学研究所図書室, 京都大学法学部図書室, 静岡大学附属図書館, 首都大学東京図書館, 拓殖大学図書館, 筑波大学附属図書館中央図書館, 天津図書館, 東京農業大学図書館, 鳥取大学附属図書館, 日本大学総合学術情報センター, 一橋大学経済研究所資料室, 弘前大学附属図書館, 広島大学図書館中央図書館, 広島大学図書館西図書館, 三重大学附属図書館, 立教大学図書館
8405

墓地(실록)
조선총독부 중추원
46쪽 1책
寫本
1910~1945寫
국사편찬위원회
中B18E-36

墓地ニ關スル調査書
법전조사국
33쪽 1책
19.5×27㎝ 필사본
미상
수원시박물관
B-1-406

貿易慣習の研究
1-789쪽, 2-12 2책
千倉書房
활자본
1943
国立国会図書館
678

門中
86쪽 1책
19.6×26.3㎝
수원시박물관
B-1-696

門中及宗中ニ關スル資料
조선총독부 중추원
68쪽 2책
寫本
1910~1945寫
국사편찬위원회
中B10B-17

(物權) 担保ノ目的ヲ以テスル賣買ノ慣例アリヤ
조선총독부 중추원
32쪽 1책
19×26.5㎝ 필사본
수원시박물관
B-1-124

(物權) 獨立ノ財産
조선총독부 중추원
7쪽 1책
19×26㎝ 필사본
수원시박물관
B-1-105

(物權) 墓位土, 祭位土ノ所有者如付等
조선총독부 중추원

14쪽 1책
19×26㎝ 필사본
수원시박물관
B-1-114

(5-1) (物權) 物權, 債權, 親族, 相續, 其他
조선총독부 중추원
46쪽 1책
19×26.5㎝ 필사본
1913
수원시박물관
B-1-429

(物權) 物權ニ關スル事項
조선총독부 중추원
30쪽 1책
19.5×27㎝ 필사본
수원시박물관
B-1-108

(物權) 物權ニ關スル事項
조선총독부 중추원
35쪽 1책
19.5×27㎝ 필사본
수원시박물관
B-1-431

(物權) 物權ニ關スル事項
조선총독부 중추원
33쪽 1책
19.5×27㎝ 필사본
수원시박물관
B-1-095

(物權) 物權ニ關スル事項
조선총독부 중추원
42쪽 1책
19.5×27㎝ 필사본
수원시박물관
B-1-118

(物權) 物權ニ關スル事項
조선총독부 중추원
67쪽 1책
19.5×27㎝ 필사본
1913
수원시박물관
B-1-119

(物權) 報告書
조선총독부 중추원
60쪽 1책
20×27㎝ 필사본
1923
수원시박물관
B-1-107

(物權) 報告書
조선총독부 중추원
59쪽 1책
19×26.5㎝ 필사본
1920
수원시박물관
B-1-113

(物權) 小作ニ關スル事項
조선총독부 중추원

243쪽 1책
19.5×26.5㎝ 필사본
1918
수원시박물관
B-1-129

(物權) 鹽田二關スル事項
조선총독부 중추원
5쪽 1책
19.5×27㎝ 필사본
수원시박물관
B-1-117

(物權) 遺失物, 埋藏物, 漂流物取得二關スル
慣習等
조선총독부 중추원
4쪽 1책
18.5×26.5㎝ 필사본
수원시박물관
B-1-111

(物權) 遺蹟及遺物其他二關スル事項
조선총독부 중추원
46쪽 1책
19×27㎝ 필사본
1919
수원시박물관
B-1-391

(物權) 堤堰, 賜牌地等
조선총독부 중추원
26쪽 1책
19.5×27㎝ 필사본

수원시박물관
B-1-109

(物權) 祭位田畓ハ長孫ノ所有ナルヲ普通トス
ルヤ特夕長支孫ノ共有ナルヲ普通トスルヤ
조선총독부 중추원
18쪽 1책
19×26.5㎝ 필사본
수원시박물관
B-1-122

(物權) 祖先ノ墳墓及墓地ノ所有管理處分等
조선총독부 중추원
40쪽 1책
19×26.5㎝ 필사본
수원시박물관
B-1-121

(物權) 祖先ノ墳墓及墓地所有者等
조선총독부 중추원
50쪽 1책
19×26.5㎝ 필사본
수원시박물관
B-1-125

(物權) 祖先墳墓ノ所有者等
조선총독부 중추원
11쪽 1책
19×26㎝ 필사본
수원시박물관
B-1-115

(物權) 祖先墳墓ノ所有者等

조선총독부 중추원

8쪽 1책

19.5×27㎝ 필사본

수원시박물관

B-1-116

(物權) 浦洛地

조선총독부 중추원

5쪽 1책

20×28㎝ 필사본

수원시박물관

B-1-110

(物權) 火田ニ關スル事項等

조선총독부 중추원

14쪽 1책

18.5×26㎝ 필사본

수원시박물관

B-1-126

(物權) 特別調査

조선총독부 중추원

36쪽 1책

19.5×27㎝ 필사본

1919

수원시박물관

B-1-131

(物權, 親族) 入會, 小作, 親族ニ關スル特別調査

조선총독부 중추원

35쪽 1책

20×28㎝ 필사본

1920

수원시박물관

B-1-123

(物權, 債權)

조선총독부 중추원

49쪽 1책

19×27㎝ 필사본

수원시박물관

B-1-097

物權ニ關スル事項

조선총독부 중추원

102쪽 1책

19.5×27㎝ 필사본

1915

수원시박물관

B-1-120

未開社會に於ける犯罪と慣習

212쪽 1책

改造社

활자본

1942

国立国会図書館

VA201-2828

米穀取引所ニ於ケル仲買人取引慣習

확인불가

東京高等商業學校

활자본

1900

JAIRO(원문), 一橋大学附属図書館

Azn-179

米材取引の慣習に關する囘答書集録
124쪽 1책
東京商工會議所
활자본
1937
国立国会図書館デジタル化資料
651

民法對照臺灣人事公業慣習研究：附關係
高等法院判例
3쪽, 4쪽, 366쪽 1책
臺法月報發行所
활자본
1931
東京大学東洋文化研究所図書室, 東京大学法
学部, 九州大学附属図書館, 財団法人東洋文
庫, 首都大学東京図書館, 筑波大学附属図書
館中央図書館, 日本貿易振興機構アジア経済
研究所図書館, 広島大学図書館中央図書館,
ベルリン国立図書館, 北海道大学大学院農学研
究科図書室
T941：5592：T31

民法修正案参考書
58쪽 1책
不明
활자본
1910
法政大学
A5a/30

民事慣習回答彙集(續編稿)
조선총독부 중추원
165쪽 1책
조선총독부 중추원(京城)
26㎝ 필사본
미상
서울대도서관
설송 345.01 C456m

民事及商事ニ關スル特別調査
조선총독부 중추원
142쪽 1책
18×25.7㎝ 필사본
1917
수원시박물관
B-1-749

民事判決綴
조선총독부 재판소
400쪽 1책
朝鮮總督府裁判所(京城)
24.6×16.6㎝ 활자본
1931~1933
국립중앙도서관
古6647-2

伯林ニ於ケル各種商品取引慣習：假譯
확인불가
東京商工会議所
활자본
1928
東京大学経済学図書館, 九州大学附属図書館,
京都大学法学部図書室, 東京海洋大学附属図

書館, 北海道大学附属図書館
ミツビシ：Toky：135

蕃族慣習調查報告書
대만총독부번족조사회(대북)
22쪽, 384쪽 1책
臺灣總督府蕃族調查會(臺北)
26cm 활자본
1915
서울대도서관
390.0952 T126k v.1

番族慣習調查報告書
임시대만구관조사회
미상 1책
臨時臺灣舊慣調查會(臺北)
27cm 활자본
1915~1920
서울대도서관
7460 42 2

蕃族慣習調查報告書 2
대만총독부번족조사회(대북)
13쪽, 472쪽 1책
臺灣總督府 蕃族調查會(臺北)
26cm 활자본
1915
고려대도서관
희귀 390.0951 1915 2

蕃族慣習調查報告書 3
대만총독부번족조사회(대북)
14쪽, 189쪽 1책

臺灣總督府 蕃族調查會(臺北)
26cm 활자본
1915
고려대도서관
희귀 390.0951 1915 3

蕃族慣習調查報告書 4
대만총독부번족조사회(대북)
15쪽, 302쪽 1책
臺灣總督府 蕃族調查會(臺北)
26cm 활자본
1915
고려대도서관
희귀 390.0951 1915 4

蕃族慣習調查報告書 5.1
대만총독부번족조사회(대북)
5쪽, 226쪽 1책
臺灣總督府 蕃族調查會(臺北)
26cm 활자본
1915
고려대도서관
희귀 390.0951 1915 5.1

蕃族慣習調查報告書 5.3
대만총독부번족조사회(대북)
10쪽, 452쪽 1책
臺灣總督府 蕃族調查會(臺北)
26cm 활자본
1915
고려대도서관
희귀 390.0951 1915 5.3

蕃族慣習調査報告書 5.4
대만총독부번족조사회(대북)
11쪽, 451쪽 1책
臺灣總督府 蕃族調査會(臺北)
26㎝ 활자본
1915
고려대도서관
희귀 390.0951 1915 5.4

蕃族慣習調査報告書 5.5
대만총독부번족조사회(대북)
6쪽, 140쪽 1책
臺灣總督府 蕃族調査會(臺北)
26㎝ 활자본
1915
고려대도서관
희귀 390.0951 1915 5.5

番族慣習調査報告書 : 臨時台湾舊慣調査
会 第一部 第1卷
186쪽 1책
臨時台湾旧慣調査会第一部
활자본
1915
愛媛県立図書館, 佐賀県立図書館
389.224

番族慣習調査報告書 : 臨時台湾舊慣調査
会 第一部 第2卷
198쪽 1책
臨時台湾旧慣調査会第一部
활자본
1918

国立国会図書館デジタル化資料
389.224

番族慣習調査報告書 : 臨時台湾舊慣調査
会 第一部 第3卷
326쪽 1책
臨時台湾旧慣調査会第一部
활자본
1918
国立国会図書館デジタル化資料
389.224

番族慣習調査報告書 : 臨時台湾舊慣調査
会 第一部 第4卷
490쪽 1책
臨時台湾旧慣調査会第一部
활자본
1918
国立国会図書館デジタル化資料
322.22-R57s-5

番族慣習調査報告書 5卷之1
129쪽 1책
台湾総督府蕃族調査会
활자본
1922
国立国会図書館デジタル化資料
389

番族慣習調査報告書 5卷之3
353쪽 1책
台湾総督府蕃族調査会
활자본

1922
国立国会図書館デジタル化資料
389

番族慣習調査報告書 5巻之4
248쪽 1책
台湾総督府蕃族調査会
활자본
1922
国立国会図書館デジタル化資料
389

番族慣習調査報告書 5巻之5
79쪽 1책
台湾総督府蕃族調査会
활자본
1922
国立国会図書館デジタル化資料
389

番族習慣調査報告書
중앙연구원민족학연구소(대북)
20쪽, 17쪽, 289쪽 1책
中央研究院民族學研究所(臺北)
26㎝ 활자본
1996
고려대도서관
390.00951 1996 1

蕃族調査報告書
확인불가
臨時臺灣旧慣調査會
미상

1913
鹿児島大学附属図書館, 京都大学人文科学研
究所図書室, 長崎大学附属図書館経済学部分
館, 人間文化研究機構国文学研究資料館, 広
島大学図書館西図書館, 山口大学図書館総合
図書館
389.224/Ta25/1 11178727080

蕃族調査報告書
확인불가
南天書局
활자본
1983
愛知淑徳大学図書館, 厦門大学図書館, 九州
大学附属図書館, くらしき作陽大学附属図書館,
中京大学図書館, 東京学芸大学附属図書館,
ブリティッシュ・ライブラリー
3892 R45-1 1, 2, 3, 4, 5, 6, 7, 8

蕃族調査報告書
확인불가
南天書局
활자본
1983
愛知淑徳大学図書館, 厦門大学図書館, 九州大
学附属図書館, くらしき作陽大学附属図書館,
中京大学図書館, 東京学芸大学附属図書館,
ブリティッシュ・ライブラリー
3892 R45-1 1, 2, 3, 4, 5, 6, 7, 8

蕃族調査報告書
임시대만구관조사회(대북)
미상

臺灣總督府蕃族調査會(臺北)

26㎝ 활자본

1913-21

서울대도서관

390.0952 T126h 1913

蕃族調査報告書

임시대만관조사회(동경)

미상 5책

臨時臺灣慣調査會

23㎝ 활자본

1915~1922

국립중앙도서관

6-87-B44-1, 2, 3, 4, 5

法律上ヨリ觀タル支那ノ婚姻

380쪽 1책

臨時台湾旧慣調査会

활자본

1907

東京大学総合図書館, 国立国会図書館デジタル化資料, 東京大学東洋文化研究所図書室, 愛知大学名古屋図書館, 九州大学附属図書館, 九州大学附属図書館, 京都大学人間·環境学研究科総合人間学部図書館, 京都大学附属図書館, 京都大学法学部図書室, 高知大学総合情報センター(図書館)中央館, 筑波大学附属図書館中央図書館, 東京大学大学院人文社会系研究科文学部図書室, 一橋大学附属図書館, 北海道大学附属図書館

L90 : 97 0002468643

法外繼後謄錄

조선총독부 중추원

192쪽 1책

寫本

1910~1945寫

국사편찬위원회

中B13IF-4

狀ニ關スル調査報告書

법전조사국

18쪽 1책

岩谷武市

寫本

1910寫

국사편찬위원회

中B16CB-4

保人ノ責任ノ一

법전조사국

13쪽 1책

小田幹治郎

油印版

1910刊

국사편찬위원회

中B13IB-8

保證債務

조선총독부 중추원

45쪽 1책

18×27㎝ 필사본

수원시박물관

B-1-187

保證債務, 連帶債務等(債權, 物權)

조선총독부 중추원
106쪽 1책
渡邊業志(조사), 吳光鎭(고)
19.5×26㎝ 필사본
1920
수원시박물관
B-1-440

普通人墳墓
조선총독부 중추원
279쪽 2책
朴義韋
寫本
1910~1945寫
국사편찬위원회
B16FB-38

普通人喪禮
조선총독부 중추원
644쪽 2책
寫本
1910~1945寫
국사편찬위원회
中A5E-9

普通人婚禮
조선총독부 중추원
340쪽 2책
寫本
1910~1945寫
국사편찬위원회
中A5E-10

覆審法院民事判例要旨類集
6쪽, 118쪽 1책
臺灣慣習研究會
미상
1907
拓殖大学図書館
324.9224 3003

本島人ノ親族相續慣習ノ概要
2쪽, 24쪽 1책
臺灣総督府財務局
미상
1936
京都大学法学部図書室
314.4//Ta

本邦土地整理始末
31쪽 1책
不動産法調査会會
미상
1907
東京大学経済学図書館
11：2814a

奉天附近ニ於ケル鮮人農家ノ小作慣習ニ就テ
19쪽 1책
東亜勧業株式會社
미상
1924
一橋大学経済研究所資料室, 北海道大学大学院農学研究科図書室
BA68087183

不動産に關する慣習調査

27쪽 1책
滿洲中央銀行調査課
미상
1936
東京大学経済学図書館, 東京大学社会科学研究所, 大分大学経済学部教育研究支援室, 大阪市立大学学術情報総合センター, 滋賀大学附属図書館, 日本貿易振興機構アジア経済研究所図書館
ミツビシ：Mang：8

不動産法調査報告要録

법전조사국
58쪽 1책
法典調査局(京城)
26㎝ 활자본
1907
국립중앙도서관
朝22-B22

不動産法調査報告要録

확인불가
法典調査局
미상
미상
関西学院大学図書館, 筑波大学附属図書館中央図書館
346：H83 0090248758

不動産法調査報告要録(韓國)

법전조사국
57쪽 1책

法典調査局(京城)
21×15㎝ 활자본
1907
서울대도서관
5120 21

不動産所有權ノ取得

조선총독부 중추원
1책
20×28㎝ 필사본
수원시박물관
B-1-103

不動産信用論

不動産法調査會
256쪽 1책
不動産法調査會(東京)
23㎝ 활자본
1906
국립중앙도서관
4-10-A4

不動産信用論

248쪽 1책
不動産法調査会
미상
미상
東京大学
T3.2：7760：F06

父母カ遺言ヲ以テ保護者ヲ指定スルコトノ有無

조선총독부 중추원

4쪽 1책
19.5×26.5㎝ 필사본
수원시박물관
B-1-022

夫婦間財産關係
조선총독부 중추원
10쪽 1책
19.5×27㎝ 필사본
1917
수원시박물관
B-1-055

富山縣ニ於ケル小作權慣習
10쪽 1책
不明
미상
1927
一橋大学附属図書館
BA52862339

賦役ニ關スル調査
조선총독부 중추원
31쪽 1책
19.5×27㎝ 필사본
1916
수원시박물관
B-1-202

北京に於ける日本人の不動産使用とその慣習座談會速記録
31쪽 1책
北京日本商工會議所

미상
1943
学習院大学図書館, 滋賀大学附属図書館, 一橋大学附属図書館
319.2/39

北東アジアに於ける毒矢使用の慣習に就いて
확인불가
日本文化人類学会
활자본
1943
CiNii論文PDF(원문)
AN0023703X

北方土民族の法律思想及慣習
148쪽 1책
司法省調査課
활자본
1933
国立国会図書館デジタル化資料
389.1

北海道各地の商慣習の調査研究：木材取引に就て
1-224쪽, 2-43쪽 2책
司法省調査部
활자본
1940
国立国会図書館デジタル化資料
325.11

分家, 養子, 罷養及離異ノ場合ニ於ケル配偶者, 直系卑屬等ノ轉籍

조선총독부 중추원
35쪽 1책
20.3×28.1㎝ 필사본
수원시박물관
B-1-693

分家ニ付キ特別ナル家督相續開始ノ原因
미상
12쪽 1책
川原信義
19.5×27㎝ 필사본
1910
수원시박물관
B-1-215

墳墓ノ種別及其界限
조선총독부 중추원
85쪽 1책
寫本
1910~1945寫
국사편찬위원회
中B16FB-41

佛獨墺國ニ於ケル抵當證券制度幷瑞西民法ニ依ル同制度
4쪽, 204쪽 1책
臨時台湾旧慣調査会
미상
1911
京都大学法学部図書室
314.7//L

飛騨白川村大家族制の沿革及実情に関する

資料
46쪽, 3쪽, 32쪽, 14쪽 1책
名古屋控訴院
미상
1933
京都大学法学部図書室, 岐阜県図書館, 愛知大学車道図書館
310.8//Si

砂糖賣買慣習調査
확인불가
東京高等商業學校
미상
1890
一橋大学附属図書館
BB01542779

司法研究 : 報告書 第28輯10
224쪽, 46쪽 1책
司法省調査部
활자본
1940
国立国会図書館デジタル化資料
AZ-861-E9

三綱六紀, 宗族, 姓名, 嫁娶ニ關スル資料
조선총독부 중추원
28쪽 1책
寫本
1910~1945寫
국사편찬위원회
中B13IF-6

蓼政(일성록)
조선총독부 중추원
58쪽 1책
寫本
1910~1945寫
국사편찬위원회
中B18F-45

三重縣ニ於ケル小作權慣習
31枚 1책
製作者不明
미상
1928
一橋大学附属図書館
BA53180775

蓼圃ニ關スル調査報告書
법전조사국
144쪽 1책
室井德三郎
油印版
1910刊
국사편찬위원회
中C11B-1

喪禮(일성록)
조선총독부 중추원
165쪽 3책
寫本
1910~1945寫
국사편찬위원회
中B18F-46

相續
조선총독부 중추원
35쪽 1책
20×28㎝ 필사본
수원시박물관
B-1-057

相續(실록)
조선총독부 중추원
18쪽 1책
寫本
1910~1945寫
국사편찬위원회
中B18E-49

相續(일성록)
조선총독부 중추원
16쪽 1책
寫本
1910~1945寫
국사편찬위원회
中B18F-47

(相續)61 相續ニ關スル事項
조선총독부 중추원
42쪽 1책
19×26.5㎝ 필사본
1913
수원시박물관
B-1-386

(相續)22 相續ニ關スル事項
1책

19.5×26.5 1912
수원시박물관
B-1-384

(相續)55 相續ニ關スル事項
조선총독부 중추원
44쪽 1책
19×26.5㎝ 필사본
1913
수원시박물관
B-1-029

(相續)58 相續ニ關スル事項
조선총독부 중추원
43쪽 1책
19×26.5㎝ 필사본
1913
수원시박물관
B-1-030

相續ニ關スル規定ノ拔萃
조선총독부
24쪽 1책
20×28㎝ 필사본
수원시박물관
B-1-007

相續ニ關スル事項
조선총독부
59쪽 1책
19.5×26.5㎝ 필사본
1912
수원시박물관

B-1-023

相續ニ關スル事項
조선총독부
55쪽 1책
19.5×26.5㎝ 필사본
1912
수원시박물관
B-1-025

相續ニ關スル事項
조선총독부
44쪽 1책
19×26.5㎝ 필사본
1912
수원시박물관
B-1-026

相續ニ關スル事項
조선총독부 중추원
19쪽 1책
19.5×26.5㎝ 필사본
수원시박물관
B-1-041

相續ニ關スル事項
조선총독부 중추원
18쪽 1책
20.5×28㎝ 필사본
수원시박물관
B-1-043

相續ニ關スル事項

조선총독부 중추원
11쪽 1책
19.5×27㎝ 필사본
수원시박물관
B-1-046

相續ニ關スル事項
조선총독부 중추원
9쪽 1책
19.5×27㎝ 필사본
수원시박물관
B-1-051

相續ニ關スル事項
조선총독부 중추원
87쪽 1책
19.5×27㎝ 필사본
1915
수원시박물관
B-1-375

相續ニ關スル事項
37쪽 1책
19×26.5
수원시박물관
B-1-649

相續ニ關スル事項
조선총독부
14쪽 1책
18.5×26.5㎝ 필사본
1915
수원시박물관

B-1-038

相續ニ關スル事項, 遺産ノ方式, 僧侶ノ遺産相續
조선총독부 중추원
19쪽 1책
19.5×27㎝ 필사본
수원시박물관
B-1-049

喪制(실록)
조선총독부 중추원
1-50쪽, 2-8쪽, 3-28쪽 3책
寫本
1910~1945寫
국사편찬위원회
中B18E-50

生養奉祀ニ關スル調査報告書
법전조사국
15쪽 1책
室井德三郎
19.5×27㎝ 필사본
1910
수원시박물관
B-1-005

姓ニ關スル資料
조선총독부 중추원
80쪽 1책
寫本
1910~1945寫
국사편찬위원회

中B10F-12

姓名ニ關シ參考トシテ諸書ヨリ拔萃セル資
料
조선총독부 중추원
202쪽 1책
寫本
1927寫
국사편찬위원회
中B10F-10

姓名ニ關スル記述原稿(草稿)
조선총독부 중추원
107쪽 1책
寫本
1910~1945寫
국사편찬위원회
中B10F-8

姓名ニ關スル資料
조선총독부 중추원
202쪽 2책
寫本
1910~1945寫
국사편찬위원회
中B10F-7

姓名ニ關スル草稿二號
조선총독부 중추원
82쪽 1책
寫本
1910~1945寫
국사편찬위원회

中B10F-9

姓名及貫
조선총독부 중추원
103쪽 1책
寫本
1910~1945寫
국사편찬위원회
中B10F-6

姓氏彙集
조선총독부 중추원
27쪽 1책
寫本
1910~1945寫
국사편찬위원회
中B10F-13

小作ニ關スル慣習
조선총독부 중추원
116쪽 1책
寫本
光武7年(1903寫)
국사편찬위원회
中B13G-57

小作ニ關スル慣習調査書
3쪽, 189쪽 1책
京城：朝鮮総督府中樞院
활자본
1930
東京大学
21-A：116

小作慣例及驛屯賭に關する調査書
조선총독부 내무국 사회과
128쪽 1책
朝鮮總督府內務局社會課(京城)
23㎝ 활자본
1928
국립중앙도서관
朝21-8

小作慣例及駐屯賭に関する調査書自隆熙
二年至大正十三年
120쪽 1책
朝鮮總督府
활자본
1907～1924
学習院大学友邦文庫
611-48

小作慣行調査書
전라남도 내무부
355쪽 1책
1923
하와이 대학
K.686

小作慣行調査資料(代謄写)付：鴨緑江沿
岸ニ於ケル賭地分布畧圖(2枚), 大同江沿岸
ニ於ケル賭地分布畧圖(1枚)
115쪽 1책
朝鮮總督府殖産局農務課
활자본
1931
東京大学

21-A：202

小作農民に關する調査
조선총독부 식산국
548쪽 1책
조선총독부 식산국(京城)
활자본
1928
국립중앙도서관
6741-8

小作農民ニ關スル調査
546쪽 1책
조선총독부 취조국
활자본
1912
국립중앙도서관
朝81-205

小作農民に關する調査
확인불가
朝鮮總督府殖産局
활자본
1912
東京大学
21-A：3

小作農民に關する調査
3쪽, 279쪽 1책
朝鮮總督府殖産局
활자본
1928
東京大学

D103：18

小作令小作調停実施要費穀物検査国営要
費(昭和七年度予算復活要求)
2쪽 1책
朝鮮総督府
활자본
1932
学習院大学友邦文庫
M1-167

小作資料
조선총독부 중추원
54쪽 1책
寫本
1910~1945寫
국사편찬위원회
中B13G-58

小作制度ニ關スル事項
조선총독부 중추원
56쪽 1책
20×28㎝ 필사본
1924
수원시박물관
B-1-165

小作制度ニ關スル件
조선총독부 중추원
17쪽 1책
吳在豊
寫本
1924寫

국사편찬위원회
中B13G-59

小作制度調査
조선총독부
69쪽 1책
田中卯三(日) 述
寫本
1913寫
국사편찬위원회
中B13G-60

小作地ノ管理状況農林局
10쪽 1책
朝鮮総督府
활자본
学習院大学友邦文庫
B297

小諸商業慣習
3쪽, 101쪽 1책
北佐久郡立小諸商工學校
활자본
1912
東京大学経済学図書館
0.95625

小宗中ノ始祖及稱號ニ關スル件
조선총독부 중추원
29쪽 1책
20.2×28㎝ 필사본
1944
수원시박물관

B-1-682

昭和六年七月朝鮮ニ於ケル小作ニ関スル法
令朝鮮総督府殖産局農務課

173쪽 1책
朝鮮総督府
활자본
1931
学習院大学友邦文庫
22

昭和四年六月小作令案(第一稿)

18쪽 1책
朝鮮総督府
활자본
1929
学習院大学友邦文庫
B237

昭和三年七月小作慣行ノ改善ニ関スル件通
牒政務総監通牒

3쪽 1책
朝鮮総督府
활자본
1928
学習院大学友邦文庫
B288

昭和七年小作令制定関係書類予定·要綱等
殖産局

확인불가
朝鮮総督府
등사판

1932
学習院大学友邦文庫
B283

昭和八年朝鮮ニ於ケル小作ニ関スル参考事
項摘要朝鮮総督府農林局

136쪽 1책
朝鮮総督府
미상
1933
学習院大学友邦文庫
23

昭和八年七月朝鮮小作令試案(農務課案)
農林局

48쪽 1책
朝鮮総督府
등사판
1933
学習院大学友邦文庫
B293

屬領制度ニ關スル學說及實際

내각부동산법조사회
53쪽 1책
中山
不動産法調査會(東京)
23㎝ 활자본
1907
국립중앙도서관
4-53-21

水利ニ關スル舊慣
조선총독부 중추원
159쪽 1책
寫本
1910~1945寫
국사편찬위원회
中B16CB-5

收養子侍養子次養子養子ニ關スル資料
조선총독부 중추원
211쪽 1책
寫本
1910~1945寫
국사편찬위원회
中B13IF-7

輸入生卵賣買慣習取調書
51쪽 1책
東京高等商業学校
필사본
1900
JAIRO(원문), 一橋大学附属図書館
Azn：202

穂積陳重遺文集 第3冊
718쪽 1책
岩波書店
활자본
1934
国立国会図書館デジタル化資料
624-1

輸出向陶磁器賣買慣習取調報告書

확인불가
東京高等商業学校
활자본
1900
CiNii, 一橋大学附属図書館
BB01223034

輸出向綿織物賣買慣習取調報告
25쪽 1책
東京高等商業学校
필사본
1900
JAIRO(원문), 一橋大学附属図書館
Azn：357

市場税調査
조선총독부 중추원
59쪽 1책
20.5×28.5㎝ 필사본
수원시박물관
B-1-401

身分(비변사등록)
미상
92쪽 1책
寫本
1910~1945寫
국사편찬위원회
中B18B-40

神主ノ遞遷ニ關スル資料
조선총독부 중추원
38쪽 1책

寫本
1910~1945寫
국사편찬위원회
中A5E-17

安奉沿線舊慣調査資料
3쪽, 6쪽, 147쪽 1책
南滿洲鐵道調査課
미상
미상
東京大学法学部, 九州大学附属図書館, 国立
民族学博物館情報管理施設
甲：2：1860

押ノ慣習
2쪽, 76쪽, 36쪽 1책
大同印書館
미상
1935
東京大学社会科学研究所, 東京大学東洋文化
研究所図書室, 大阪大学附属図書館外国学図
書館, 鹿児島大学附属図書館, 金沢大学附属
図書館, 学習院大学図書館, 九州大学附属図
書館伊都図書館, 九州大学附属図書館, 京都
大学文学研究科図書館, 城西大学水田記念図
書館, ベルリン国立図書館
G103：231：8

藥物作用ノ慣習竝ニ脱慣習ニ關スル知見補遺
확인불가
岡山医学会
미상

1928
CiNii
AN00032489

養子ニ關スル資料
조선총독부 중추원
195쪽 2책
寫本
1910~1945寫
국사편찬위원회
中B18D-1

養子ニ關スル件(庶子アル場合ニ養子爲シ得ルヤ否ヤノ件)
참사관실
76쪽 1책
山口貞昌
20×27.5㎝ 필사본
1911
수원시박물관
B-1-008

揚子江沿岸ニ於ケル我燐寸ノ販路並ニ賣買慣習
39쪽 1책
필사본
1889
JAIRO(원문), 一橋大学附属図書館
Azn：117

養子緣組ニ關スル法文拔萃
조선총독부 중추원
29쪽 2책

寫本
1910~1945寫
국사편찬위원회
中B13IF-8

養子緣組ニ關スル資料
조선총독부 중추원
452쪽 2책
寫本
1910~1945寫
국사편찬위원회
中B18F-63

養子緣組ノ方式ニ關スル調査報告書
법전조사국
5쪽 1책
金○○
寫本
1910~1945寫
국사편찬위원회
中B13IF-9

漁税(日省錄拔萃)
조선총독부 중추원
4쪽 1책
寫本
1910~1945寫
국사편찬위원회
中B18F-64

魚鹽(비국등록)
조선총독부 중추원
194쪽 1책

寫本
1910~1945寫
국사편찬위원회
中B18B-42

漁村社会の生活慣習
미상
Masuda, Shōzo
Kyoto : Shirakawa Shoin
1973~1974
콜롬비아 대학
361.48 M39

女子ノ營業ニ關スル調査報告書
법전조사국
15쪽 1책
19×27㎝ 필사본
미상
수원시박물관
B-1-014

女戶主ニ關スル事項
甲午以前ニ於ケル舊戶籍(單子)
婚姻ニ關スル事項
妾ニ關スル事項
養子ニ關スル事項
葬式ノ風習
財産相續ノ順位
조선총독부 중추원
39쪽 1책
18.5×25.5㎝ 필사본
수원시박물관
B-1-037

驛屯土及宮房土ニ關スル事項
조선총독부
60쪽 1책
具義書
寫本
1910~1945寫
국사편찬위원회
中B13G-67

驛屯土及牧場以外外國有各地種調査
조선총독부
31쪽 1책
油印版
1908刊
국사편찬위원회
中B13G-68

驛屯土實地調査槪要
조선총독부
72쪽 1책
朝鮮總督府(京城)
27㎝ 활자본
1911
국립중앙도서관
朝81-234

驛屯土調査
조선총독부 중추원
41쪽 1책
大浦局調査
寫本
1910~1945寫
국사편찬위원회

中B13G-69

鹽田
조선총독부 중추원
66쪽 1책
20×27㎝ 필사본
수원시박물관
B-1-222

英国慣習律攬要
649쪽 1책
司法省
활자본
1882
国立国会図書館
320

永給田ニ關スル調査報告書
조선총독부 중추원
23쪽 1책
室井德三郎
油印版
1910油印
국사편찬위원회
中B13G-70

英米慣習寄托法輯解 卷之1
31쪽 1책
弘書堂
필사본
1877
国立国会図書館
324.9

永小作ニ關スル鑑定書
78쪽 1책
不明
미상
1925
東京大学経済学図書館
21-A : 246

永小作權ニ關スル慣習調査報告書
법전조사국
미상
1책
27㎝ 활자본
미상
경상대학교도서관춘추
383.32 영55ㅂ

禮山 洪城 瑞城郡地方ニ拎ケル舊慣制度及
民精視察ニ關ケル調査報告書
조선총독부 중추원
35쪽 1책
20×28.5㎝ 필사본
1927
수원시박물관
B-1-175

沃川·永同狀ニ關スル調査
조선총독부 중추원
17쪽 1책
20×28㎝ 필사본
1923
수원시박물관
B-1-112

外國人永代借地權ニ關スル交涉始末
외무성 조약개정조사계
203쪽 1책
19.5×28㎝ 필사본
1909
수원시박물관
B-1-133

(用例熟語) 號牌ノ種類, 祭祀相續等
조선총독부 중추원
37쪽 1책
18×28㎝ 필사본
수원시박물관
B-1-189

用語の統一と慣習 1쪽 1책
社団法人日本循環器学会
활자본
1938CiNii論文PDF(원문)
AN00192022

維新後不動産法
조선총독부
56쪽 1책
梅謙次郎
內閣不動産法調査會(東京)
19㎝ 활자본
미상
국립중앙도서관
3-22-7

維新後不動産法
53쪽 1책

內閣不動産法調査會
미상
1907
京都大学文学研究科図書館
さ8//38

(遺言) 19 遺言ニ關スル事項
1책
19×26.5㎝
1912
수원시박물관
B-1-383

(遺言) 62 遺言ニ關スル事項
조선총독부 중추원
13쪽 1책
19×26.5㎝ 필사본
1913
수원시박물관
B-1-387

(遺言) 49 遺言ニ關スル事項
조선총독부 중추원
13쪽 1책
19×26.5㎝ 필사본
1913
수원시박물관
B-1-028

遺言ニ關スル事項
조선총독부 중추원
11쪽 1책
19×26.5㎝ 필사본

1912
수원시박물관
B-1-027

遺言ニ關スル資料
조선총독부 중추원
251쪽 1책
28×20㎝ 寫本
미기재
국사편찬위원회
中B13IF-10

幼者(幼者の意義, 幼者の能力, 幼者の成年)
조선총독부 중추원
88쪽 1책
20.5×27.5㎝ 필사본
수원시박물관
B-1-094

隱居ニ關スル資料
조선총독부 중추원
17쪽 1책
寫本
1910~1945寫
국사편찬위원회
中A5E-20

離緣ニ關スル資料(諸書拔萃) 原本
조선총독부 중추원
88쪽 1책
20×28.5㎝ 필사본
수원시박물관
B-1-419

匿名組合ニ關スル慣習アルカ

법전조사국
1책
20×27㎝ 필사본
수원시박물관
B-1-087

一般民地, 中卷(滿洲 舊慣 調査報告書 前篇 ノ內)

남만주철도주식회사총무부사무국조사과
6쪽, 178쪽, 146쪽 1책
南滿洲鐵道株式會社(福岡)
26㎝ 활자본
1915
연세대도서관
390.95294 남만주 -1-2

一般民地, 下卷(滿洲 舊慣 調査報告書 前篇 ノ內)

남만주철도주식회사총무부사무국조사과
4쪽, 220쪽, 296쪽 1책
南滿洲鐵道株式會社(福岡)
26㎝ 활자본
1915
연세대도서관
390.95294 남만주 -1-3

日本·朝鮮半島南部·台湾の舊慣と俗信について

확인불가
鹿児島
미상
2002

日本国立国会図書館, 跡見学園女子大学新座図書館, 跡見学園女子大学新座図書館, 学習院大学図書館, 九州大学附属図書館, 京都大学附属図書館, 佐賀大学附属図書館, 清泉女子大学附属図書館, 筑波大学附属図書館中央図書館, 東京女子大学図書館, 名古屋大学附属図書館, 新潟大学附属図書館, 明治大学図書館, 山口大学図書館総合図書館
382.2

日本軍政下インドネシア『舊慣制度調査委員会議事録』

확인불가
戸田金一
미상
1995
日本
国立国会図書館, 東京大学総合図書館, 東京大学東洋文化研究所図書室, 秋田大学附属図書館, 大阪大学附属図書館外国学図書館, 大阪大学附属図書館総合図書館, 九州大学附属図書館, 京都大学附属図書館, 国立教育政策研究所教育研究情報センター教育図書館, 首都大学東京図書館, 大東文化大学60周年記念図書館, 筑波大学附属図書館中央図書館, 東海大学付属図書館, 東京外国語大学附属図書館, 東北大学附属図書館, 名古屋大学附属図書館, 広島大学図書館中央図書館, 北海道大学附属図書館
317.81

日本土地整理始末

31쪽 1책

不動産法調査会
미상
1907
CiNiiBN08198767

入夫, 婚姻, 傳籍, 復籍ニ關スル事項
조선총독부 중추원
21쪽 1책
19.5×27㎝ 필사본
1917
수원시박물관
B-1-218

立旨樣式
법전조사국
31쪽 1책
부동산법조사회
19.5×27㎝ 필사본
미상
수원시박물관
B-1-412

立旨立案相續戶籍異動庶子分家生母入家
相續人廢止等ニ關スル件
조선총독부 중추원
12쪽 1책
20×28㎝ 필사본
1924
수원시박물관
B-1-443

入會(調査報告 咸興地方)
조선총독부 중추원

39쪽 1책
20×28㎝ 필사본
수원시박물관
B-1-652

入會權 各地に於ける實例
조선총독부 중추원
148쪽 1책
19.5×26.5㎝ 필사본
수원시박물관
B-1-213

入會權原稿
조선총독부 중추원
105쪽 1책
19×26.5㎝ 필사본
1911
수원시박물관
B-1-422

入會地か他人所有に屬する場合
조선총독부 중추원
23쪽 1책
19×26.5㎝ 필사본
수원시박물관
B-1-648

立後ニ關スル事項
조선총독부 중추원
12쪽 1책
19.5×27㎝ 필사본
1915
수원시박물관

B-1-208

立後ニ關スル書類(實錄拔萃) 原本
조선총독부 중추원
170쪽 1책
20×28.5㎝ 필사본
수원시박물관
B-1-409

子ノ認知及否認ニ關スル資料(原本)
조선총독부 중추원
59쪽 1책
寫本
1910~1945寫
국사편찬위원회
中B13IF-12

自作農設定·小作関係等指導監督員増員経
費農林局
확인불가
朝鮮総督府農林局
미상
미상
学習院大学友邦文庫
B224

自作農設定·小作関係等指導監督員増員経
費農林局
조선총독부 농림국
1책
学習院大学友邦文庫
B224

滋賀縣ニ於ケル小作權慣習
27쪽 1책
不明
미상
1927
CiNii, 一橋大学附属図書館
BA53229171

雑録上海ニ於ケル貴金屬及通過ノ賣買慣習
8쪽 1책
神戸大学
활자본
1906
JAIRO(원문)
AN10518170

長岡市重要商取引品·商取引系統並商慣習
調査
95쪽 1책
長岡商工會議所
미상
1935
東京大学経済学図書館, 大分大学経済学部教
育研究支援室, 一橋大学附属図書館
1.006944444

葬禮ニ關スル調査報告書
법전조사국
6쪽 1책
柳○○
寫本
1910~1945寫
국사편찬위원회

中A5E-22

醬油賣買慣習

39쪽 1책

東京高等商業學校

필사본

1901

JAIRO(원문), 一橋大学附属図書館

Azn：238

財産相續ニ關スル資料(原本)

조선총독부 중추원

118쪽 1책

寫本

1910~1945寫

국사편찬위원회

中B13IF-13

財産相續人ノ廢除

조선총독부 중추원

11쪽 1책

19.5×27㎝ 필사본

수원시박물관

B-1-054

典ノ慣習

1-104쪽, 2-85쪽 2책

南満州鉄道株式会社

미상

1913

東京大学経済学図書館, 愛知大学豊橋図書館, 東京大学大学院人文社会系研究科文学部図書室, 一橋大学経済研究所資料室, 広島大学

図書館西図書館, 北海道大学附属図書館, 三重大学附属図書館, 酪農学園大学附属図書館, 龍谷大学大宮図書館, 遼寧省図書館3号館

G：5：42

典ノ慣習

2쪽, 2쪽, 104쪽, 85쪽 1책

大同印書館

미상

1935

東京大学社会科学研究所, 東京大学東洋文化研究所図書室, 大阪大学附属図書館外国学図書館, 鹿児島大学附属図書館, 金沢大学附属図書館,関西学院大学図書館, 学習院大学図書館, 九州大学附属図書館伊都図書館, 京都大学文学研究科図書館, 城西大学水田記念図書館, 奈良大学図書館

G103：231：7

典ノ慣習

1-104쪽, 2-85쪽 2책

大同印書館

미상

1936

東京大学経済学図書館, 東京大学東洋文化研究所図書室, 大分大学学術情報拠点(図書館), 大阪市立大学学術情報総合センター, 鹿児島国際大学附属図書館, 関西学院大学図書館, 学習院大学図書館, 九州大学附属図書館, 九州大学附属図書館, 京都大学人文科学研究所図書室, 京都大学法学部図書館, 首都大学東京図書館, 拓殖大学図書館, 天津図書館, 東京農業大学図書館, 鳥取大学附属図書館, 日本大学総合学術情

報センター, 弘前大学附属図書館, 広島大学図書
館中央図書館, 立教大学図書館, 遼寧省図書館
0.614583333

無担保債權ノ實行ニ關スル調査
법전조사국
5쪽 1책
20×27㎝ 필사본
미상
수원시박물관
B-1-090

典當權
조선총독부 중추원
179쪽 1책
19×26.5㎝ 필사본
1908
수원시박물관
B-1-399

典當權 原稿
조선총독부 중추원
175쪽 1책
19×26.5㎝ 필사본
미상
수원시박물관
B-1-410

典當鋪ニ關スル調査
1책
19×28㎝
수원시박물관
B-1-086

傳貰ニ關スル家舍調査
법전조사국
8쪽 1책
室井德三郎
20×27㎝ 필사본
미상
수원시박물관
B-1-015

傳貰ニ關スル調査報告書
법전조사국
46쪽 1책
下森久吉
19.5×26㎝ 필사본
1910
수원시박물관
B-1-184

伝承と慣習の論理
미상
Hirayama, Kazuhiko
Tokyo : Yoshikawa Kōbunkan
1992
콜롬비아 대학
GR340.H557 1992

田案式
조선총독부 중추원
313쪽 1책
中樞院(大韓帝國) 編
寫本
1900頃寫
국사편찬위원회

中B13G-89

田制
조선총독부 중추원
338쪽 1책
寫本
1910~1945寫
국사편찬위원회
中B18B-57

田制
조선총독부 중추원
657쪽 3책
寫本
1910~1945寫
국사편찬위원회
中B18E-103

田制(태조실록)
조선총독부 중추원
76쪽 1책
寫本
1910~1945寫
국사편찬위원회
中B13G-90

田制(日省錄拔萃)
조선총독부 중추원
326쪽 2책
寫本
1910~1945寫
국사편찬위원회
中B18F-89

田制ニ關スル事項
조선총독부
34쪽 1책
具義書
寫本
1915寫
국사편찬위원회
中B13G-93

田制攷
조선총독부 중추원
212쪽 1책
寫本
효종4, 1653寫
국사편찬위원회
中B13G-91

田制年表
법전조사국
30쪽 1책
下森久吉(日本) 譯
寫本
1910~1945寫
국사편찬위원회
中B13G-94

田制詳定所遵守條畫
조선총독부 중추원
28쪽 1책
寫本
1910~1945寫
국사편찬위원회
中B13G-92

田宅ニ關スル資料
조선총독부 중추원
2970쪽 26책
寫本
1910~1945寫
국사편찬위원회
中B18E-104

田宅ニ關スル資料(日省錄拔萃)
조선총독부 중추원
825쪽 5책
寫本
1910~1945寫
국사편찬위원회
中B18F-90

絕家ニ關スル資料(日省錄拔萃)
조선총독부 중추원
88쪽 1책
寫本
1910~1945寫
국사편찬위원회
中B18F-91

絕家再興ニ關スル資料
조선총독부 중추원
69쪽 1책
寫本
1910~1945寫
국사편찬위원회
中B13IF-14

諸鑛山舊慣税及坑区坑物両税皆納帳書式

확인불가
発令主体：工部省
활자본
1876
国立国会図書館デジタル化資料
CZ-4-1

製茶賣買慣習取調
106쪽 1책
미상
1899
JAIRO(원문), 一橋大学附属図書館
Azn：360

製糖取締舊慣内法
10쪽 1책
那覇糖商組合事務所
미상
1888
琉球大学附属図書館
K093.2 SE

(制度) 233 小作制度ニ關スル調査等
조선총독부 중추원
41쪽 1책
20×27.5㎝ 필사본
1923
수원시박물관
B-1-180

(制度) 43 郷校ノ建物及基址
1책
19×26

1913
수원시박물관
B-1-385

祭禮二關スル慣習調査報告書
법전조사국
19쪽 1책
金禹準
寫本
1910寫
국사편찬위원회
中A5E-23

祭祀
조선총독부 중추원
249쪽 3책
寫本
1910~1945寫
국사편찬위원회
中B18E-108

祭祀(비국등록)
조선총독부 중추원
14쪽 1책
寫本
1910~1945寫
국사편찬위원회
中B18B-61

祭祀改革
이왕직
16쪽 1책
20×28㎝ 필사본

수원시박물관
B-1-678

(祭祀權) 海州郡二於ケル祭祀權二關スル慣習
조선총독부 중추원
9쪽 1책
19×26.5㎝ 필사본
1923
수원시박물관
B-1-132

祭祀相續二關スル資料
조선총독부 중추원
1115쪽 6책
寫本
1910~1945寫
국사편찬위원회
中B13FB-14

祭祀相續二關スル資料
조선총독부 중추원
256쪽 1책
寫本
1910~1945寫
국사편찬위원회
中B18E-109

祭祀相續二關スル資料(法外繼後謄錄拔萃)
조선총독부 중추원
90쪽 2책
寫本
1910~1945寫

국사편찬위원회
B13IF-5

堤堰
조선총독부 중추원
1-336쪽, 2-2쪽 2책
寫本
1910~1945寫
국사편찬위원회
中B18E-110

提堰, 洑, 書院, 入會, 火田ニ關スル調査報告書
130쪽 1책
하와이 대학
Asia DS901/.P5/v.121

諸外国の小作法内外ニ於ケル小作ニ関スル裁判組織
확인불가
朝鮮総督府農林局
미상
미상
学習院大学友邦文庫
M1-181

祭位土ニ關スル資料
조선총독부 중추원
59쪽 2책
寫本
1910~1945寫
국사편찬위원회
中B13G-95

第二篇親族関係報告書
90쪽 1책
不明
미상
미상
筑波大学附属図書館中央図書館
ム190-55

第一款(婚姻) 實質上の要件
106쪽 1책
17.7×26㎝
수원시박물관
B-1-694

第一節 婚姻の實質上の要件(第五款 相姦者間の婚姻)
63쪽 1책
17.7×25.6㎝
수원시박물관
B-1-695

諸田
조선총독부 중추원
335쪽 1책
寫本
1910~1945寫
국사편찬위원회
中B18E-111

租權
2쪽, 2쪽, 73쪽, 36쪽 1책
南滿洲鐵道
미상

1914

東京大学東洋文化研究所図書室, 東京大学経済学図書館, 大阪市立大学学術情報総合センター, 九州大学附属図書館, 京都大学経済学部図書室, 京都大学附属図書館, 京都大学法学部図書室, 神戸大学附属図書館社会科学系図書館, 滋賀大学附属図書館, 長崎大学附属図書館経済学部分館, 名古屋大学附属図書館, 日本貿易振興機構アジア経済研究所図書館, 一橋大学経済研究所資料室, 一橋大学附属図書館, 北海道大学附属図書館, 山口大学図書館総合図書館

82：1857

租權

1-73쪽, 2-36쪽 2책
大同印書館
미상
1936
東京大学経済学図書館, 東京大学社会科学研究所, 東京大学東洋文化研究所図書室, 大阪大学附属図書館外国学図書館, 鹿児島大学附属図書館, 金沢大学附属図書館, 学習院大学図書館, 九州大学附属図書館伊都図書館, 京都大学文学研究科図書館, 城西大学水田記念図書館, ベルリン国立図書館, 三重大学附属図書館

8405

租權

1-73쪽, 2-36쪽 2책
大同印書館
미상

1936

東京大学経済学図書館, 東京大学東洋文化研究所図書室, 大分大学学術情報拠点(図書館), 大阪市立大学学術情報総合センター, 鹿児島国際大学附属図書館, 学習院大学図書館, 九州大学附属図書館, 京都大学人文科学研究所図書室, 京都大学法学部図書室, 静岡大学附属図書館, 首都大学東京図書館, 拓殖大学図書館, 筑波大学附属図書館中央図書館, 天津図書館, 東京農業大学図書館, 鳥取大学附属図書館, 日本大学総合学術情報センター, 弘前大学附属図書館, 広島大学図書館中央図書館, 広島大学図書館西図書館, 立教大学図書館

8405

調査報告書

조선총독부 중추원
144쪽 1책
20×27.5㎝ 필사본
1927
수원시박물관
B-1-085

調査報告書：慶尙南道 昌原

법전조사국
306쪽 1책
法典調査局(京城)
27㎝ 필사본
1908
한국학중앙연구원
霞 369.11 H832c 1

調査報告書：忠淸南道 公州

법전조사국

265쪽 1책

法典調査局(京城)

27㎝ 필사본

1909

한국학중앙연구원

霞 369.11 H832c 4

調査報告書 : 平安北道 龍川

법전조사국

265쪽 1책

法典調査局(京城)

27㎝ 필사본

1909

한국학중앙연구원

霞 369.11 H832c 3

調査報告書 : 咸鏡南道 城津

법전조사국

363쪽 1책

法典調査局(京城)

27㎝ 필사본

1909

한국학중앙연구원

霞 369.11 H832c 2

調査報告書(東萊)

법전조사국

281쪽 1책

安○都, 柳鎭爀

28×19㎝ 寫本

1908寫

국사편찬위원회

中B13J-83

調査報告書(安城)

법전조사국

280쪽 2책

川原信義, 平木勘太郎

23×14㎝ 寫本

隆熙 2～3(1908～1909寫)

국사편찬위원회

中B13A-1

調査報告書(全州)

법전조사국

233쪽 1책

法典調査局(京城)

26㎝ 필사본

1908

연세대도서관

348 18

調査報告書(朝鮮ノ土地制度及地稅制度)

조선총독부

793쪽 1책

朝鮮總督府(京城)

23㎝ 활자본

1920

국립중앙도서관

朝30-50=2

調査復命書

조선총독부 중추원

37쪽 1책

19.5×27.5㎝ 필사본

1928
수원시박물관
B-1-167

調査事項説明書
不動産法調査會
18쪽　1책
不動産法調査會(京城)
23㎝　활자본
1906
국립중앙도서관
朝21-43

調査事項説明書
16쪽　1책
不動産法調査會
미상
1906
神戸大学附属図書館社会科学系図書館
3-1-105

調査事項綴
조선총독부　중추원
28쪽　1책
28×20㎝　寫本
1924寫
국사편찬위원회
中B14-61

調査資料 第26輯 朝鮮の小作慣習
256쪽　1책
朝鮮總督府
미상

1935
国立国会図書館
164

調査資料 第17輯 朝鮮の契朝鮮総督府総督官房文書課
조선총독부　총독관방　문서과
194쪽　1책
1926
学習院大学友邦文庫
KD142

朝鮮ニ於ケル畜牛使役用語
조선총독부　권업모범장
19쪽　1책
1922
東京經濟大学櫻井義之文庫
2253

朝鮮に於ける寺院及僧侶財産に對する慣例調査書
조선총독부　중추원
21쪽　1책
20.7×15.1㎝　필사본
1921
국립중앙도서관
한古朝21-257

朝鮮ニ於ケル小作ニ關スル法令及參考事項摘要
4쪽, 86쪽, 5쪽, 136쪽　1책
朝鮮總督府農林局
미상

1933
京都大学
15//5//Cho

朝鮮に於ける小作制度
34쪽 1책
朝鮮總督府
미상
1922
東京大学
21-A：60

朝鮮に於ける主なる鑛山の概況
조선총독부 식산국
93쪽 1책
1925
東京經濟大学櫻井義之文庫
0124

朝鮮ニ於ケル主要作物分布ノ狀況
조선총독부 권업모범장
60쪽 1책
1923
東京經濟大学櫻井義之文庫
0194

朝鮮に於ける支那人
조선총독부
203쪽 1책
1924
東京經濟大学櫻井義之文庫
0030

朝鮮に於ける現行小作及管理契約證書實例集
3쪽, 14쪽, 756쪽 1책
朝鮮農會(京城)
미상
1931
東京大学
N956：6025：C31

朝鮮に於ける戶籍制度の變遷
428쪽 1책
하와이 대학
Asia DS901/.P5/v.18

朝鮮ニ於ケル火田ノ性質及改良策
조선총독부
10쪽 1책
本多靜六
朝鮮總督府(京城)
27㎝ 활자본
미상
국립중앙도서관
朝81-247

朝鮮の契
조선총독부
201쪽 1책
朝鮮總督府(京城)
23㎝ 활자본
1925
국회도서관
332.77 ㅈ538ㅈ

朝鮮の契
2쪽, 194쪽 1책
조선총독부
미상
1926
東京大学
A : 25 : 65 : 36

朝鮮の灌漑及開墾事業
조선총독부 식산국
40쪽 1책
1921
東京經濟大学櫻井義之文庫
ba12

朝鮮の姓
조선총독부
594쪽 1책
朝鮮總督府(京城)
27㎝ 활자본
1934
국립중앙도서관
朝57-78

朝鮮の姓
조선총독부
594쪽 1책
1934
하와이 대학
Asia CS3012/.A35

朝鮮の姓
4쪽, 161쪽, 424쪽 1책

大海堂
미상
1934
東京大学, 京都大学
H20 : 2581

朝鮮の姓名氏族に關する研究調査
조선총독부 중추원
491쪽 1책
1934
하와이 대학
Asia CS3012/.C47

朝鮮の姓名氏族に關する研究調査
2쪽, 4쪽, 5쪽, 491쪽 1책
朝鮮總督府中枢院
미상
1934
東京大学
G23 : 224

朝鮮の姓名氏族に関する研究調査
조선총독부 중추원
今木鞄
23㎝
1934
프린스턴 대학
(ANXA)J2290.3/4222

朝鮮の姓氏と同族部落
미상
358쪽 1책
善生永助

刀江書院
1943
하와이 대학
K-351

朝鮮の小作慣習
조선총독부
251쪽 2책
朝鮮總督府(京城)
23㎝ 활자본
1929
국립중앙도서관
朝91-6-26=2, 3

朝鮮の小作慣習
미상
Korea
Tokyo : Gannandō Shoten
1972
콜롬비아 대학
302.19 K84 no.26

朝鮮の小作慣習
조선총독부
3256쪽 1책
23㎝
1972
프린스턴 대학
(ANXA)J4414.9/4222.2

朝鮮の小作慣習
251쪽 1책
1929

하와이 대학
Asia HD511/.K6Z4

朝鮮の小作慣習
조선총독부
3쪽, 256쪽 1책
조선총독부
미상
1929
東京大学, 学習院大学東洋文化研究所
XA10 : 388

朝鮮ノ小作慣行
확인불가
朝鮮総督府
미상
1932
東京大学, 学習院大学友邦文庫
N956 : 6025 : C32

朝鮮ノ小作慣行 上·下卷
조선총독부
809쪽 2책
朝鮮總督府(京城)
26㎝ 활자본
1932
국립중앙도서관
朝21-17-2

朝鮮の習俗
조선총독부
23쪽 1책
朝鮮印刷社

18㎝ 활자본
1937
국립중앙도서관
일사 390.951 J773c

朝鮮の十大漁業
조선총독부 식산국
68쪽 1책
1921
東京經濟大学櫻井義之文庫
0167

朝鮮の祭祀相続法
650쪽, 88쪽 1책
国書刊行会
미상
1983
東京大学, 京都大学
T954 : 6025 : C83

朝鮮ノ土地制度及地税制度調査報告書
890쪽 1책
朝鮮総督府
활자본
1920.2
日本国立国会図書館, 東京大学
611.2

朝鮮ノ土地制度及地税制度調査報告書
조선총독부 임시토지조사국
7쪽, 21쪽, 890쪽 1책
1920.2
東京大學

L11 : 170

朝鮮の特用作物並果樹蔬菜
조선총독부 식산국
101쪽 1책
1923
東京經濟大學櫻井義之文庫
0143

朝鮮の海と魚
조선총독부 수산시험장
17쪽, 図版1枚 1책
1942.2.
東京大學
487 : 5221 : C

朝鮮慣習調査
51쪽 1책
미상
1912
東京經濟大学四方博朝鮮文庫
1917

朝鮮慣習調査報告書
조선총독부
449쪽 1책
朝鮮總督府(京城)
26×19㎝ 활자본
1912
서울대도서관
5120 48

朝鮮鉱泉要記

조선총독부 경무총감부
63쪽 1책
1915
東京經濟大学櫻井義之文庫
0123

朝鮮舊慣及制度沿革ノ調査
조선총독부 중추원
98쪽 2책(零本)
26.5×19.5㎝ 寫本
1910~1945寫
국사편찬위원회
中C14D-3

朝鮮舊慣制度調査事業槪要
조선총독부 중추원
210쪽 1책
1938
하와이 대학
Asia DS904/.K67

朝鮮舊慣制度調査事業槪要
조선총독부 중추원
6쪽, 210쪽 圖版2枚 1책
朝鮮総督府中枢院
미상
1938
日本国立国会図書館, 東京大学
302.2

朝鮮舊慣制度調査事業槪要
223쪽
Keijō : Chōsen Sōtokufu : Chūsūin

1938
콜롬비아 대학
329.19 K84

**朝鮮舊慣制度調査事業槪要；小作ニ關ス
ル慣習調査書**
1-210쪽, 2-189쪽 2책
龍溪書舍
미상
2011
日本国立国会図書館, 東京大学法学部, 愛知
大学豊橋図書館, 大阪経済大学日本経済史研
究所,関西学院大学図書館, 関東学院大学図書
館文学部分館, 九州大学附属図書館伊都図書
館, 京都女子大学図書館, 国際日本文化研究
センター, 上智大学図書館,専修大学図書館,中
央大学中央図書館, 東京女子大学図書館, 獨
協大学図書館, 南山大学名古屋図書館, 広島
大学図書館中央図書館, フェリス女学院大学附
属図書館, 佛教大学図書館, ベルリン国立図書
館, 法政大学図書館, 武蔵大学図書館, 明治大
学図書館, 桃山学院大学附属図書館, 立教大
学図書館, 立命館大学図書館, 和光大学附属
梅根記念図書·情報館
322.21

朝鮮農務提要
조선농회
1032쪽 1책
1933
하와이 대학
Asia K/.K7K84C551

朝鮮李朝時代戸籍法調査資料
확인불가
조선총독부취조국
미상
미상
早稲田大学図書館古典籍総合データベースワ03
06460

朝鮮民政資料契に関する調査
14쪽 1책
朝鮮総督府
미상
1923
学習院大学友邦文庫
338-28

朝鮮不動産用語略解
조선총독부 관방토목국
374쪽 1책
활자본
1913
국립중앙도서관
9103-2

朝鮮森林山野所有權ニ關スル指針
조선총독부
56쪽 1책
朝鮮總督府(京城)
23㎝ 활자본
1913
국립중앙도서관
朝82-69

朝鮮小作關係法規集
2쪽, 52쪽 1책
朝鮮總督府農林局
미상
1940
東京大学, 京都大学
8-N：102

朝鮮小作年報
조선총독부 농림국
확인불가
朝鮮總督府農林局
미상
1937～1938
東京大学, 京都大学
60A：40

朝鮮小作令試案昭和7年12月
확인불가
朝鮮總督府農林局農務課農政係
미상
1932
学習院大学友邦文庫
B282

朝鮮小作令案(第二稿)
81책
朝鮮総督府農林局
등사판
学習院大学友邦文庫
B238

朝鮮人ノ露國歸化

조선총독부 중추원
48쪽 1책
잉크 寫本
1910~1945寫
국사편찬위원회
中B13J-92

朝鮮人の思想と性格(秘)
217쪽 1책
朝鮮總督府官房文書課
미상
1927
東京經濟大学櫻井義之文庫
2188

朝鮮人ノ姓名
조선총독부 중추원
664쪽 1책
寫本
1910~1945寫
국사편찬위원회
中B10F-14

朝鮮人ノ戸主相續ニ伴ウ財産相續ニ關スル件
180쪽 1책
하와이 대학
Asia DS901/.P5/v.106

朝鮮雜記
조선총독부
219쪽 1책
1926

東京經濟大学櫻井義之文庫
2340

朝鮮田制考
Korea. Chungch'uwǒn
Keijō : Chōsen Sōtokufu Chūsūin
1940
콜롬비아 대학
611.2 K84

朝鮮田制考
조선총독부 중추원
652쪽
23㎝
1940
프린스턴 대학
(ANXA) J4414.9/4223

朝鮮田制考
조선총독부 중추원 조사과
652쪽 2책
1940
하와이 대학
Asia HD951/.K8A49

朝鮮地方慣習調査報告書
조선총독부 중추원
394쪽 1책
21.0×15.5㎝ 필사본(原稿本)
미상
서강대도서관고서
조5358

朝鮮地方的租稅課徵ニ關スル調査
조선총독부 중추원
36쪽 1책
김한목, 今井
寫本
1923寫
국사편찬위원회
中B13G-83

朝鮮鉄道史
조선총독부 철도국
406쪽, 12쪽 1책
1915
東京經濟大学櫻井義之文庫
0416

朝鮮遞信事業沿革史
2쪽, 14쪽, 472쪽 : 図版 1책
1938.2
東京大學
N40 : 222

朝鮮遞信事業沿革史/朝鮮總督府遞信局
[編]. - 朝鮮總督府遞信局
2쪽, 14쪽, 472쪽 : 図版1책
1938
호세이대학교
P8/202

朝鮮總督府 臨時土地調査報告書
조선총독부 임시토지조사국
453쪽 2책
朝鮮總督府臨時土地調査局

26㎝ 활자본
1983
국립중앙도서관
6741-204-1-2

朝鮮土地調査事業概覽 : 大正4年度
조선총독부 임시토지조사국
65쪽 1책
朝鮮總督府臨時土地調査局(京城)
26㎝ 활자본
1916
국립중앙도서관
朝21-38

朝鮮土地調査事業報告書
조선총독부 임시토지조사국
453쪽 1책
朝鮮總督府臨時土地調査局(京城)
27㎝ 활자본
1918
국립중앙도서관
朝30-49

朝鮮土地調査事業報告書
조선총독부 임시토지조사국
453쪽 1책
1918
하와이 대학
Asia HD951/.K8A46

朝鮮土地調査殊ニ地價設定ニ關スル說明書
조선총독부
111쪽 1책

朝鮮總督府(京城)

26㎝ 활자본

1918

국립중앙도서관

朝36-50-2

朝鮮土地地稅制度調査報告書

미상

898쪽 1책

和田一郎

宗高書房

1967

하와이 대학

Asia HD951/.K8W33

朝鮮鄕約二關スル書

조선총독부 중추원

181쪽 1책

28.2×20.2㎝ 필사본

1920

국립중앙도서관

古朝28-22

朝鮮皇室及民族變遷ノ梗要

내각부동산법조사회

33쪽 1책

平木勘太郎

內閣不動産法調査會(東京)

23㎝ 활자본

1907

소재불명朝50-57

租稅徵收ノ方式二關スル資料

4쪽 1책

20×28

수원시박물관

B-1-635

宗法二關スル資料

조선총독부 중추원

71쪽 1책

寫本

1910~1945寫

국사편찬위원회

中B13IF-15

宗約所二關スル事項

조선총독부 중추원

420쪽 2책

寫本

1932寫

국사편찬위원회

中B13F-2

宗中門中二關スル資料

조선총독부 중추원

185쪽 1책

寫本

1910~1945寫

국사편찬위원회

中B13IF-16

中賭地ノ概要

조선총독부 중추원

129쪽 1책

20×28㎝ 필사본

수원시박물관

B-1-127

增訂臺灣舊慣習俗信仰

20쪽, 29쪽, 657쪽 1책

衆文圖書

미상

1989

国立国会図書館

GE461-C110

地券發行に關スル細目

법전조사국

14쪽 1책

26㎝ 활자본

1945

고려대도서관

희귀 346.52043 1945

支那に於ける家産分配に関する法規と慣習とに就いて(上)

33쪽 1책

山口高等商業學校

2009-07-01

미상

2009JAIRO(원문)

AN00155897

支那に於ける家産分配に関する法規と慣習とに就いて(下)

31쪽 1책

山口高等商業學校

2009-07-01

미상

2009JAIRO(원문)

AN00155897

支那に於ける無盡の慣習

3쪽, 25쪽 1책

南滿洲鐵道

미상

1928

東京大学経済学図書館, 国立国会図書館デジタル化資料, 東京大学東洋文化研究所図書室, 大分大学学術情報拠点(図書館), 大阪商業大学図書館, 小樽商科大学附属図書館, 九州大学附属図書館, 京都大学経済学部図書室, 京都大学附属図書館, 京都大学文学研究科図書館, 神戸大学附属図書館社会科学系図書館, 滋賀大学附属図書館, 拓殖大学図書館, 名古屋大学経済学図書室, 一橋大学附属図書館, 北海学園大学附属図書館, 山口大学図書館総合図書館, 和歌山大学附属図書館

15537

支那ニ於ケル所有権ノ専門的観念附証書及公文書

112쪽 1책

臨時台湾旧慣調査会

미상

1905

日本国立国会図書館デジタル化資料, 東京大学総合図書館, 東京大学東洋文化研究所図書室, 一般社団法人中国研究所図書館, 大阪市立大学学術情報総合センター, 大阪市立大学経済研究所, 京都大学法学部図書室, 首都大学東京

図書館,独立行政法人水産大学, 立命館大学図書館

S00000596(Local ID)

支那ノ民事慣習彙報

남만주철도주식회사총무부자료과

미상

2책

南滿州鐵道(大連)

23㎝ 활자본

1934

국립중앙도서관

朝38-4-165-166

支那滿洲民事慣習調査報告

2쪽, 1쪽, 38쪽, 552쪽 1책

大雅堂

미상

1944

東京大学経済学図書館, 東京大学社会科学研究所, 東京大学総合図書館, 東京大学東洋文化研究所図書室, 東京大学法学部,オックスフォード大学ボドリアン図書館, 愛知大学豊橋図書館, 一般社団法人中国研究所図書館, 愛媛大学図書館, 追手門学院大学附属図書館, 大分大学学術情報拠点(図書館), 大阪教育大学附属図書館, 大阪市立大学学術情報総合センター, 大阪大学附属図書館総合図書館, 岡山大学附属図書館, 小樽商科大学附属図書館, 鹿児島国際大学附属図書館, 鹿児島大学附属図書館, 金沢大学附属図書館, 関西学院大学図書館, 関西学院大学図書館, 学習院大学図書館, 九州大学附属図書館, 京都女子大学図書館, 京都大学経済学部図書室, 京都大学人文科学研究所図書室, 京都大学人間·環境学研究科総合人間学部図書館, 京都大学附属図書館, 京都大学文学研究科図書館, 京都大学法学部図書室, 岐阜大学図書館, 高知大学総合情報センター(図書館)中央館, 神戸学院大学図書館有瀬キャンパス館, 神戸市立中央図書館, 神戸大学附属図書館社会科学系図書館, 国立民族学博物館情報管理施設, 駒澤大学図書館,相模女子大学附属図書館, 財団法人東洋文庫, 静岡文化芸術大学図書館·情報センター, 筑波大学附属図書館中央図書館, 天理大学附属天理図書館, 東京大学大学院人文社会系研究科文学部図書室, 東京学芸大学附属図書館, 鳥取大学附属図書館, 同志社大学図書館今出川図書館, 名古屋大学附属図書館, 奈良女子大学附属図書館, 奈良大学図書館, 新潟大学附属図書館, 新潟大学附属図書館旭町分館, 日本大学芸術学部図書館(江古田), 日本貿易振興機構アジア経済研究所図書館, 一橋大学経済研究所資料室, 一橋大学附属図書館, 兵庫県立大学神戸学園都市学術情報館, 福岡大学研究推進部, 福岡大学図書館, 福岡大学図書館, 佛教大学図書館, ベルリン国立図書館, 北海学園大学附属図書館, 北海道教育大学附属図書館函館館, 北海道大学附属図書館, 武蔵大学図書館, 山口大学図書館総合図書館, 山梨大学附属図書館, 横浜国立大学附属図書館, 横浜市立大学学術情報センター, 立教大学図書館, 流通経済大学図書館, 和歌山大学附属図書館

L90：257

支那滿洲民事貫習調査報告

민국사법행정부

822쪽 1책
淸水金二郎, 張源祥
民國司法行政部(東京)
21×15㎝
미상
1944
서울대도서관
5310 152

支那物権慣習論
434쪽 1책
日本堂書店
미상
1925
国立国会図書館
324.92

支那民事慣習問題答案：支那民事慣行調査資料
153쪽 1책
滿鐵調査部
미상
1941
京都大学人文科学研究所図書室
322.22//M-150

支那民事慣習調査報告
남만주철도 총무부자료과
58쪽, 746쪽 1책
淸水金二郎, 張源祥
司法行政府(中國)
22㎝ 활자본
1943

국립중앙도서관
희귀 347.5105 1943 1

支那民事慣習調査報告 上
확인불가
大雅堂
활자본
1944
国立国会図書館デジタル化資料
324.92-Ty996s-S

支那民事慣習調査報告 中
확인불가
大雅堂
활자본
1944
国立国会図書館デジタル化資料
324.92-Ty996s

支那民事慣習調査報告上
746쪽 1책
大雅堂
미상
1943
日本国立国会図書館, 東京大学経済学図書館, 東京大学駒場図書館, 東京大学総合図書館, 東京大学東洋文化研究所図書室, 東京大学法学部,オックスフォード大学ボドリアン図書館, 愛知大学豊橋図書館, 愛知大学名古屋図書館, 一般社団法人中国研究所図書館, 愛媛大学図書館, 追手門学院大学附属図書館, 大分大学学術情報拠点(図書館), 大阪教育大学附属図書館, 大阪市立大学学術情報総合センター, 大阪市立大

学学術情報総合センター, 大阪大学附属図書館総合図書館, 岡山大学附属図書館, 鹿児島国際大学附属図書館, 鹿児島大学附属図書館, 金沢大学附属図書館, 関西学院大学図書館, 関西学院大学図書館, 学習院大学図書館, 九州大学附属図書館伊都図書館, 九州大学附属図書館, 京都女子大学図書館, 京都大学経済学部図書室, 京都大学工学部, 京都大学人文科学研究所図書室, 京都大学人間·環境学研究科総合人間学部図書館, 京都大学附属図書館, 京都大学文学研究科図書館, 京都大学文学研究科図書館, 京都大学法学部図書室, 高知大学総合情報センター(図書館)中央館, 神戸学院大学図書館有瀬キャンパス館, 神戸市立中央図書館, 神戸大学附属図書館社会科学系図書館, 国立教育政策研究所教育研究情報センター教育図書館, 国立民族学博物館情報管理施設, 駒澤大学図書館, 相模女子大学附属図書館, 財団法人東洋文庫, 滋賀大学附属図書館, 静岡文化芸術大学図書館·情報センター, 首都大学東京図書館, 成蹊大学図書館, 拓殖大学図書館, 天津図書館, 天理大学附属天理図書館, 東京大学大学院人文社会系研究科文学部図書室, 東京学芸大学附属図書館, 東北芸術工科大学図書館, 東北大学附属図書館, 鳥取大学附属図書館, 同志社大学図書館今出川図書館, 名古屋大学附属図書館, 奈良教育大学学術情報教育研究センター図書館, 奈良女子大学附属図書館, 奈良大学図書館, 新潟大学附属図書館, 日本大学芸術学部図書館(江古田), 日本貿易振興機構アジア経済研究所図書館, 一橋大学附属図書館, 兵庫県立大学神戸学園都市学術情報館, 広島大学図書館中央図書館, 福岡大学研究推進部, 福岡大学図書館, 福

島大学附属図書館, 佛教大学図書館, 放送大学附属図書館, 北海道教育大学附属図書館函館館, 北海道大学大学院水産科学研究科·水産学部図書室, 北海道大学附属図書館, 三重大学附属図書館, 武蔵大学図書館, 明治学院大学図書館, 桃山学院大学附属図書館, 山口大学図書館総合図書館, 山梨大学附属図書館, 立教大学図書館, 遼寧省図書館, 和歌山大学附属図書館 324.92

支那法制史論

423쪽　1책

龍溪書舎

미상

1915

日本国立国会図書館, 東京大学経済学図書館, 東京大学東洋文化研究所図書室, 東京大学法学部, ケンブリッジ大学図書館, 青山学院大学図書館, 大阪市立大学学術情報総合センター, 関西学院大学図書館, 九州大学附属図書館, 京都女子大学図書館, 京都大学経済学部図書室, 京都大学人文科学研究所図書室, 京都大学文学研究科図書館京都大学法学部図書室, 近畿大学中央図書館, 高知大学総合情報センター(図書館)中央館, 神戸学院大学図書館有瀬キャンパス館, 神戸大学附属図書館人文科学図書館, 神戸大学附属図書館社会科学系図書館, 国士舘大学図書館·情報メディアセンター, 国立教育政策研究所教育研究情報センター教育図書館, 筑波大学附属図書館中央図書館, 東京大学大学院人文社会系研究科文学部図書室, 東北大学附属図書館, 同志社大学図書館今出川図書館, 新潟大学附属図書館, 日本大学総合

学術情報センター，日本大学法学部図書館，一橋大学経済研究所資料室，一橋大学附属図書館，佛教大学図書館，三重短期大学附属図書館，武庫川女子大学附属図書館

322.22

支那法制史論

423쪽 1책

龍溪書舍

미상

1915

日本国立国会図書館，東京大学経済学図書館，東京大学東洋文化研究所図書室，東京大学法学部，ケンブリッジ大学図書館，青山学院大学図書館，大阪市立大学学術情報総合センター，関西学院大学図書館，九州大学附属図書館，京都女子大学図書館，京都大学経済学部図書室，京都大学人文科学研究所図書室，京都大学文学研究科図書館京都大学法学部図書室，近畿大学中央図書館，高知大学総合情報センター(図書館)中央館，神戸学院大学図書館有瀬キャンパス館，神戸大学附属図書館人文科学図書館，神戸大学附属図書館社会科学系図書館，国士舘大学図書館·情報メディアセンター，国立教育政策研究所教育研究情報センター教育図書館，筑波大学附属図書館中央図書館，東京大学大学院人文社会系研究科文学部図書室，東北大学附属図書館，同志社大学図書館今出川図書館，新潟大学附属図書館，日本大学総合学術情報センター，日本大学法学部図書館，一橋大学経済研究所資料室，一橋大学附属図書館，佛教大学図書館，三重短期大学附属図書館，武庫川女子大学附属図書館

322.22

支那法制史論

423쪽 1책

龍溪書舍

미상

1915

日本国立国会図書館，東京大学経済学図書館，東京大学東洋文化研究所図書室，東京大学法学部，ケンブリッジ大学図書館，青山学院大学図書館，大阪市立大学学術情報総合センター，関西学院大学図書館，九州大学附属図書館，京都女子大学図書館，京都大学経済学部図書室，京都大学人文科学研究所図書室，京都大学文学研究科図書館，京都大学法学部図書室，近畿大学中央図書館，高知大学総合情報センター(図書館)中央館，神戸学院大学図書館有瀬キャンパス館，神戸大学附属図書館人文科学図書館，神戸大学附属図書館社会科学系図書館，国士舘大学図書館·情報メディアセンター，国立教育政策研究所教育研究情報センター教育図書館，筑波大学附属図書館中央図書館，東京大学大学院人文社会系研究科文学部図書室，東北大学附属図書館，同志社大学図書館今出川図書館，新潟大学附属図書館，日本大学総合学術情報センター，日本大学法学部図書館，一橋大学経済研究所資料室，一橋大学附属図書館，佛教大学図書館，三重短期大学附属図書館，武庫川女子大学附属図書館

322.22

地方法院ニ於ケル民事一審訴訟手續ノ概要：附地方法院ニ於ケル民事代理人制度ニ

就テ, 證人の宣誓に就て, 公證人制度要旨；
蘭印土地制度大要及ミナンカバウ土地慣習
法概要
18쪽 1책
スマトラ軍政監部司法部
미상
1943
東京大学東洋文化研究所図書室
L70：34

地上權
조선총독부 중추원
52쪽 1책
19.5×26.5㎝ 필사본
수원시박물관
B-1-134

地税ニ關スル調査
조선총독부 중추원
217쪽 1책
河含 囑託
26×19.4㎝ 寫本
1910~1945寫
국사편찬위원회
中B13G-103

地役權
조선총독부 중추원
26쪽 1책
19×26.5㎝ 필사본
수원시박물관
B-1-417

地役權原稿
조선총독부 중추원
28쪽 1책
19×26.5㎝ 필사본
미상
수원시박물관
B-1-421

智異山植物調査報告書
98쪽 1책
1915
東京經濟大学櫻井義之文庫
0220

真珠と舊慣：宮古島人頭税と闘った男達上
263쪽 1책
近代文芸社
미상
1995
日本国立国会図書館, 沖縄国際大学図書館,駒
澤大学図書館, 桃山学院大学附属図書館, 立
教大学図書館, 琉球大学附属図書館
913.6

次養子ニ關スル調査報告書
법전조사국
11쪽 1책 室井德三郎
19.5×27㎝ 필사본
1910
수원시박물관
B-1-006

次養子ノ近例

조선총독부 중추원

3쪽 1책

19.5×27㎝ 필사본

수원시박물관

B-1-224

創立二十週年記念糖業と舊慣諸制度：仲吉朝助遺稿

13쪽, 293쪽 1책

沖縄砂糖同業組合

미상

1933

鹿児島大学附属図書館, 九州大学附属図書館, 京都大学経済学部図書室, 筑波大学附属図書館中央図書館, 農業·食品産業技術総合研究機構北海道農業研究センター, 琉球大学附属図書館

588/N45

(債權)

조선총독부 중추원

13쪽 1책

18×27㎝ 필사본

수원시박물관

B-1-223

(債權)

조선총독부 중추원

21쪽 1책

19.5×27㎝ 필사본

수원시박물관

B-1-096

(民法)(債權) 69 第三者カナシタル辨濟ハ有効ナルヤ否ヤ

법전조사국

31쪽 1책

19.5×27㎝ 필사본

수원시박물관

B-1-394

(10-5)(債權) 小作ノ種類, 舍音

조선총독부 중추원

7쪽 1책

20×28㎝ 필사본

수원시박물관

B-1-221

(8-7)(債權) 連合債務等

조선총독부 중추원

11쪽 1책

19×27㎝ 필사본

수원시박물관

B-1-220

(債權) 債權ニ關スル事項

조선총독부 중추원

41쪽 1책

19.5×27㎝ 필사본

수원시박물관

B-1-098

(債權) 債權ニ關スル事項

조선총독부 중추원

18쪽 1책

19.5×27㎝ 필사본

수원시박물관

B-1-101

(債權) 債權ニ關スル事項

조선총독부 중추원

12쪽 1책

19.5×27㎝ 필사본

수원시박물관

B-1-102

(債權) 債權ニ關スル事項

조선총독부 중추원

30쪽 1책

19.5×27㎝ 필사본

수원시박물관

B-1-100

(債權, 物權) 130 火田, 漁場, 海藻採取場, 市場, 鹽田ニ關スル事項

조선총독부 중추원

46쪽 1책

19.5×27㎝ 필사본

1915

수원시박물관

B-1-390

(債權, 物權) 社倉及其敷地, 祠院, 漁場等

조선총독부 중추원

35쪽 1책

19×26.5㎝ 필사본

수원시박물관

B-1-104

債權ノ讓渡

조선총독부 중추원

48쪽 1책

20×27㎝ 필사본

수원시박물관

B-1-099

債權讓渡ニ關スル慣習調査報告書

법전조사국

25쪽 1책

安藤靜, 室井德三郎

19.5×26.5㎝ 필사본

1909

수원시박물관

B-1-191

債權讓渡ノ手續ニ關スル異同表

법전조사국

6쪽 1책

19.5×27.5㎝ 필사본

미상

수원시박물관

B-1-186

妾ノ取戾ノ可否ニ關スル件

조선총독부

5쪽 1책

20×28㎝ 필사본

미상

수원시박물관

B-1-413

清國商業慣習及金融事情

2쪽, 3쪽, 333쪽 1책
東亜同文書院
미상
1904
東京大学経済学図書館, 東京大学東洋文化研究所図書室, 愛知大学豊橋図書館, 大阪大学附属図書館総合図書館, お茶の水女子大学附属図書館, 九州大学附属図書館, 京都大学経済学部図書室, 京都大学人文科学研究所図書室, 財団法人東洋文庫, 滋賀大学附属図書館, 首都大学東京図書館, 拓殖大学図書館, 同志社大学図書館今出川図書館, 長崎大学附属図書館経済学部分館, 阪南大学図書館, 明治大学図書館, 山口大学図書館総合図書館
32 : 92

清代契約文書·書簡文類集
미상
Tokyo : Kyūko Shoin
활자
1973
콜롬비아 대학
222.0083 C47 v.4

清代契約文書·書簡文類集
200쪽, 28쪽 1책
汲古書院
활자본
1973
日本国立国会図書館, 東京大学法学部, ケンブリッジ大学図書館, 愛知大学国際問題研究所, 愛知大学豊橋図書館, 青山学院大学図書館, 追手門学院大学附属図書館, 大阪市立大学学術情報総合センター, 大阪大学附属図書館外国学図書館, 大阪大学附属図書館総合図書館, お茶の水女子大学附属図書館, 金沢大学附属図書館, 関西大学図書館, 九州大学附属図書館, 京都女子大学図書館, 京都大学人文科学研究所図書室, 京都大学人間·環境学研究科総合人間学部図書館, 京都大学文学研究科図書館, 久留米大学附属図書館御井学舎分館, 慶應義塾大学三田メディアセンター, 神戸学院大学図書館有瀬キャンパス館, 神戸大学附属図書館総合図書館国際文化学図書館, 財団法人東洋文庫, 静岡大学附属図書館, 島根大学附属図書館, 信州大学附属図書館中央図書館, 上智大学図書館, 椙山女学園大学中央図書館, 専修大学図書館, 筑波大学附属図書館中央図書館, 帝京大学図書館, 東京外国語大学附属図書館, 東北大学附属図書館, 東洋大学附属図書館, 獨協大学図書館, 名古屋大学情報·言語合同図書室, 名古屋大学文学図書室, 奈良大学図書館, 鳴門教育大学附属図書館, 日本大学総合学術情報センター, 日本大学文理学部図書館, 一橋大学附属図書館, 弘前大学附属図書館, 広島大学図書館中央図書館, 佛教大学図書館, 法政大学図書館, 北海道教育大学附属図書館, 北海道教育大学附属図書館釧路館, 北海道教育大学附属図書館函館館, 北海道大学文学研究科·文学部図書室, 山形大学小白川図書館, 立教大学図書館, 立命館大学図書館, 琉球大学附属図書館,ロンドン大学SOAS図書館, 和歌山大学附属図書館
G915U : 9653 : S73

諏訪地方に於ける末子相続の舊慣について

45쪽 1책
활자본
1939
国立国会図書館
324

出産をめぐる慣習の伝承と変容：埼玉県秩父郡三沢の場合
8쪽 1책
埼玉県立浦和図書館
활자본
1900
埼玉県立浦和図書館
S386/ㅋ/

出張報告書
조선총독부 중추원
20쪽 1책
20×28㎝ 필사본
1930
수원시박물관
B-1-730

出張調査問題 第六部 債権ニ關スル事項
참사관실
30쪽 1책
18.5×26㎝ 필사본
미상
수원시박물관
B-1-185

出張調査報告書
조선총독부 중추원

139쪽 1책
趙範夏
26.5×18㎝ 寫本
1910~1945寫
국사편찬위원회
中B6B-276

出張調査報告書
조선총독부 중추원
86쪽 1책
19.5×27㎝ 필사본
1930
수원시박물관
B-1-171

物權ニ関スル事項（物權）
조선총독부 중추원
74쪽 1책
中黑伊十郎(조사), 金明潤(통역)
20×28㎝ 필사본
1913
수원시박물관
B-1-716

沖縄からアジアを見る
154쪽 1책
日本放送出版協会
활자본
2000
沖縄国際大学図書館, 沖縄大学図書館, 鹿児島純心女子大学附属図書館, 金沢大学附属図書館, 長崎大学附属図書館経済学部分館, 広島修道大学図書館, 琉球大学附属図書館

302/C-46

沖縄舊慣地方制度
확인불가
沖縄縣内務部第一課
활자본
1893
東京大学総合図書館, 岩手県立図書館, 岡山
大学附属図書館, 沖縄国際大学図書館, 沖縄
女子短期大学図書館, 沖縄大学図書館, 国立
民族学博物館情報管理施設, 名古屋大学附属
図書館, 一橋大学経済研究所附属社会科学統
計情報研究センター, 北海道教育大学附属図書
館函館館, 明治学院大学図書館, 琉球大学附
属図書館, 琉球大学附属図書館, 琉球大学附
属図書館
甲：2：2097

沖縄舊慣地方制度 附録
36쪽 1책
沖縄縣内務部第一課
활자본
1893
鹿児島県立図書館
328/1

沖縄島國頭地方舊慣問答書
확인불가
不明
활자본
미상
東京大学理学部
H：411：3

沖縄県舊慣間切内法
420쪽 1책
不明
활자본
미상
京都大学経済学部図書室, 鹿児島大学附属図
書館, 琉球大学附属図書館
17//4-5//Oki

沖縄県舊慣租税制度
12172쪽 1책
沖縄県
활자본
1912
山口県立山口図書館
345.2199

取引所法関係法規判例集 第5輯(証拠金不
納ト仲買人ノ任意処分ニ関スル商慣習)
37쪽 1책
甘糟勇雄
활자본
1925
国立国会図書館
676

治水ニ關スル李朝實錄拔萃飜譯
조선총독부 중추원
23쪽 1책
19.5×27㎝ 필사본
수원시박물관
B-1-634

親子ニ關スル慣習調査
609쪽 1책
하와이 대학
Asia DS901/.P5/v.105

親子ニ關スル資料
조선총독부 중추원
227쪽 1책
28×20㎝ 寫本
1910~1945寫
국사편찬위원회
中B18E-125

(親族 相續 其他) 98 親族, 相續, 物權, 特別
事項 考事資料
조선총독부 중추원
34쪽 1책
19.5×27㎝ 필사본
1914
수원시박물관
B-1-036

(親族) 6 特別調査事項
조선총독부 중추원
12쪽 1책
19.5×27㎝ 필사본
1912
수원시박물관
B-1-382

(親族) 舊慣調査報告
조선총독부 중추원
12쪽 1책

19×26.5㎝ 필사본
1925
수원시박물관
B-1-059

(親族) 親族ニ關スル事項
조선총독부 중추원
43쪽 1책
19.5×27㎝ 필사본
1912
수원시박물관
B-1-106

(8-4) (親族) 親族會及親族組合
조선총독부 중추원
59쪽 1책
20×28㎝ 필사본
수원시박물관
B-1-511

(民法)(親族) 118 夫カ他家ニ入リ又ハ一家
ヲ創立シタルトキハ妻ハ之レニ隨ヒテ其家ニ
入ルヤ否ヤ
법전조사국
1책
19×26.5㎝ 필사본
수원시박물관
B-1-267

(親族)64 親族ニ關スル事項
조선총독부 중추원
59쪽 1책
19.5×27㎝ 필사본

1913
수원시박물관
B-1-031

(9-7) (親族, 物權) 僧侶ノ氏名
조선총독부 중추원
24쪽 1책
19.5×27㎝ 필사본
수원시박물관
B-1-516

(6-1) (親族, 相續) 121 親族, 相續ニ關スル
事項
조선총독부 중추원
74쪽 1책
18.5×26.5㎝ 필사본
1914
수원시박물관
B-1-389

(6-4) (親族, 相續) 宗會及門會等
조선총독부 중추원
57쪽 1책
19×26.5㎝ 필사본
수원시박물관
B-1-510

親族, 相續ニ關スル事項
조선총독부 중추원
76쪽 1책
18.5×25.5㎝ 필사본
1915
수원시박물관

B-1-039

親族ニ關スル慣習
조선총독부 중추원
66쪽 1책
19×26.5㎝ 필사본
수원시박물관
B-1-647

親族ニ關スル事項
조선총독부 중추원
92쪽 1책
渡邊業志(조사), 姜信文(고원)
20×27.5㎝ 필사본
1930
수원시박물관
B-1-379

親族ニ關スル事項
조선총독부 중추원
30쪽 1책
19.5×27㎝ 필사본
수원시박물관
B-1-040

親族ニ關スル事項
조선총독부 중추원
25쪽 1책
19.5×27㎝ 필사본
수원시박물관
B-1-048

親族ニ關スル事項

조선총독부 중추원
31쪽 1책
19.5×27㎝ 필사본
수원시박물관
B-1-050

親族ニ關スル事項
조선총독부 중추원
22쪽 1책
19.5×27㎝ 필사본
수원시박물관
B-1-052

親族ニ關スル事項
조선총독부 중추원
8쪽 1책
18.5×26.5㎝ 필사본
수원시박물관
B-1-072

親族ニ關スル事項
조선총독부 중추원
114쪽 1책
19.5×26.5㎝ 필사본
1913
수원시박물관
B-1-374

親族ノ名稱
조선총독부 중추원
328쪽 1책
19.5×27㎝ 필사본
1922

수원시박물관
B-1-650

親族ノ範圍
조선총독부 중추원
254쪽 1책
20×28㎝ 필사본
수원시박물관
B-1-640

親族ノ種類及親等ニ關スル資料
조선총독부 중추원
23쪽 1책
寫本
1910~1945寫
국사편찬위원회
A5E-26

親族間ニ於ケル民事及刑事事件ニ關スル慣習
조선총독부 중추원
52쪽 1책
19×26.5㎝ 필사본
1919
수원시박물관
B-1-065

親族關係ノ發生及消滅
조선총독부 중추원
157쪽 1책
28×20㎝ 寫本
1910~1945寫
국사편찬위원회

中B13IF-17

親族關係ノ發生及消滅
조선총독부 중추원
152쪽 1책
19.5×27㎝ 필사본
1918
수원시박물관
B-1-063

親族關係ノ發生及消滅
조선총독부 중추원
91쪽 1책
19×27㎝ 필사본
1918
수원시박물관
B-1-064

親族範圍ニ關スル件
조선총독부 중추원
35쪽 1책
20×28㎝ 필사본
1929
수원시박물관
B-1-068

親族相續ニ關スル臺灣慣習
106쪽, 4쪽 1책
臺灣總督官房法務課
활자본
1930
東京大学経済学図書館, 一橋大学附属図書館
82：500

親族相續關係資料：李朝實錄 其他
91쪽 1책
조선총독부 중추원(서울)
28㎝ 필사본
미상
서울대도서관
설송 345.6 J773cs

親族相續編纂資料項目
조선총독부 중추원
49쪽 1책
28×20㎝ 寫本
1910~1945寫
국사편찬위원회
中B13IF-18

親族親子關係資料：各種文獻
173쪽 1책
조선총독부 중추원
28㎝ 필사본
미상
서울대도서관
설송 345.6 J773c

親族婚姻相續關係資料：大典會通 其他
148쪽 1책
조선총독부 중추원
28㎝ 필사본
미상
서울대도서관
설송 345.6 J773ch

親族會種類及姓門別ニ關スル件

조선총독부 중추원

38쪽 1책

沈皖鎭

28×20㎝ 寫本

1929寫

국사편찬위원회

中B13IF-19

他家相續廢家絶家廢絶家再興

조선총독부 중추원

11쪽 1책

劉猛

28×20㎝ 寫本

1917寫

국사편찬위원회

中B13IF-20

台湾慣習記事

확인불가

台湾慣習研究会

활자본

1901

日本国立国会図書館, 東京大学経済学図書館, 東京大学総合図書館, 東京大学大学院法学政治学研究科附属近代日本法政史科センター(明治新聞雑誌文庫), 東京大学東洋文化研究所図書室, 東京大学理学部, 大阪大学附属図書館総合図書館, 九州大学附属図書館, 京都大学附属図書館, 国学院大学図書館, 駒澤大学図書館, 天理大学附属天理図書館, 獨協大学図書館, 日本貿易振興機構アジア経済研究所図書館, 人間文化機構国文学研究資料館, 一橋大学経済研究所資料室, 一橋大学附属図書

館, 一橋大学附属図書館, 武蔵大学図書館, ロンドン大学SOAS図書館, 早稲田大学図書館(中央図書館)雑

19-53

台湾慣習大要

227쪽 1책

台法月報発行所

활자본

1913

大阪府立中央図書館

322.2/T1/1

台湾舊慣冠婚葬祭と年中行事

521쪽, 9쪽 1책

台湾日日新報社

활자본

1934

国立国会図書館デジタル化資料

386

台湾舊慣制度調査一斑

238쪽, 40쪽, 14쪽 1책

臨時台湾土地調査局

활자본

1901

大阪府立中央図書館

573/11/#

台湾番族慣習研究 第1巻

270쪽 1책

台湾総督府番族調査会

활자본

1921
国立国会図書館
389

台湾番族慣習研究　第2巻

275쪽　1책
台湾総督府番族調査会
활자본
1921
国立国会図書館
389

台湾番族慣習研究　第3巻

229쪽　1책
台湾総督府番族調査会
활자본
1921
国立国会図書館
389

台湾番族慣習研究　第4巻

251쪽　1책
台湾総督府番族調査会
활자본
1921
国立国会図書館
389

台湾番族慣習研究　第5巻

270쪽　1책
台湾総督府番族調査会
활자본
1921

国立国会図書館
389

台湾番族慣習研究　第6巻

256쪽　1책
台湾総督府番族調査会
활자본
1921
国立国会図書館
389

台湾番族慣習研究　第7巻

236쪽　1책
台湾総督府番族調査会
활자본
1921
国立国会図書館
389

台湾番族慣習研究　第8巻

324쪽　1책
台湾総督府番族調査会
활자본
1921
国立国会図書館
389

台灣私法, 第3編, 下卷(臨時台灣舊慣調査會第1部調査第3回報告書)

임시태만구관조사회
353쪽　1책
臨時台灣舊慣調査會(神戸)
26㎝ 활자본

1909

고려대도서관

희귀 346.5512 1909

<u>台湾私法：臨時台湾舊慣調査会第一部調查第三回報告書 第1卷附録(参考書上卷)</u>

278쪽 1책

臨時台湾旧慣調査会

활자본

1911

国立国会図書館デジタル化資料

324

<u>台湾私法：臨時台湾舊慣調査会第一部調查第三回報告書 第1卷附録(参考書中卷)</u>

202쪽 1책

臨時台湾旧慣調査会

활자본

1911

国立国会図書館デジタル化資料

324

<u>台湾私法：臨時台湾舊慣調査会第一部調查第三回報告書 第1卷附録(参考書下卷)</u>

226쪽 1책

臨時台湾旧慣調査会

활자본

1911

国立国会図書館デジタル化資料

324

<u>台湾私法：臨時台湾舊慣調査会第一部調查第三回報告書 第1卷上卷</u>

388쪽 1책

臨時台湾旧慣調査会

활자본

1911

国立国会図書館デジタル化資料

324

<u>台湾私法：臨時台湾舊慣調査会第一部調查第三回報告書 第1卷下卷</u>

247쪽 1책

臨時台湾旧慣調査会

활자본

1911

国立国会図書館デジタル化資料

324

<u>台湾私法：臨時台湾舊慣調査会第一部調查第三回報告書 第2卷附録(参考書上卷)</u>

183쪽 1책

臨時台湾旧慣調査会

활자본

1911

国立国会図書館デジタル化資料

324

<u>台湾私法：臨時台湾舊慣調査会第一部調查第三回報告書 第2卷附録(参考書下卷)</u>

187쪽 1책

臨時台湾旧慣調査会

활자본

1911

国立国会図書館デジタル化資料

324

台湾私法：臨時台湾舊慣調査会第一部調査第三回報告書 第2卷上卷

247쪽　1책
臨時台湾旧慣調査会
활자본
1911
国立国会図書館デジタル化資料
324

台湾私法：臨時台湾舊慣調査会第一部調査第三回報告書 第2卷下卷

311쪽　1책
臨時台湾旧慣調査会
활자본
1911
国立国会図書館デジタル化資料
324

台湾私法：臨時台湾舊慣調査会第一部調査第三回報告書 第3卷附録(参考書上卷)

156쪽　1책
臨時台湾旧慣調査会
활자본
1911
国立国会図書館デジタル化資料
324

台湾私法：臨時台湾舊慣調査会第一部調査第三回報告書 第3卷附録(参考書下卷)

123쪽　1책
臨時台湾旧慣調査会
활자본
1911

国立国会図書館デジタル化資料
324

台湾私法：臨時台湾舊慣調査会第一部調査第三回報告書 第3卷上卷

272쪽　1책
臨時台湾旧慣調査会
활자본
1911
国立国会図書館デジタル化資料
324

台湾私法：臨時台湾舊慣調査会第一部調査第三回報告書 第3卷下卷

257쪽　1책
臨時台湾旧慣調査会
활자본
1911
国立国会図書館デジタル化資料
324

台湾私法附録参考書

확인불가
臨時台湾旧慣調査会
활자본
1911
大阪市立大学学術情報総合センター
324.9//RIN//FUKUDA

土地
조선총독부 중추원
10쪽　1책
寫本

1910~1945寫

국사편찬위원회

中B18F-107

土地

43쪽　1책

19.7×27.7㎝

수원시박물관

B-1-752

土地ニ關スル件

조선총독부 중추원

133쪽　1책(零本)

寫本

1910~1945寫

국사편찬위원회

中B18E-130

土地ニ關スル件

조선총독부 중추원

353쪽　1책

寫本

1910~1945寫

국사편찬위원회

中B18E-129

土地ノ貸借ニ關スル往古及近來ノ慣習

조선총독부 중추원

15쪽　1책

19.5×27㎝　필사본

1918

수원시박물관

B-1-062

土地ノ添附ニ關スル慣習

법전조사국

19쪽　1책

室井德三郎

20×27㎝　필사본

1909

수원시박물관

B-1-130

土地改良事業の概況

25쪽, 61쪽, 11쪽 図版 1책

활자본

1932

국립국회도서관

614.2-C54ウ

土地建物ノ賣買·贈輿交換及典當ノ證明ニ
關スル規則及指令等要録

113쪽, 52쪽, 16쪽　1책

부동산법조사회

활자본

1907

東京經濟大学四方博朝鮮文庫

1596

土地慣習調査要綱

31쪽　1책

満州国土地局調査科

활자본

미상

大阪市立大学学術情報総合センター

P611.2//M22//1

土地登記トルレンス氏制度

182쪽 1책

臨時臺灣舊慣調査會

활자본

1910

日本国立国会図書館デジタル化資料, 東京大学総合図書館, 大阪市立大学学術情報総合センター, 鹿児島大学附属図書館, 九州大学附属図書館, 京都大学附属図書館, 財団法人東洋文庫, 一橋大学附属図書館, 北海道大学附属図書館

324.86

土地賣買文記

법전조사국

152쪽 1책

寫本

1910~1945寫

국사편찬위원회

中B14-73

土地賣買文記樣式(不動産法調査會調査)

법전조사국

123쪽 1책

19.5×27㎝ 필사본

1907

수원시박물관

B-1-002

土地所有權ノ沿革

조선총독부 중추원

23쪽 1책

19×27㎝ 필사본

수원시박물관

B-1-380

土地調査例規

확인불가

朝鮮総督府臨時土地調査局

활자본

1915~1916

東京大学

D103：62：1

土地調査事業現況報告書

조선총독부 임시토지조사국

30쪽 1책

朝鮮總督府臨時土地調査局(京城)

23㎝ 활자본

1911

국립중앙도서관

朝23-110

土地調査參考書 1-2

토지조사국

32쪽 2책

土地調査局(京城)

23㎝ 활자본

1909~1911

국립중앙도서관

朝21-41-1, 2

土地測量法

조선총독부 중추원

12쪽 1책

寫本

1906寫

국사편찬위원회
中B13MB-5

(土地還退) 土地還退賣買ニ關スル件
조선총독부 중추원
15쪽 1책
19.5×26㎝ 필사본
1920
수원시박물관
B-1-128

通化縣ニ於ケル舊慣調査報告書
マイクロフィッシュ3枚
不明
활자본
미상
CiNii, 一橋大学経済研究所資料室
BA67472917

特別調査事項(全州)
조선총독부 중추원
9쪽 1책
19×26.5㎝ 필사본
1912
수원시박물관
B-1-020

特別調査
조선총독부 중추원
35쪽 1책
20×28㎝ 필사본
1917
수원시박물관

B-1-044

特別調査
조선총독부 중추원
61쪽 1책
19.5×27㎝ 필사본
1917
수원시박물관
B-1-078

特別調査事項(光州)
조선총독부 중추원
6쪽 1책
19.5×27㎝ 필사본
1912
수원시박물관
B-1-021

特殊財産
조선총독부 중추원
78쪽 1책
寫本
1910~1945寫
국사편찬위원회
B13G-109

特種小作其ノ他ニ關スル件
조선총독부 중추원
418쪽 1책
寫本(原本)
1918寫
국사편찬위원회
中B13G-110

破産法案参考書
확인불가
법전조사국
활자본
미상
法政大学
A5a/6/1

罷養ニ關スル資料
조선총독부 중추원
47쪽 1책
寫本
1910~1945寫
국사편찬위원회
中B18E-131

平安南道戸籍單子
조선총독부 중추원
122쪽 1책
寫本
1910~1945寫
국사편찬위원회
中B13G-111

平安北道舊慣調査 : 全
204쪽 1책
不明
활자본
1913
東京大学経済学図書館, 滋賀県立大学図書情
報センター
8-N : 30

廢戸主ニ關スル舊慣及裁判例調査 : 諮問第
一號參考書
확인불가
不明
활자본
미상
筑波大学附属図書館中央図書館
ﾑ850-279

浦項ニ於ける慣習調査報告書
법전조사국
49쪽 1책
20×27㎝ 필사본
미상
수원시박물관
B-1-415

(風俗) 77 婚姻ニ關スル慣例等
조선총독부 중추원
11쪽 1책
19×26.5㎝ 필사본
수원시박물관
B-1-430

風俗調査(咸興·北靑·利原)
조선총독부 중추원
28쪽 1책
20×29㎝ 필사본
1930
수원시박물관
B-1-176

皮革賣買慣習取調報告

67쪽 1책
필사본
1900
一橋大学附属図書館
Azn：180

皮革賣買慣習取調報告
67쪽 1책
필사본
1901
一橋大学附属図書館
Azn：180

荷爲替の法理と取引慣習
318쪽 1책
文雅堂
활자본
1927
日本国立国会図書館, 東北大学附属図書館, 大分大学学術情報拠点(図書館), 沖縄国際大学図書館, 小樽商科大学附属図書館, 九州大学附属図書館, 滋賀大学附属図書館, 長崎大学附属図書館経済学部分館, 兵庫県立大学神戸学園都市学術情報館, 遼寧省図書館
338.57

韓國ニ於ケル氏姓ニ關スル調査
법전조사국
20쪽 1책
丹羽賢太郎
19.5×27㎝ 필사본
미상
수원시박물관

B-1-214

韓國ニ於ケル土地ニ關スル權利一班
不動産法調査會
89쪽 1책
不動産法調査會(京城)
23㎝ 활자본
1907
국립중앙도서관
朝22-B55

韓國ニ於ケル土地ニ關スル權利一班
4쪽, 83쪽 1책
不動産法調査会
활자본
1907
東京大学, 東京經濟大学四方博朝鮮文庫
甲：2：1801

韓國ニ於ケル行商及市場ノ制度慣習調査報告
확인불가
東京高等商業學校
활자본
1906CiNii
一橋大学附属図書館
BB01157574

韓國經濟史資料大系
조선총독부 중추원
3쪽, 189쪽 1책
23㎝
미상
1930

한양대도서관
330.951

韓國經濟史資料大系 1~16
미상
16책
조선금융조합협회 外
景仁文化社(서울)
23×27㎝ 활자본
1988
원광대도서관
320.911 ㅎ237경

韓國不動産ニ關スル慣例
144쪽 1책
不動産法調査會
활자본
1907
京都大学農学部図書室
4371//1, 2

韓國不動産ニ關スル慣例 : 忠淸南道中拾貳郡 第1綴
의정부부동산법조사회
40쪽 1책
不動産法調査會(東京)
활자본
일본

韓國不動産ニ關スル慣例 : 黃海道中拾貳郡 第2綴
의정부부동산법조사회
145쪽 1책

議政府不動産法調査會(京城)
23㎝ 활자본
1907
국립중앙도서관
朝21-44

韓國不動産ニ關スル調査記錄
不動産法調査會
93쪽 1책
不動産法調査會(京城)
23㎝ 활자본
1906
국립중앙도서관
朝22-B21

韓國不動産ニ關スル調査記錄
3쪽, 89쪽 1책
不動産法調査會
활자본
1906
九州大学附属図書館, 京都大学農学部図書室, 筑波大学附属図書館中央図書館, 東北大学附属図書館
Kj 18/K/9

韓國土地所有權ノ沿革ヲ論ス
72쪽 1책
平木勘太郎著
內閣不動産法調査會(東京)
23㎝ 활자본
1900~1945, 추정
국립중앙도서관
朝21-33

韓國土地所有權ノ沿革ヲ論ス

67쪽 1책

內閣不動産法調査會

활자본

미상

九州大学附属図書館

Kj 18/K/10

韓國土地所有權ノ沿革ヲ論ス. 不動産法調査報告要録. 土地調査綱要. 臨時財産整理局事務要綱

확인불가

龍溪書舍

활자본

2011

日本国立国会図書館, 愛知大学豊橋図書館, 大阪経済大学日本経済史研究所, 大阪大学附属図書館総合図書館, 関西学院大学図書館, 関東学院大学図書館文学部分館, 京都女子大学図書館, 国際日本文化研究センター, 上智大学図書館, 専修大学図書館, 中央大学中央図書館, 東京女子大学図書館, 東北大学附属図書館, 獨協大学図書館, 南山大学名古屋図書館, フェリス女学院大学附属図書館, 佛教大学図書館, ベルリン国立図書館, 法政大学図書館, 武蔵大学図書館, 桃山学院大学附属図書館, 立教大学図書館, 立命館大学図書館, 和光大学附属梅根記念図書·情報館

611.2221

韓人歸化ニ關スル件

조선총독부 중추원

140쪽 1책

19.5×27㎝ 필사본

1906

수원시박물관

B-1-373

許與文記

조선총독부 중추원

24쪽 1책

20.5×28.5㎝ 필사본

수원시박물관

B-1-638

現行小作及管理契約證書實例集(朝鮮に於ける)

조선농회

777쪽 1책

朝鮮農會(京城)

23㎝ 활자본

1931

국립중앙도서관

朝22-B32=2

戶口統計

경성부

51쪽 1책

1933

하와이 대학

K.41

戶籍 戶牌ニ關スル資料

조선총독부 중추원

503쪽 1책

寫本

1910~1945寫
국사편찬위원회
中B13G-118

戶主及祭祀相續ノ順位及家族死亡ノ場合
ケル相續ノ順位
조선총독부 중추원
17쪽 1책
20.5×28㎝ 필사본
수원시박물관
B-1-045

或ル事情ノ下ニ在ル男女ニ對スル婚姻ノ制
限
조선총독부 중추원
107쪽 1책
寫本
1910~1945寫
국사편찬위원회
中B13IF-22

或ル身分ヲ有スル者ニ對スル婚姻ノ制限
조선총독부 중추원
128쪽 1책
寫本
1910~1945寫
국사편찬위원회
中B13IF-23

婚禮
조선총독부 중추원
126쪽 1책
寫本

1910~1945寫
국사편찬위원회
A5E-28

婚禮ニ關スル調査報告書
법전조사국
6쪽 1책
柳鎭爀
19.5×27㎝ 필사본
미상
수원시박물관
B-1-211

婚姻
조선총독부 중추원
20쪽 1책
寫本
1910~1945寫
국사편찬위원회
中B18F-116

婚姻
조선총독부 중추원
371쪽 2책
寫本
1910~1945寫
국사편찬위원회
中B13IF-24

婚姻
조선총독부 중추원
20쪽 1책
寫本

1910~1945寫
국사편찬위원회
中B18E-141

婚姻(備局謄錄)
조선총독부 중추원
6쪽 1책
寫本
1910~1945寫
국사편찬위원회
中B18B-83

(婚姻) 婚姻
조선총독부 중추원
16쪽 1책
19.5×26.5㎝ 필사본
수원시박물관
B-1-056

(婚姻) 婚姻ニ關スル件
조선총독부 중추원
42쪽 1책
20×28㎝ 필사본
수원시박물관
B-1-146

婚姻ニ關スル事項
조선총독부 중추원
74쪽 1책
今井
寫本
1917寫
국사편찬위원회

中B13IF-25

婚姻ニ關スル資料
조선총독부 중추원
371쪽 2책
寫本
1910~1945寫
국사편찬위원회
中B13IF-26

婚姻ニ關スル資料(실록발췌)
조선총독부 중추원
1649쪽 7책
寫本
1910~1945寫
국사편찬위원회
中B18E-142

婚姻ニ關スル資料原本
조선총독부 중추원
128쪽 1책
寫本
1910~1945寫
국사편찬위원회
中B13IF-27

婚姻ノ無效ニ關スル資料
조선총독부 중추원
212쪽 2책
寫本
1910~1945寫
국사편찬위원회
中B13IF-29

婚姻ノ無效ニ關スル資料
213쪽 2책
하와이 대학
Asia DS901/.P5/v.118

婚姻ノ成立
조선총독부 중추원
161쪽 1책
19×26.5㎝ 필사본
수원시박물관
B-1-676

婚姻ノ實質上要件ニ關スル資料
조선총독부 중추원
347쪽 1책
寫本
1910~1945寫
국사편찬위원회
中B13IF-30

婚姻ノ制限
240쪽 1책
하와이 대학
Asia DS901/.P5/v.2

第四資料 婚姻ノ制限(宗親ト庶孽子女トノ
婚姻)
조선총독부 중추원
16쪽 1책
20×28㎝ 필사본
수원시박물관
B-1-671

婚姻ノ制限ニ關スル資料
조선총독부 중추원
52쪽 1책
寫本
1910~1945寫
국사편찬위원회
中B13IF-31

婚姻ノ制限資料
58쪽 1책
하와이 대학
Asia DS901/.P5/v.3

婚姻ノ制限資料三 - 駙馬ノ意義
조선총독부 중추원
25쪽 1책
20×28㎝ 필사본
수원시박물관
B-1-639

婚姻の形式上の要件
117쪽 1책
17.5×25㎝
수원시박물관
B-1-669

婚姻ノ形式上ノ要件ニ關スル資料原本
조선총독부 중추원
659쪽 2책
寫本
1910~1945寫
국사편찬위원회
中B13IF-32

婚姻ノ效力
조선총독부 중추원
20쪽 1책
20×28.5㎝ 필사본
수원시박물관
B-1-212

婚姻年齡ノ件
조선총독부 중추원
131쪽 1책
20×28㎝ 필사본
수원시박물관
B-1-660

婚姻年齡調査表
조선총독부 중추원
816쪽 4책
寫本
1918寫
국사편찬위원회
中B13IF-28

婚姻原本(特種)(諸書拔萃)
조선총독부 중추원
21쪽 1책
寫本
미기재
국사편찬위원회
中B13IF-21

婚姻ノ制限資料 一(婚姻ノ制限中僧侶ノ婚姻)
조선총독부 중추원
17쪽 1책

20×28㎝ 필사본
수원시박물관
B-1-668

禾利賣買資料
조선총독부 중추원
44쪽 1책
寫本
1910~1945寫
국사편찬위원회
中B13G-119

火田に関する慣習
미상
Keijo : Chōsen Sōtokufu
1922
콜롬비아 대학

火田に関する慣習
미상
Keijo : Chōsen Sōtokufu
1921
콜롬비아 대학

貨幣
미상
Korea. Pibyŏnsa [Kyŏngsŏng]
콜롬비아 대학
6763.3 K84

畦畔小作料問題・差米込米ニ関スル鑑定書・
違作引ニ関スル慣習ノ鑑定書
32쪽 1책

北蒲原郡協和会
활자본
1930

新潟県立図書館
N/611/O67k

1-3. 민사상사(문제별 조사서)

第二 成年ノ定アルカ
법전조사국
71쪽 1책
미출판
19.5×26.5㎝ 필사본
1910
수원시박물관
B-1-274

第二 成年ノ定メアルカ
법전조사국
82쪽 1책
미출판
20×28㎝ 필사본
1910
수원시박물관
B-1-655

第四 聾者, 啞者, 盲者, 浪費者等ノ行爲ノ效
力如何
법전조사국
36쪽 1책
미출판
19.5×26.5㎝ 필사본
1910
수원시박물관
B-1-275

第五 妻ノ能力ニ制限アルカ
법전조사국
50쪽 1책
미출판
19.5×27㎝ 필사본
1910
수원시박물관
B-1-276

第六 住所ニ關スル定アルカ
법전조사국
38쪽 1책
川原信義
미출판
19.5×26.5㎝ 필사본
1910
수원시박물관
B-1-277

第七 居所ニ關スル定メアルカ
법전조사국
32쪽 1책
미출판
19.5×27㎝ 필사본
1910
수원시박물관
B-1-278

第七 居所二關スル定メアルカ

법전조사국

32쪽 1책

미출판

19.5×27.5㎝ 필사본

1910

수원시박물관

B-1-279

第八 失踪二關スル定アルカ

법전조사국

43쪽 1책

미출판

19.5×26.5㎝ 필사본

1910

수원시박물관

B-1-280

第九 法人ヲ認ムルカ

법전조사국

93쪽 1책

川原信義

미출판

19.5×27㎝ 필사본

1908~1910

수원시박물관

B-1-281

第十 物ノ區別アルカ

법전조사국

41쪽 1책

미출판

19.5×27㎝ 필사본

1910

수원시박물관

B-1-282

第十一 果實二關スル定メアルカ

법전조사국

62쪽 1책

미출판

20×28㎝ 필사본

1910

수원시박물관

B-1-283

第十二 隔地者間ノ意思表示ハ何レノ時ヨリ
其效力ヲ生スルカ

법전조사국

72쪽 1책

미출판

19.5×27㎝ 필사본

1910

수원시박물관

B-1-284

第十二 隔地者間ノ意思表示ハ何レノ時ヨリ
其效力ヲ生スルカ

법전조사국

64쪽 1책

미출판

19.5×26.5㎝ 필사본

1910

수원시박물관

B-1-285

第十四 代理人ノ行爲ハ常ニ本人ニ對シ直接
ニ其效力ヲ生スルカ
법전조사국
44쪽 1책
미출판
19.5×27㎝ 필사본
1910
수원시박물관
B-1-286

第十五 代理ニハ法政代理, 任意代理ノ別ア
ルカ
법전조사국
45쪽 1책
미출판
19.5×26.5㎝ 필사본
1910
수원시박물관
B-1-287

第十九 其間ノ初日ハ之ヲ算入スルヤ否ヤ
법전조사국
32쪽 1책
미출판
19.5×26.5㎝ 필사본
1910
수원시박물관
B-1-288

第二十 時效ヲ認ムルヤ否ヤ
법전조사국
39쪽 1책
미출판

19.5×27㎝ 필사본
1910
수원시박물관
B-1-289

第二十一 物權債權又ハ之ニ類スル權利ノ區
別アルカ
법전조사국
76쪽 1책
미출판
20×28㎝ 필사본
1910
수원시박물관
B-1-290

第二十一 物權債權又ハ之ニ類スル權利ノ區
別アルカ
법전조사국
51쪽 1책
미출판
20×28㎝ 필사본
1910
수원시박물관
B-1-518

第二十二 土地ニ關スル權利ノ種類如何
법전조사국
51쪽 1책
미출판
19.5×26.5㎝ 필사본
1910
수원시박물관
B-1-291

第二十三 權利ノ設定移轉ニ付特ニ一定ノ手
續ヲ必要トスルカ
법전조사국
59쪽 1책
미출판
20×28㎝ 필사본
1910
수원시박물관
B-1-292

第二十四 所爲卽時時效又ハ之ニ類スルモノ
アルカ
법전조사국
51쪽 1책
미출판
20×28㎝ 필사본
1910
수원시박물관
B-1-293

第二十四 所爲卽時時效又ハ之ニ類スルモノ
アルカ
법전조사국
43쪽 1책
下森久吉(조사), 崔秉相(통역)
미출판
19.5×26.5㎝ 필사본
1909
수원시박물관
B-1-294

第二十五 土地建物等ノ所有者ハ如何ナル權
利ヲ有スルカ

법전조사국
55쪽 1책
下森久吉(조사), 崔秉相(통역)
미출판
20×28㎝ 필사본
1910
수원시박물관
B-1-295

第二十五 土地建物等ノ所有者ハ如何ナル權
利ヲ有スルカ
법전조사국
44쪽 1책
下森久吉(조사), 최병상(통역)
미출판
19.5×27㎝ 필사본
1909
수원시박물관
B-1-296

第二十六 隣地間ノ權利義務如何
법전조사국
139쪽 1책
미출판
20×28㎝ 필사본
1910
수원시박물관
B-1-297

第二十八 無主ノ不動産ハ何人ノ有ニ歸スヘ
キカ
법전조사국
33쪽 1책

미출판

19.5×26.5㎝ 필사본

1910

수원시박물관

B-1-298

第二十八 無主ノ不動産ハ何人ノ有ニ歸スヘキカ

법전조사국

25쪽 1책

미출판

20×28㎝ 필사본

1910

수원시박물관

B-1-520

第二十九 遺失物ノ所有者カ知レサルトキハ其物ハ何人ノ有ニ歸スヘキカ

법전조사국

35쪽 1책

미출판

19.5×26.5㎝ 필사본

1910

수원시박물관

B-1-299

第三十一 共有ニ關スル慣習如何

법전조사국

84쪽 1책

미출판

20×28㎝ 필사본

1910

수원시박물관

B-1-300

第三十一 共有ニ關スル慣習如何

법전조사국

75쪽 1책

미출판

19.5×26.5㎝ 필사본

1910

수원시박물관

B-1-301

第三十三 借地權ノ種類如何

법전조사국

48쪽 1책

미출판

19.5×26.5㎝ 필사본

1910

수원시박물관

B-1-302

第三十三 借地權ノ種類如何

법전조사국

52쪽 1책

미출판

20×28㎝ 필사본

1910

수원시박물관

B-1-303

第三十四 地上權ニ關スル慣習如何

법전조사국

75쪽 1책

미출판

19×26.5㎝ 필사본
1910
수원시박물관
B-1-304

第三十四 地上權ニ關スル慣習如何
법전조사국
83쪽 1책
미출판
20×28㎝ 필사본
1910
수원시박물관
B-1-305

第三十六 地役權ニ關スル慣習如何
법전조사국
56쪽 1책
미출판
19.5×26.5㎝ 필사본
1910
수원시박물관
B-1-306

第三十六 地役權ニ關スル慣習如何
법전조사국
63쪽 1책
미출판
20×28㎝ 필사본
1910
수원시박물관
B-1-307

第三十六 地役權ニ関スル慣習如何

법전조사국
31쪽 1책
미출판
20×28.5㎝ 필사본
1910
수원시박물관
B-1-521

第三十七 留置權ニ關スル慣習如何
법전조사국
65쪽 1책
미출판
20×28㎝ 필사본
1910
수원시박물관
B-1-308

第三十八 先取特權ニ關スル慣習如何
법전조사국
55쪽 1책
미출판
19×26.5㎝ 필사본
1910
수원시박물관
B-1-309

第三十八 先取特權ニ關スル慣習如何
법전조사국
58쪽 1책
미출판
20×28㎝ 필사본
1910
수원시박물관

B-1-310

第三十九 質權ト抵當權トノ區別アルヤ
법전조사국
43쪽 1책
川原信義
미출판
19×26.5㎝ 필사본
1910
수원시박물관
B-1-311

第三十九 質權ト抵當權トノ區別アルヤ
법전조사국
50쪽 1책
미출판
20×28㎝ 필사본
1910
수원시박물관
B-1-312

第三十九 質權ト抵當權トノ區別アルカ
법전조사국
32쪽 1책
미출판
20×28㎝ 필사본
1910
수원시박물관
B-1-522

第四十 質權及ヒ抵當權ノ目的如何
법전조사국
49쪽 1책

미출판
20×28㎝ 필사본
1910
수원시박물관
B-1-656

第四十一 質權者ハ債權ノ辨濟ヲ受クルマテ 質物ヲ占有スヘキカ
법전조사국
35쪽 1책
미출판
20×28㎝ 필사본
1910
수원시박물관
B-1-313

第四十一 質權者ハ債權ノ辨濟ヲ受クルマテ 質物ヲ占有スヘキカ
법전조사국
26쪽 1책
미출판
20×28.5㎝ 필사본
1910
수원시박물관
B-1-523

第四十二 質權者カ辨濟ヲ受ケサルトキハ質 物ニ對シ如何ナル權利ヲ有スルカ
법전조사국
45쪽 1책
미출판
19.5×26.5㎝ 필사본
1910

수원시박물관
B-1-314

第四十二 質權者カ辨濟ラ受ケサルトキハ質物ニ對シ如何ナル權利ラ有スルカ
법전조사국
47쪽 1책
미출판
20×28㎝ 필사본
1910
수원시박물관
B-1-315

第四十三 質權設定ニ關スル慣習如何
법전조사국
37쪽 1책
미출판
19.5×26.5㎝ 필사본
1910
수원시박물관
B-1-316

第四十三 質權設定ニ關スル慣習如何
법전조사국
37쪽 1책
미출판
20×28㎝ 필사본
1910
수원시박물관
B-1-317

第四十五 第三者カ債務者ノ爲メニ質權ヲ設定スルコトヲ得ルカ

법전조사국
32쪽 1책
미출판
19.5×26㎝ 필사본
1910
수원시박물관
B-1-318

第四十六 質權者ハ質物ノ使用, 收益ヲナスコトヲ得ルカ
법전조사국
33쪽 1책
미출판
20×28㎝ 필사본
1910
수원시박물관
B-1-319

第四十六 質權者ハ質物ノ使用, 收益ヲナス事ヲ得ルカ
법전조사국
23쪽 1책
미출판
20×28㎝ 필사본
1910
수원시박물관
B-1-524

第四十七 質權ニ存續期間アルカ
법전조사국
31쪽 1책
미출판
19.5×26.5㎝ 필사본

1910
수원시박물관
B-1-320

第四十七 質權ニ存續期間アルカ
법전조사국
23쪽 1책
미출판
20×28㎝ 필사본
1910
수원시박물관
B-1-525

第四十八 土地ノ上ニ設定シタル質權ハ其上 ニ存スル建物竹木ニ及フヤ否ヤ
법전조사국
45쪽 1책
미출판
19.5×26.5㎝ 필사본
1910
수원시박물관
B-1-321

第四十八 土地ノ上ニ設定シタル質權ハ其上 ニ存スル建物竹水ニ及ソヤ
법전조사국
28쪽 1책
미출판
20×28㎝ 필사본
1910
수원시박물관
B-1-526

第五十一 慣習上ノ利率
법전조사국
40쪽 1책
미출판
19.5×26.5㎝ 필사본
1910
수원시박물관
B-1-322

第三章 第五十一 慣習上ノ利率
법전조사국
44쪽 1책
미출판
19×26.5㎝ 필사본
1910
수원시박물관
B-1-461

第三章 第五十二 重利ニ關スル慣習如何
법전조사국
33쪽 1책
미출판
20×28㎝ 필사본
1910
수원시박물관
B-1-462

第三章 第五十三 債務者カ不履行者トナル 時期如何
법전조사국
42쪽 1책
미출판
19.5×27㎝ 필사본

1910
수원시박물관
B-1-463

第五十四 債務者カ任意ニ債務ヲ履行セサル
トキハ強制シテ之ヲ履行セシムル事ヲ得ルカ
법전조사국
53쪽 1책
미출판
19.5×27.5㎝ 필사본
1910
수원시박물관
B-1-464

第五十四 債務者カ任意ニ債務ヲ履行セサルト
キハ強制シテ之ヲ履行セシムル事ヲ得ルカ
법전조사국
32쪽 1책
미출판
19.5×27㎝ 필사본
1910
수원시박물관
B-1-527

第五十七 債務不應行ノ制裁ニ関シ特約ヲナ
ス事アルカ
법전조사국
35쪽 1책
미출판
19.5×27㎝ 필사본
1910
수원시박물관
B-1-466

第五十七 債務不應行ノ制裁ニ関シ特約ヲナ
ス事アルカ
법전조사국
37쪽 1책
미출판
19.5×27.5㎝ 필사본
1910
수원시박물관
B-1-465

第五十七 債務不應行ノ制裁ニ関シ特約ヲナ
ス事アルカ
법전조사국
24쪽 1책
미출판
19.5×27㎝ 필사본
1910
수원시박물관
B-1-528

第五十八 債權者ハ債務者ノ權利ヲ代リ行フ
コトヲ得ルカ
법전조사국
45쪽 1책
미출판
19.5×27㎝ 필사본
1910
수원시박물관
B-1-467

第六十 債權者又ハ債務者數人アル場合ニ於
テハ其各自ノ權利義務如何
법전조사국

69쪽 1책
미출판
19.5×26.5㎝ 필사본
1910
수원시박물관
B-1-468

第六十一 不可分債務ニ關スル慣習如何
법전조사국
47쪽 1책
미출판
19×27㎝ 필사본
1910
수원시박물관
B-1-470

第六十一 不可分債務ニ關スル慣習如何
법전조사국
50쪽 1책
미출판
20×28㎝ 필사본
1910
수원시박물관
B-1-469

第六十二 連帶債務ニ關スル慣習如何
법전조사국
88쪽 1책
미출판
20×28㎝ 필사본
1910
수원시박물관
B-1-471

第六十二 連帶債務ニ関スル慣習如何
법전조사국
59쪽 1책
미출판
19.5×28.5㎝ 필사본
1910
수원시박물관
B-1-519

第六十四 保證人二人以上アル場合ニ於テ其各自責任如何
법전조사국
31쪽 1책
미출판
19.5×27.5㎝ 필사본
1910
수원시박물관
B-1-472

第六十六 保證人カ辨濟ヲナシタルトキハ主タル債務者ニ對シテ如何ナル權利ヲ有スルカ
법전조사국
24쪽 1책
미출판
19.5×27㎝ 필사본
1910
수원시박물관
B-1-529

第六十六 保證人カ辨濟ヲナシタルトキハ主タル債務者ニ對シテ如何ナル權利ヲ有スルカ
법전조사국
34쪽 1책

미출판
20×28㎝ 필사본
1910
수원시박물관
B-1-473

第六十七 保證人數人アル場合ニ於テ基一人
カ全額ノ辨濟ヲナシタルトキハ他ノ保證人ニ
對シテ如何ナル權利ヲ有スルカ
법전조사국
23쪽 1책
미출판
19.5×27㎝ 필사본
1910
수원시박물관
B-1-530

第六十七 保證人數人アル場合ニ於テ基一人
カ全額ノ辨濟ヲナシタルトキハ 他ノ保證人ニ
對シテ如何ナル權利ヲ有スルカ
법전조사국
33쪽 1책
미출판
19.5×27.5㎝ 필사본
1910
수원시박물관
B-1-474

第六十八 債權ハ之ヲ讓渡スコトヲ得ルカ
법전조사국
50쪽 1책
미출판
19.5×26.5㎝ 필사본

1910
수원시박물관
B-1-475

第六十九 第三者カナシタル辨濟ヘ有效ナル
ヤ否カ
법전조사국
33쪽 1책
미출판
19.5×26.5㎝ 필사본
1910
수원시박물관
B-1-476

第七十 受取證書ノ持參人ニナシタル辨濟ハ
有效ナルカ
법전조사국
33쪽 1책
미출판
19.5×26.5㎝ 필사본
1910
수원시박물관
B-1-477

第七十三 債務者カ辨濟ヲナシタルトキハ債
權證書ノ返還ヲ求ムル權利アルカ
법전조사국
32쪽 1책
미출판
19.5×27㎝ 필사본
1910
수원시박물관
B-1-478

第七十四 債權者カ辨濟ヲ受クルコトヲ拒シ
タルトキハ債務者ハ如何ニスヘキカ
법전조사국
39쪽 1책
미출판
19.5×26.5㎝ 필사본
1910
수원시박물관
B-1-479

第七十四 債權者カ辨濟ヲ受クルコトヲ拒シ
タルトキハ債務者ハ如何ニスヘキカ
법전조사국
44쪽 1책
미출판
19.5×27㎝ 필사본
1910
수원시박물관
B-1-480

第七十五 保證人其他他人ノタメニ辨濟ヲナ
シタル者ハ債權者ノ權利ヲ代リテ行フコトヲ
得ルカ
법전조사국
47쪽 1책
미출판
19×26.5㎝ 필사본
1910
수원시박물관
B-1-481

第七十五 保證人其他他人ノタメニ辨濟ヲナ
シタル者ハ債權者ノ權利ヲ代リテ行クコトヲ

得ルカ
법전조사국
50쪽 1책
미출판
19.5×27㎝ 필사본
1910
수원시박물관
B-1-482

第七十六 相殺ニ関スル慣習如何
법전조사국
28쪽 1책
미출판
19.5×27㎝ 필사본
1910
수원시박물관
B-1-531

第七十七 更改ニ関スル慣習如何
법전조사국
39쪽 1책
미출판
19.5×27㎝ 필사본
1910
수원시박물관
B-1-532

第七十八 免除ニ關ス慣習如何
법전조사국
31쪽 1책
미출판
19.5×26.5㎝ 필사본
1910

수원시박물관

B-1-483

第七十九 契約ノ申込ハ之ヲ取消スコトヲ得ルカ

법전조사국

49쪽 1책

미출판

19.5×26.5㎝ 필사본

1910

수원시박물관

B-1-484

第八十 雙務契約ノ當事者ノ 一方ハ相手方カ其ノ債務ノ履行ヲ提供スルマデ自己ノ債務ノ履行ヲ拒ムコトヲ得ルカ

법전조사국

32쪽 1책

미출판

19.5×26.5㎝ 필사본

1910

수원시박물관

B-1-485

第八十一 危險問題ニ関スル慣習如何

법전조사국

35쪽 1책

미출판

19.5×27㎝ 필사본

1910

수원시박물관

B-1-533

第八十二 第三者ノタメニスル契的ノ效力ヲ認ムルカ

법전조사국

24쪽 1책

미출판

19.5×27㎝ 필사본

1910

수원시박물관

B-1-534

第八十二 第三者ノタメニスル契的ノ效力ヲ認ムルカ

법전조사국

39쪽 1책

山口慶一

미출판

19.5×27㎝ 필사본

1910

수원시박물관

B-1-486

第八十三 契約ノ當事者ノ一方カ其債務ヲ履行セサルトキハ相手方ハ契約ヲ解除スルコトヲ得ルカ

법전조사국

56쪽 1책

미출판

19×26.5㎝ 필사본

1910

수원시박물관

B-1-487

第八十四 贈與ニ關スル慣習如何

법전조사국
44쪽 1책
미출판
19.5×27㎝ 필사본
1910
수원시박물관
B-1-488

第八十五 手附ニ關スル慣習如何

법전조사국
40쪽 1책
미출판
19×26.5㎝ 필사본
1910
수원시박물관
B-1-489

第八十七 他人ノ物ノ賣買ニ關スル慣習如何

법전조사국
37쪽 1책
미출판
19×26㎝ 필사본
1910
수원시박물관
B-1-490

第八十七 他人ノ物ノ賣買ニ関スル慣習如何

법전조사국
26쪽 1책
미출판
19.5×27㎝ 필사본
1910
수원시박물관

B-1-535

第八十八 賣買ノ目的物ノ上ニ他人ㇵ權利ヲ有スルタメ買主ㇵ損害ヲ受ケタルトキハ如何

법전조사국
37쪽 1책
미출판
19×26.5㎝ 필사본
1910
수원시박물관
B-1-491

第八十九 賣買ノ目的物ニ隱シタル瑕疵アルトキハ如何

법전조사국
34쪽 1책
미출판
19×26.5㎝ 필사본
1910
수원시박물관
B-1-492

第八十九 賣買ノ目的物ニ隱シタル瑕疵アルトキハ如何

법전조사국
26쪽 1책
미출판
19.5×27㎝ 필사본
1910
수원시박물관
B-1-538

第九十 賣買ノ目的物ノ果實ハ何人ノ所得ニ

歸スヘキカ

법전조사국

32쪽 1책

20×27㎝ 필사본

미상

수원시박물관

B-1-493

第九十 賣買ノ目的物ノ果實ハ何人ノ所有ニ
歸スヘキカ

법전조사국

23쪽 1책

필사본

1910

수원시박물관

B-1-536

第九十一 買主カ代價ノ利息ヲ事アルカ

법전조사국

28쪽 1책

20×27㎝ 필사본

미상

수원시박물관

B-1-494

第九十一 買主カ代價ノ利息ヲ拂フヘキ事ア
ルカ

법전조사국

21쪽 1책

필사본

1910

수원시박물관

B-1-537

第九十二 買戻ニ關スル慣習如何

법전조사국

67쪽 1책

20×27㎝ 필사본

미상

수원시박물관

B-1-495

第九十二 買戻ニ関スル慣習如何

법전조사국

42쪽 1책

20×27㎝ 필사본

미상

수원시박물관

B-1-539

第九十三 交換ニ關スル慣習如何

법전조사국

37쪽 1책

20×27㎝ 필사본

미상

수원시박물관

B-1-496

第九十三 交換ニ関スル慣習如何

법전조사국

25쪽 1책

20×27㎝ 필사본

미상

수원시박물관

B-1-540

第九十四 消費貸借ニ關スル慣習如何

법전조사국
49쪽 1책
20×27㎝ 필사본
미상
수원시박물관
B-1-497

第九十四 消費貸借ニ関スル慣習如何
법전조사국
33쪽 1책
20×27㎝ 필사본
미상
수원시박물관
B-1-541

第九十五 使用貸借ニ關スル慣習如何
법전조사국
52쪽 1책
20×27㎝ 필사본
미상
수원시박물관
B-1-498

第九十五 使用貸借ニ関スル慣習如何
법전조사국
31쪽 1책
20×27㎝ 필사본
미상
수원시박물관
B-1-542

第九十六 賃貸備ニ關スル慣習如何
법전조사국

101쪽 1책
미출판
20×27.5㎝ 필사본
1910
수원시박물관
B-1-499

第九十六 賃貸借ニ関スル慣習如何
법전조사국
71쪽 1책
미출판
20×28㎝ 필사본
1910
수원시박물관
B-1-543

第九十七 雇傭ニ関スル慣習如何
법전조사국
45쪽 1책
20×27㎝ 필사본
미상
수원시박물관
B-1-544

第九十七 雇傭ニ關スル慣習如何
법전조사국
74쪽 1책
20×27㎝ 필사본
미상
수원시박물관
B-1-500

第九十八 請員ニ関スル慣習如何

법전조사국

30쪽 1책

20×27㎝ 필사본

미상

수원시박물관

B-1-545

第九十八 請員ニ關スル慣習如何

법전조사국

56쪽 1책

20×27㎝ 필사본

미상

수원시박물관

B-1-501

第九十九 委任ニ関スル慣習如何

법전조사국

34쪽 1책

20×27㎝ 필사본

미상

수원시박물관

B-1-546

第九十九 委任ニ關スル慣習如何

법전조사국

61쪽 1책

20×27㎝ 필사본

미상

수원시박물관

B-1-502

第百四 不法行爲ニ關スル慣習如何

법전조사국

90쪽 1책

20×27㎝ 필사본

미상

수원시박물관

B-1-503

第百四 不法行爲ニ関スル慣習如何

법전조사국

43쪽 1책

20×27㎝ 필사본

미상

수원시박물관

B-1-547

第百五 親族-親族ノ範圍如何

법전조사국

54쪽 1책

미출판

19.5×26.5㎝ 필사본

1910

수원시박물관

B-1-504

第百五 親族-親族ノ範圍如何

법전조사국

58쪽 1책

미출판

20×27.5㎝ 필사본

1910

수원시박물관

B-1-505

第百五 親族ノ範圍如何

법전조사국

28쪽 1책

미출판

20×28㎝ 필사본

1910

수원시박물관

B-1-548

第百六 親等ノ計算法如何

법전조사국

54쪽 1책

미출판

20×28㎝ 필사본

1910

수원시박물관

B-1-506

第百六 親等ノ計算法如何

법전조사국

39쪽 1책

미출판

19.5×26.5㎝ 필사본

1910

수원시박물관

B-1-549

第百七 養子ト養親及ヒ其血族トノ間ニハ如何ナル親族関係ヲ生スルカ

법전조사국

40쪽 1책

미출판

19.5×26.5㎝ 필사본

1910

수원시박물관

B-1-577

第百七 養子ト養親及ヒ其血族トノ間ニハ如何ナル親族關係ヲ生スルカ

법전조사국

24쪽 1책

미출판

20×28㎝ 필사본

1910

수원시박물관

B-1-551

第百七 養子ト養親及ヒ其血族トノ間ニハ如何ナル親族關係ヲ生スルカ

법전조사국

26쪽 1책

미출판

19.5×26.5㎝ 필사본

1910

수원시박물관

B-1-550

第百八 繼親子及ヒ嫡母, 庶子ノ關係如何

법전조사국

44쪽 1책

미출판

19.5×26.5㎝ 필사본

1910

수원시박물관

B-1-578

第百八 繼親子及ヒ嫡母, 庶子トノ關係如何

법전조사국

29쪽　1책

미출판

19.5×26.5㎝　필사본

1910

수원시박물관

B-1-268

第百八　繼親子及ヒ嫡母, 庶子ノ關係如何

법전조사국

29쪽　1책

미출판

20×28㎝　필사본

1910

수원시박물관

B-1-552

第百九　姻族關係及ヒ前二項ノ關係ハ何レノ 時ニ止ムカ

법전조사국

42쪽　1책

미출판

20×27.5㎝　필사본

1910

수원시박물관

B-1-579

第百九　姻族關係及ヒ前二項ノ關係ハ何レノ 時止ムカ

법전조사국

25쪽　1책

미출판

20×28㎝　필사본

1910

수원시박물관

B-1-553

第百九　姻族關係及ヒ前二項ノ關係ハ何レノ 時止ムカ

법전조사국

26쪽　1책

미출판

19×27㎝　필사본

1910

수원시박물관

B-1-554

第百十　家族ノ範圍如何

법전조사국

42쪽　1책

미출판

19.5×26.5㎝　필사본

1910

수원시박물관

B-1-580

第百十　家族ノ範圍如何

법전조사국

42쪽　1책

미출판

20×27.5㎝　필사본

1910

수원시박물관

B-1-581

第百十　家族ノ範圍如何

법전조사국

27쪽 1책

미출판

19×26.5㎝ 필사본

1910

수원시박물관

B-1-555

第百十一 子ノ入ルヘキ家如何

법전조사국

49쪽 1책

미출판

19.5×26.5㎝ 필사본

1910

수원시박물관

B-1-582

第百十一 子ノ入ルヘキ家如何

법전조사국

33쪽 1책

미출판

19×27㎝ 필사본

1910

수원시박물관

B-1-556

第百十二 入夫婚姻ヲ認ムルカ

법전조사국

25쪽 1책

미출판

20×28㎝ 필사본

1910

수원시박물관

B-1-557

第百十三 轉籍ヲ許スカ

법전조사국

47쪽 1책

미출판

20×27.5㎝ 필사본

1910

수원시박물관

B-1-583

第百十三 轉籍ヲ許スカ

법전조사국

39쪽 1책

미출판

19.5×26.5㎝ 필사본

1910

수원시박물관

B-1-269

第百十四 婚姻又ハ養子綠組ニ因リテ他家ニ入リタル者ハ離婚又ハ離綠ノ場合ニ於テ實家ニ復籍スルカ

법전조사국

32쪽 1책

미출판

19.5×26.5㎝ 필사본

1910

수원시박물관

B-1-584

第百十四 婚姻又ハ養子綠組ニ因リテ他家ニ入リタル者ハ離婚又ハ離綠ノ場合ニ於テ實

家ニ復籍スルカ
법전조사국
31쪽 1책
미출판
20×28㎝ 필사본
1910
수원시박물관
B-1-585

第百十四 婚姻又ハ養子緣組ニ因リテ他家ニ
入リタル者ハ離婚又ハ離緣ノ場合ニ於テ實
家ニ復籍スルカ
법전조사국
23쪽 1책
미출판
20×28㎝ 필사본
1910
수원시박물관
B-1-270

第百十五 婚姻又ハ養子綠組ニ因リテ他家ニ
入リタル者ハ更ニ婚姻又ハ養子綠組ニ因リ
テ他家ニ入ルコトヲ得ルカ
법전조사국
32쪽 1책
미출판
19×26.5㎝ 필사본
1910
수원시박물관
B-1-586

第百十五 婚姻又ハ養子綠組ニ因リテ他家ニ
入リタル者ハ更ニ婚姻又ハ養子綠組ニ因リ

テ他家ニ入ルコトヲ得ルカ
법전조사국
28쪽 1책
미출판
20×27.5㎝ 필사본
1910
수원시박물관
B-1-587

第百十五 婚姻又ハ養子緣組ニ因リテ他家ニ
入リタル者ハ更ニ婚姻又ハ養子緣組ニ因リ
テ他家ニ入リコトヲ復ルカ
법전조사국
24쪽 1책
미출판
20×28㎝ 필사본
1910
수원시박물관
B-1-271

第百十六 他家相續分家又ニ廢絶家再興ニ
關スル慣習如何
법전조사국
49쪽 1책
미출판
19×26.5㎝ 필사본
1910
수원시박물관
B-1-588

第百十六 他家相續分家及ヒ廢絶家再興ニ
關スル慣習如何
법전조사국

31쪽 1책
미출판
20×27㎝ 필사본
1910
수원시박물관
B-1-227

**第百十六 他家相續, 分家及ヒ廢絶家再興ニ
關スル慣習如何**
법전조사국
34쪽 1책
미출판
19×26.5㎝ 필사본
1910
수원시박물관
B-1-272

**第百十七　法定ノ推定家督相續人ハ他家ニ
入リ又ハ一家ヲ創立スルコトヲ得ルカ**
법전조사국
33쪽 1책
미출판
19.5×26.5㎝ 필사본
1910
수원시박물관
B-1-589

**第百十七　法定ノ推定家督相續人ハ他家ニ
入リ又ハ一家ヲ創立スルコトヲ得ルカ**
법전조사국
33쪽 1책
미출판
19×26.5㎝ 필사본

1910
수원시박물관
B-1-590

**第百十七　法定ノ推定家督相續人ハ他家ニ
入リ又ハ一家ヲ創立スルコトヲ得ルカ**
법전조사국
26쪽 1책
미출판
20×27㎝ 필사본
1910
수원시박물관
B-1-228

**第百十七　法定ノ推定家督相續人ハ他家ニ
入リ又ハ一家ヲ創立スルコトヲ得ルカ**
법전조사국
26쪽 1책
미출판
19.5×27㎝ 필사본
1910
수원시박물관
B-1-229

**第百十八 夫ガ他家ニ入リ又ハ一家ヲ創立シタ
ルトキハ妻ハ之レニ隨ヒテ其家ニ入ルヤ否ヤ**
법전조사국
24쪽 1책
미출판
19.5×27㎝ 필사본
1910
수원시박물관
B-1-230

第百十九 戸主及ヒ家族ハ同一ノ氏ヲ稱スル
カ
법전조사국
34쪽 1책
미출판
19.5×26.5㎝ 필사본
1910
수원시박물관
B-1-591

第百十九 戸主及ヒ家族ハ同一ノ氏ヲ稱スル
カ
법전조사국
34쪽 1책
미출판
19.5×26.5㎝ 필사본
1910
수원시박물관
B-1-592

第百十九 戸主及ヒ家族ハ同一ノ氏ヲ稱スル
カ
법전조사국
25쪽 1책
미출판
19.5×27㎝ 필사본
1910
수원시박물관
B-1-273

第百二十二 戸主ハ家族ノ居所ヲ指定スルコ
トヲ得ルカ
법전조사국

29쪽 1책
미출판
19.5×26.5㎝ 필사본
1910
수원시박물관
B-1-593

第百二十二 戸主ハ家族ノ居所ヲ指定スルコ
トヲ得ルカ
법전조사국
23쪽 1책
미출판
19.5×26.5㎝ 필사본
1910
수원시박물관
B-1-231

第百二十三 家族カ婚姻又ハ養子縁組ヲナス
ニ戸主ノ同意ヲ要スルカ
법전조사국
32쪽 1책
미출판
19.5×26.5㎝ 필사본
1910
수원시박물관
B-1-594

第百二十四 戸主ハ家族ニ對シ前二項以外
ノ權利ヲ有スルカ
법전조사국
34쪽 1책
미출판
19.5×26.5㎝ 필사본

1910
수원시박물관
B-1-596

第百二十四　戸主ハ家族ニ對シ前二項以外ノ權利ヲ有スルカ

법전조사국
24쪽　1책
미출판
19.5×26.5㎝　필사본
1910
수원시박물관
B-1-232

第百二十五　戸主ハ家族ヲ離籍スルコトヲ得ルカ

법전조사국
23쪽　1책
미출판
19.5×27㎝　필사본
1910
수원시박물관
B-1-233

第百二十六　戸主カ其權利ヲ行フコト能ハサルトキハ如何

법전조사국
32쪽　1책
미출판
19.5×26.5㎝　필사본
1910
수원시박물관
B-1-595

第百二十七　隱居ヲ認ムルカ

법전조사국
54쪽　1책
미출판
19.5×26.5㎝　필사본
1910
수원시박물관
B-1-597

第百二十七　隱居ヲ認ムルカ

법전조사국
60쪽　1책
미출판
19.5×26.5㎝　필사본
1910
수원시박물관
B-1-598

第百二十七　隱居ヲ認ムルカ

법전조사국
29쪽　1책
미출판
19.5×27㎝　필사본
1910
수원시박물관
B-1-234

第百二十七　隱居ヲ認ムルカ

법전조사국
34쪽　1책
미출판
19.5×27㎝　필사본
1910

수원시박물관

B-1-235

第百二十八 廢家ヲ認ムルカ

법전조사국

38쪽 1책

미출판

19.5×26.5㎝ 필사본

1910

수원시박물관

B-1-599

第百二十八 廢家ヲ認ムルカ

법전조사국

43쪽 1책

미출판

19.5×27.5㎝ 필사본

1910

수원시박물관

B-1-600

第百二十八 廢家ヲ認ムルカ

법전조사국

25쪽 1책

미출판

19.5×27㎝ 필사본

1910

수원시박물관

B-1-236

第百二十八 廢家ヲ認ムルカ

법전조사국

28쪽 1책

미출판

19.5×26.5㎝ 필사본

1910

수원시박물관

B-1-237

第百二十九 絶家ニ關スル慣習如何

법전조사국

26쪽 1책

미출판

19.5×27㎝ 필사본

1910

수원시박물관

B-1-238

第百二十九 絶家ニ關スル慣習如何

법전조사국

29쪽 1책

미출판

19.5×27㎝ 필사본

1910

수원시박물관

B-1-239

第百三十 婚姻ノ要件如何

법전조사국

140쪽 1책

미출판

19.5×26.5㎝ 필사본

1910

수원시박물관

B-1-601

第百三十 婚姻ノ要件如何

법전조사국
73쪽 1책
미출판
19.5×27㎝ 필사본
1910
수원시박물관
B-1-241

第百三十 婚姻ノ要件如何

법전조사국
82쪽 1책
미출판
19.5×26.5㎝ 필사본
1910
수원시박물관
B-1-240

第百三十一 妻ハ婚姻ニ因リテ夫ノ家ニ入ルカ

법전조사국
36쪽 1책
미출판
19.5×27㎝ 필사본
1910
수원시박물관
B-1-602

第百三十二 夫ハ妻ニ對シ如何ナル權利ヲ有スルカ

법전조사국
34쪽 1책
미출판

19.5×27㎝ 필사본
1910
수원시박물관
B-1-603

第百三十二 夫ハ妻ニ對シ如何ナル權利ヲ有スルカ

법전조사국
23쪽 1책
미출판
19.5×27㎝ 필사본
1910
수원시박물관
B-1-242

第百三十二 夫ハ妻ニ對シ如何ナル權利ヲ有スルカ

법전조사국
24쪽 1책
미출판
19.5×26.5㎝ 필사본
1910
수원시박물관
B-1-243

第百三十三 夫婦間ノ財産關係如何

법전조사국
38쪽 1책
미출판
19.5×26.5㎝ 필사본
1910
수원시박물관
B-1-604

第百三十三 夫婦間ノ財産關係如何
법전조사국
37쪽 1책
미출판
19.5×27㎝ 필사본
1910
수원시박물관
B-1-605

第百三十三 夫婦間ノ財産關係如何
법전조사국
23쪽 1책
미출판
19.5×27㎝ 필사본
1910
수원시박물관
B-1-244

第百三十四 離婚ニ關スル慣習如何
법전조사국
56쪽 1책
미출판
19.5×26.5㎝ 필사본
1910
수원시박물관
B-1-323

第百三十四 離婚ニ關スル慣習如何
법전조사국
31쪽 1책
미출판
19.5×27㎝ 필사본
1910

수원시박물관
B-1-251

第百三十四 離婚ニ關スル慣習如何
법전조사국
37쪽 1책
미출판
19.5×26.5㎝ 필사본
1910
수원시박물관
B-1-250

第百三十五 妻カ婚姻中ニ懷胎シタル子ハ夫ノ子ト推定スルヤ否ヤ
법전조사국
31쪽 1책
미출판
19.5×26.5㎝ 필사본
1910
수원시박물관
B-1-324

第百三十五 妻カ婚姻中ニ懷胎シタル子ハ之ヲ夫ノ子ト推定スルヤ否ヤ
법전조사국
24쪽 1책
미출판
19.5×27㎝ 필사본
1910
수원시박물관
B-1-247

第百三十五 妻カ婚姻中ニ懷胎シタル子ハ之

ヲ夫ノ子ト推定スルヤ否ヤ

법전조사국

25쪽 1책

미출판

19.5×26.5㎝ 필사본

1910

수원시박물관

B-1-248

第百三十六 夫婦間ノ財産關係如何

법전조사국

24쪽 1책

미출판

20×27㎝ 필사본

1910

수원시박물관

B-1-249

第百三十六 私生子ニ關スル慣習如何

법전조사국

61쪽 1책

미출판

19.5×26.5㎝ 필사본

1910

수원시박물관

B-1-325

第百三十七 養子縁組ノ要件如何

법전조사국

80쪽 1책

미출판

19×26.5㎝ 필사본

1910

수원시박물관

B-1-326

第百三十七 養子緣組ノ要件如何

법전조사국

87쪽 1책

미출판

19×26.5㎝ 필사본

1910

수원시박물관

B-1-606

第百三十八 養子緣組ノ效力如何

법전조사국

31쪽 1책

미출판

19.5×26.5㎝ 필사본

1908

수원시박물관

B-1-327

第百三十八 養子綠組ノ效力如何

법전조사국

30쪽 1책

미출판

19×26.5㎝ 필사본

1910

수원시박물관

B-1-607

第百三十八 養子緣組ノ效力如何

법전조사국

23쪽 1책

20×27㎝ 필사본
미상
수원시박물관
B-1-246

第百三十九 養子ノ離緣ニ關スル慣習如何

법전조사국
47쪽　1책
미출판
19.5×26.5㎝ 필사본
1910
수원시박물관
B-1-328

第百四十一 親權者ハ子ニ対シテ如何ナル權利ヲ行クカ

법전조사국
39쪽　1책
미출판
19.5×27㎝ 필사본
1910
수원시박물관
B-1-329

第百四十一 親權者ハ子ニ對シテ如何ナル權利ヲ有スルカ

법전조사국
27쪽　1책
미출판
19.5×27㎝ 필사본
1910
수원시박물관
B-1-245

第百四十二 親權者ハ子ノ財産ヲ管理スヘキヤ否ヤ

법전조사국
36쪽　1책
미출판
19.5×27㎝ 필사본
1910
수원시박물관
B-1-330

第百四十二 親權者ハ子ノ財産ヲ管理スルヤ否ヤ

법전조사국
24쪽　1책
미출판
20×27.5㎝ 필사본
1910
수원시박물관
B-1-252

第百四十三 親權ニ服スル女子ニ夫アル場合ニ於テハ其權利ト親權トノ調和如何

법전조사국
34쪽　1책
미출판
19.5×27㎝ 필사본
1910
수원시박물관
B-1-331

第百四十三 親權ニ服スル女子ニ夫アル場合ニ於テハ其權利ト親權トノ調和如何

법전조사국

33쪽 1책
미출판
19.5×27㎝ 필사본
1910
수원시박물관
B-1-608

第百四十四 親權者ハ子ニ代リテ戸主權及親權ヲ行フカ

법전조사국
23쪽 1책
미출판
19.5×27㎝ 필사본
1910
수원시박물관
B-1-253

第百四十五 親權喪失ノ原因如何

법전조사국
32쪽 1책
미출판
19×26.5㎝ 필사본
1910
수원시박물관
B-1-332

第百四十六 後見又ハ之ニ類スル制度ヲ認ムルカ

법전조사국
35쪽 1책
미출판
19.5×26.5㎝ 필사본
1910

수원시박물관
B-1-333

第百四十六 後見又ハ之ニ類スル制度ヲ認ムルカ

법전조사국
25쪽 1책
미출판
19.5×27㎝ 필사본
1910
수원시박물관
B-1-254

第百四十七 何人カ後見人トナルカ

법전조사국
36쪽 1책
미출판
19×27㎝ 필사본
1910
수원시박물관
B-1-334

第百四十七 何人カ後見人トナルカ

법전조사국
40쪽 1책
미출판
19×26.5㎝ 필사본
1910
수원시박물관
B-1-609

第百四十七 何人カ後見人トナルカ

법전조사국

24쪽 1책
미출판
19.5×27㎝ 필사본
1910
수원시박물관
B-1-255

第百四十八 後見人ハ一人ニ限ルカ
법전조사국
31쪽 1책
미출판
19.5×26.5㎝ 필사본
1910
수원시박물관
B-1-335

第百四十八 後見人ハ一人ニ限ルカ
법전조사국
28쪽 1책
미출판
19×26.5㎝ 필사본
1910
수원시박물관
B-1-610

第百四十八 後見人ハ一人ニ限ルカ
법전조사국
23쪽 1책
미출판
19.5×27㎝ 필사본
1910
수원시박물관
B-1-256

第百四十九 後見人ハ其任務ヲ辭スルコトヲ
得ルカ
법전조사국
33쪽 1책
미출판
19.5×26.5㎝ 필사본
1910
수원시박물관
B-1-336

第百四十九 後見人ハ其任務ヲ辭スルコトヲ
得ルカ
법전조사국
31쪽 1책
미출판
19×26.5㎝ 필사본
1910
수원시박물관
B-1-611

第百五十 後見人タルコトヲ得サル者アルカ
법전조사국
32쪽 1책
미출판
19.5×26.5㎝ 필사본
1910
수원시박물관
B-1-337

第百五十 後見人タルコトヲ得サル者アルカ
법전조사국
29쪽 1책
미출판

19×26.5㎝ 필사본
1910
수원시박물관
B-1-612

第百五十　後見人タル事ヲ得サルモノアルカ

법전조사국
23쪽　1책
미출판
20×27.5㎝ 필사본
1910
수원시박물관
B-1-558

第百五十一　後見監督人又ハ之ニ類スル者ヲ
置クコトアルカ

법전조사국
31쪽　1책
미출판
19.5×26.5㎝ 필사본
1910
수원시박물관
B-1-338

第百五十一　後見監督人又ハ之ニ類スル者ヲ
置クコトアリカ

법전조사국
28쪽　1책
미출판
19.5×27㎝ 필사본
1910
수원시박물관
B-1-613

第百五十三　後見人ハ親權者ト同一ノ權利
ヲ有スルカ

법전조사국
31쪽　1책
미출판
19.5×26.5㎝ 필사본
1910
수원시박물관
B-1-339

第百五十三　後見人ハ親權者ト同一ノ權利
ヲ有スルカ

법전조사국
23쪽　1책
미출판
19.5×27㎝ 필사본
1910
수원시박물관
B-1-559

第百五十四　後見人ハ報酬ヲ受クルコトアル
カ

법전조사국
31쪽　1책
미출판
19×26.5㎝ 필사본
1910
수원시박물관
B-1-340

第百五十四　後見人ハ報酬ヲ受クルコトアル
カ

법전조사국

29쪽 1책
미출판
19.5×27㎝ 필사본
1910
수원시박물관
B-1-614

第百五十五 後見ノ計算ニ関スル慣習如何
법전조사국
23쪽 1책
미출판
19.5×26.5㎝ 필사본
1910
수원시박물관
B-1-560

第百五十六 親族會又ハ之レニ類スルモノヲ
認ムルカ
법전조사국
51쪽 1책
미출판
19.5×26.5㎝ 필사본
1910
수원시박물관
B-1-341

第百五十七 扶養ノ義務ニ關スル慣習如何
법전조사국
59쪽 1책
미출판
19.5×26.5㎝ 필사본
1910
수원시박물관

B-1-342

第百五十八 家督相續開始ノ原因如何
법전조사국
59쪽 1책
20×27㎝ 필사본
미상
수원시박물관
B-1-343

第百五十九 家督相續人タルコトヲ得サルモ
ノアルカ
법전조사국
34쪽 1책
미출판
19.5×26.5㎝ 필사본
1910
수원시박물관
B-1-344

第百五十九 家督相續人タル事ヲ得サル者ア
ルカ
법전조사국
30쪽 1책
미출판
19.5×27㎝ 필사본
1910
수원시박물관
B-1-561

第百六十 法定ノ推定 家督相續人アルカ
법전조사국
75쪽 1책

미출판

19.5×26.5㎝ 필사본

1910

수원시박물관

B-1-345

第百六十　法定ノ推定家督相續人アルカ

법전조사국

88쪽　1책

미출판

19.5×27㎝ 필사본

1910

수원시박물관

B-1-615

第百六十　法定ノ家督相續人アルカ

법전조사국

38쪽　1책

미출판

19×27㎝ 필사본

1910

수원시박물관

B-1-562

第百六十一　養子ハ相續ニ付キ實子ト同一ノ
權利ヲ有スルカ

법전조사국

25쪽　1책

미출판

19.5×27㎝ 필사본

1910

수원시박물관

B-1-563

第百六十二　法定ノ推定家督相續人ハ被相
續人ニ於テ之ヲ廢除スルコトヲ得ルカ

법전조사국

44쪽　1책

미출판

19×26.5㎝ 필사본

1910

수원시박물관

B-1-347

第百六十二　法定ノ家督相續人ハ被相續人
ニ於テ之ヲ廢除スルコトヲ得ルカ

법전조사국

46쪽　1책

미출판

19.5×27㎝ 필사본

1910

수원시박물관

B-1-616

第百六十二　法定ノ推定家督相續人ハ被相
續人ニ於テ之ヲ廢除スル事ヲ得ルカ

법전조사국

25쪽　1책

미출판

19.5×27㎝ 필사본

1910

수원시박물관

B-1-564

第百六十三　被相續人ハ家督相續人ヲ指定
スルコトヲ得ルヤ

법전조사국

33쪽 1책
미출판
19×26.5㎝ 필사본
1910
수원시박물관
B-1-346

第百六十三　被相續人ハ家督相續人ヲ指定
スルコトヲ得ルカ
법전조사국
36쪽 1책
미출판
19×27㎝ 필사본
1910
수원시박물관
B-1-617

第百六十三　被相續人ハ家督相續人ヲ指定
スル事ヲ得ルカ
법전조사국
24쪽 1책
미출판
19×27㎝ 필사본
1910
수원시박물관
B-1-565

第百六十四　法定ノ推定家督相續人及ヒ指
定家督相續人ナキトキハ如何
법전조사국
32쪽 1책
미출판
19.5×27㎝ 필사본

1910
수원시박물관
B-1-348

第百六十四　法定ノ推定家督相續人及ヒ指
定家督相續人ナキトキハ如何
법전조사국
24쪽 1책
미출판
19.5×27㎝ 필사본
1910
수원시박물관
B-1-566

第百六十五　直系尊属ハ當然家督相續人タ
ル事アルカ
법전조사국
24쪽 1책
미출판
19×27㎝ 필사본
1910
수원시박물관
B-1-567

第百六十六　家督相續ノ效力如何
법전조사국
50쪽 1책
미출판
19.5×26.5㎝ 필사본
1910
수원시박물관
B-1-349

第百六十六 家督相續ノ效力如何
법전조사국
29쪽 1책
미출판
19.5×27㎝ 필사본
1910
수원시박물관
B-1-568

第百六十七 遺産相續ヲ認ムルカ
법전조사국
23쪽 1책
미출판
19×27㎝ 필사본
1910
수원시박물관
B-1-569

第百六十八 何人ガ遺産相續人タルヘキカ
법전조사국
59쪽 1책
미출판
19.5×26.5㎝ 필사본
1910
수원시박물관
B-1-350

第百六十八 何人カ遺産相續人クルヘキカ
법전조사국
28쪽 1책
미출판
19.5×27㎝ 필사본
1910

수원시박물관
B-1-570

第百六十九 遺産相續人ハ被相續人ノ一切
ノ財産上ノ權利義格ヲ承繼スルカ
법전조사국
30쪽 1책
미출판
19.5×27㎝ 필사본
1910
수원시박물관
B-1-351

第百七十 遺産相續人二人以上アルトキハ相
續財産ハ其共有トスルカ
법전조사국
23쪽 1책
미출판
19.5×27㎝ 필사본
1910
수원시박물관
B-1-571

第百七十一 遺産相續人二人以上アルトキハ
其各自ノ相續分如何
법전조사국
32쪽 1책
미출판
19.5×26.5㎝ 필사본
1910
수원시박물관
B-1-352

第百七十一 遺産相續人二人以上アルトキハ
其各自ノ相續分如何
법전조사국
33쪽 1책
미출판
19.5×27㎝ 필사본
1910
수원시박물관
B-1-619

第百七十二 遺産分割ノ方法如何
법전조사국
31쪽 1책
미출판
19×26.5㎝ 필사본
1910
수원시박물관
B-1-353

第百七十二 遺産分割ノ方法如何
법전조사국
23쪽 1책
미출판
19.5×27㎝ 필사본
1910
수원시박물관
B-1-572

第百七十三 相續人ハ相續ヲナス義務アルカ
법전조사국
36쪽 1책
미출판
19×26.5㎝ 필사본

1910
수원시박물관
B-1-354

第百七十三 相續人ハ相續ヲ爲ニ義務アルカ
법전조사국
24쪽 1책
미출판
19.5×27㎝ 필사본
1910
수원시박물관
B-1-573

第百七十五 相續人不明ノ場合ニハ如何スヘ
キカ
법전조사국
32쪽 1책
미출판
19×26.5㎝ 필사본
1910
수원시박물관
B-1-355

第百七十六 遺言ヲ以テ如何ナル事ヲ定ムル
コトヲ得ルカ
법전조사국
30쪽 1책
미출판
19×26.5㎝ 필사본
1910
수원시박물관
B-1-356

第百七十六 遺言ヲ以テ如何ナル事ヲ定ムル
コトヲ得ルカ
법전조사국
29쪽 1책
미출판
19.5×26.5㎝ 필사본
1910
수원시박물관
B-1-618

第百七十六 遺言ヲ以テ如何ナル事ヲ定ムル
コトヲ得ルカ
법전조사국
25쪽 1책
미출판
19.5×26.5㎝ 필사본
1910
수원시박물관
B-1-574

第百七十七 遺言ニハ一定ノ方式アルカ
법전조사국
22쪽 1책
미출판
19.5×26.5㎝ 필사본
1910
수원시박물관
B-1-575

第百七十八 遺言ノ效力如何
법전조사국
38쪽 1책
미출판

19.5×26.5㎝ 필사본
1910
수원시박물관
B-1-357

第百七十八 遺言ノ效力如何
법전조사국
43쪽 1책
미출판
19.5×26.5㎝ 필사본
1910
수원시박물관
B-1-620

第百七十九 遺言ハ之ヲ取消スコトヲ得ルカ
법전조사국
30쪽 1책
미출판
19.5×26.5㎝ 필사본
1910
수원시박물관
B-1-358

第百七十九 遺言ハ之ヲ取消スコトヲ得ルカ
법전조사국
29쪽 1책
미출판
20×28㎝ 필사본
1910
수원시박물관
B-1-621

第百七十九 遺言ハ之ヲ取消スコトヲ得ルカ

법전조사국

23쪽 1책

미출판

19×27㎝ 필사본

1910

수원시박물관

B-1-576

第百八十 遺留分ヲ認ムルカ

법전조사국

43쪽 1책

미출판

19×26.5㎝ 필사본

1910

수원시박물관

B-1-359

第百八十三 商業使用人ニ關スル慣習如何

법전조사국

47쪽 1책

미출판

19.5×26.5㎝ 필사본

1910

수원시박물관

B-1-360

第百八十三 商業使用人ニ關スル慣習如何

법전조사국

25쪽 1책

미출판

19.5×27㎝ 필사본

1910

수원시박물관

B-1-370

第百八十四 代理商ニ關スル慣習如何

법전조사국

30쪽 1책

미출판

19.5×27㎝ 필사본

1910

수원시박물관

B-1-361

第百八十四 代理商ニ關スル慣習如何

법전조사국

22쪽 1책

미출판

19.5×27㎝ 필사본

1910

수원시박물관

B-1-376

第百八十五 會社ニ關スル慣習如何

법전조사국

58쪽 1책

下森久吉(조사), 丹羽賢太郎(통역)

미출판

19×26.5㎝ 필사본

1910

수원시박물관

B-1-362

第百八十五 會社ニ關スル慣習如何

법전조사국

52쪽 1책

下森久吉(조사), 丹羽賢太郎(통역)
미출판
19.5×27㎝ 필사본
1910
수원시박물관
B-1-364

第百八十五 會社ニ關スル慣習如何
법전조사국
53쪽 1책
미출판
19.5×27㎝ 필사본
1910
수원시박물관
B-1-363

第百八十六 商人カ契約ノ申込ヲ受ケテ直チニ諾否ノ通知ヲ發セサルトキハ承諾ヲナシタルモノト看做サルルコトアルカ
법전조사국
34쪽 1책
下森久吉(조사), 丹羽賢太郎(통역)
미출판
19.5×26.5㎝ 필사본
1910
수원시박물관
B-1-365

第百八十六 商人カ契約ノ申込ヲ受ケテ直チニ諾否ノ通知ヲ發セサルトキハ承諾ヲナシタルモノト看做サルルコトアルカ
법전조사국
33쪽 1책

下森久吉(조사), 丹羽賢太郎(통역)
미출판
19.5×27㎝ 필사본
1910
수원시박물관
B-1-366

第百八十六 商人カ契約ノ申込ヲ受ケテ直チニ諾否ノ通知ヲ發セサルトキハ承諾ヲナシタルモノト看做サルルコトアルカ
법전조사국
23쪽 1책
미출판
19.5×27㎝ 필사본
1910
수원시박물관
B-1-377

第百八十八 交互計算ニ關スル慣習アルカ
법전조사국
33쪽 1책
下森久吉(조사), 丹羽賢太郎(통역)
미출판
19.5×26.5㎝ 필사본
1910
수원시박물관
B-1-367

第百八十八 交互計算ニ關スル慣習アルカ
법전조사국
35쪽 1책
下森久吉(조사), 丹羽賢太郎(통역)
미출판

19.5×27㎝ 필사본
1910
수원시박물관
B-1-368

第百八十八 交互計算ニ周スル慣習アルカ
법전조사국
23쪽 1책
미출판
19.5×27㎝ 필사본
1910
수원시박물관
B-1-257

第百八十九 匿名組合ニ關スル慣習アルカ
법전조사국
38쪽 1책
미출판
19×26.5㎝ 필사본
1910
수원시박물관
B-1-089

第百八十九 匿名組合ニ關スル慣習アルカ
법전조사국
25쪽 1책
미출판
19.5×27㎝ 필사본
1910
수원시박물관
B-1-258

第百九十二 運送取扱人ニ關スル慣習如何
법전조사국
34쪽 1책
下森久吉(조사), 丹羽賢太郞(통역)
미출판
19.5×26.5㎝ 필사본
1910
수원시박물관
B-1-369

第百九十二 運送取扱人ニ関スル慣習如何
법전조사국
34쪽 1책
미출판
19.5×26.5㎝ 필사본
1910
수원시박물관
B-1-507

第百九十三 物品運送ニ関スル慣習如何
법전조사국
55쪽 1책
下森久吉(조사), 丹羽賢太郞(통역)
미출판
19×26.5㎝ 필사본
1910
수원시박물관
B-1-508

第百九十三 物品運送ニ關スル慣習如何
법전조사국
32쪽 1책
미출판
19.5×27㎝ 필사본

1910
수원시박물관
B-1-259

第百九十六 倉庫商業ニ關スル慣習如何
법전조사국
24쪽 1책
미출판
19.5×27㎝ 필사본
1910
수원시박물관
B-1-714

第百九十七 手形ニ關スル慣習如何
법전조사국
50쪽 1책
미출판
19.5×27㎝ 필사본
1910
수원시박물관
B-1-260

第百九十八 船舶ノ登記及ヒ國籍證書ナルモノアリや
법전조사국
22쪽 1책
미출판
19.2×26.5㎝ 필사본
1910
수원시박물관
B-1-715

第百九十八 船舶ノ登記及ヒ國籍證書ナルモ
ノアリや
법전조사국
17쪽 1책
미출판
19.5×27㎝ 필사본
1910
수원시박물관
B-1-261

第百九十九 船舶所有者ノ責任如何
법전조사국
11쪽 1책
미출판
19.5×27㎝ 필사본
1910
수원시박물관
B-1-262

第二百 船舶ノ共有ニ關スル慣習アルカ
법전조사국
12쪽 1책
미출판
19.5×27㎝ 필사본
1910
수원시박물관
B-1-263

第二百一 船舶ノ賃貸借ニ關スル慣習アルカ
법전조사국
10쪽 1책
미출판
19.5×27㎝ 필사본
1910

수원시박물관
B-1-264

第二百二 船長二關スル慣習如何

법전조사국

12쪽 1책

미출판

19.5×27㎝ 필사본

1910

수원시박물관

B-1-265

第二百三 海員二關スル慣習如何

법전조사국

14쪽 1책

미출판

19.5×27㎝ 필사본

1910

수원시박물관

B-1-266

1-4. 상사

家僧二關スル調査報告書
법전조사국
10쪽 1책
安藤靜
19.5×26.5㎝ 필사본
미상
수원시박물관
B-1-197

客主ノ營業二關スル調査報告書
법전조사국
7쪽 1책
下森久吉(조사), 高鼎相(통역)
19.5×27㎝ 필사본
미상
수원시박물관
B-1-204

客主ノ營業二關スル調査報告書
법전조사국
7쪽 1책
26㎝ 필사본
미상
한양대도서관
090 20

慣習調査報告書 債權

조선총독부 중추원
208쪽 1책
20×27㎝ 필사본
미상
수원시박물관
B-1-698

慣習調査報告書(商法)
법전조사국
49쪽 1책
27㎝ 필사본
미상
소재불명

慣習調査報告書(債權)
조사과비부
95쪽 1책
27㎝ 필사본
미상
경상대학교도서관

歐米取引所調査委員會報告書
농상무성상무국, 일본은행조사국(동경)
665쪽 1책
プレ-ゲル, フランツ.ヨセフ ヴシユウヰンド, ルードウ
ヰヒ
日本銀行調査局(東京)

23㎝ 활자본
1921
국립중앙도서관
4-21-54-1-2

大阪商業史料集成 1~3
확인불가
大阪商科大学経済研究所
활자본
1934
大阪市立中央図書館
672.1

大阪商業史料集成 第1輯
확인불가
大阪商科大学経済研究所
활자본
1935
国立国会図書館デジタル化資料
672

大阪商業史料集成 第2輯
확인불가
大阪商科大学経済研究所
활자본
1935
国立国会図書館デジタル化資料
672

買賣(실록)
조선총독부 중추원
8쪽 1책
28×20㎝ 寫本

1910~1945寫
국사편찬위원회
中B18E-33

務安地方商事ニ關スル慣習調査報告書
법전조사국
73쪽 1책
平木勘太郎
19.5×27㎝ 필사본
1910
수원시박물관
B-1-017

米券倉庫ニ關スル調査書
조선총독부
41쪽 1책
朝鮮總督府(東京)
23㎝ 활자본
미상
국립중앙도서관
4-23-11

辨細音ニ關スル調査報告書
법전조사국
12쪽 1책
法典調査局(京城)
28㎝ 필사본
1908~1922
고려대도서관
희귀 346.53078 1908

社会法の研究
362쪽 1책

岩波書店
활자본
1935
国立国会図書館
328.333

商慣習ニ關スル鑑定事件集録 其1
262쪽 1책
東京商工會議所商慣習調査委員會
활자본
1935
国立国会図書館デジタル化資料
Y994(NDLC)

商慣習ニ關スル鑑定事件集録 其2
47쪽 1책
東京商工會議所商慣習調査委員會
미상
1935
国立国会図書館デジタル化資料
Y994(NDLC)

商慣習ヨリ見タル天津ノ"Native Order"
60쪽 1책
横浜正金銀行天津支店
미상
1918
神奈川県立図書館K33.1

商慣習調査資料
확인불가
東京商工會議所商慣習調査委員會
미상

미상
CiNii(소재불명)

(商法) 物品運送ニ關スル慣習如何
법전조사국
56쪽 1책
19.5×26.5㎝ 필사본
수원시박물관
B-1-145

商法草案
확인불가
법전조사국
미상
미상
法政大学A5e/8

商法草案理由書
확인불가
법전조사국
미상
미상
法政大学
A5a/3/1

(8-6) (商事) 客主及旅閣
조선총독부 중추원
6쪽 1책
19.5×27㎝ 필사본
수원시박물관
B-1-392

(商事) 舊慣調査事項

조선총독부 중추원
54쪽 1책
19.5×27.5㎝ 필사본
1927
수원시박물관
B-1-143

商事慣習諮問報答書案：明治15年5月
33쪽 1책
大阪商法会議所
미상
1904
大阪市立中央図書館
322.18

商事慣習調査諮問會記事
60쪽, 15쪽 1책
不明
미상
1800
九州大学附属図書館
Kj 12/S/42

商業ニ關スル調査書
조선총독부 중추원
103쪽 1책
홍석현
寫本
1910~1945寫
국사편찬위원회
中B13J-50

商業慣習

261쪽
하와이 대학
Asia DS901/.P5

商業慣習ノ權威
17쪽 1책
神戸大学
미상
1913
JAIRO(원문)
AN10518170

商取引の実際と慣習
410쪽 1책
東洋経済新報社
미상
1925
石川県立図書館6/オ/加藤文庫

商品取引と商慣習
525쪽 1책
大阪毎日新聞社
미상
1924
佐賀県立図書館
/ 325.3/ TE62/

上海ニ於ケル日本石炭及其賣買慣習
48쪽 1책
활자본
1902
JAIRO(원문)
Azn：301

商行為

확인불가

법전조사국

미상

미상

法政大学

A5a/3/6

賽夏族

16쪽, 12쪽, 159쪽 1책

中央研究院民族學研究所

미상

1998

鹿児島大学附属図書館, 京都女子大学図書館, 京都大学人文科学研究所図書室, 国立民族学博物館情報管理施設, 国立歴史民俗博物館図書室, 天理大学附属天理図書館, 名古屋大学文学図書室, 明治大学図書館, 麗澤大学図書館

222.4 B19 3

生糸及撚糸売買ニ関スル慣習及国際規約典

131쪽 1책

農林省横浜生糸検査所

활자본

1934

国立国会図書館

639

生糸売買慣習取調報告

50쪽 1책

東京高等商業学校

미상

1899

山口県立山口図書館

R676.43/C 9

生絲及撚絲賣買ニ關スル慣習及國際規約典

131쪽 1책

農林省横浜生糸検査所

활자본

1934

日本国立国会図書館, 東京大学総合図書館, 東京大学経済学図書館, 愛知学泉大学豊田図書館, 大分大学経済学部教育研究支援室, 大阪市立大学学術情報総合センター, 小樽商科大学附属図書館, 京都大学経済学部図書室, 神戸市立中央図書館, 神戸大学附属図書館社会科学系図書館, 東京工業大学附属図書館, 東北大学附属図書館, 一橋大学附属図書館, 北海道大学附属図書館, 和歌山大学附属図書館

639

生絲賣買慣習調査

확인불가

東京高等商業學校

미상

1899

一橋大学附属図書館

Azn：353 118361275Y

生絲賣買慣習取調報告

104쪽 1책

東京高等商業學校

필사본

1900JAIRO(원문), 一橋大学附属図書館

Azn：354

生絲羽二重商慣習及荷造法
54쪽　1책
横濱商業學校
활자본
미상
滋賀大学附属図書館，筑波大学附属図書館中
央図書館，一橋大学附属図書館
115　K1-1　1

説苑小賣商業と購買慣習
확인불가
小樽商科大学
활자본
1935
CiNii論文PDF(원문)
AN00114051

手形法
확인불가
법전조사국
미상
미상
法政大学
A5a/3/7

手形組年限浮掛地の法的性質に関する一考
察：琉球·沖縄における舊慣土地制度の一側
面
10쪽　1책
青嶋敏
활자본

2009
JAIRO(원문)，沖縄県立図書館
AN10523636

市場(비변사등록)
조선총독부　중추원
444쪽　1책
寫本
1910~1945寫
국사편찬위원회
中B18B-39

市場ニ關スル件
조선총독부　중추원
24쪽　1책
達城郡守(慶尚北道)　報告
油印版
1920油印
국사편찬위원회
中B13G-62

市廛(日省錄拔萃)
미상
424쪽　1책
寫本
1910~1945寫
국사편찬위원회
中B18F-61

食塩賣買慣習調査報告
89쪽　1책
東京高等商業學校
필사본

1900
JAIRO(원문), 一橋大学附属図書館
Azn：174

身分階級調査書
조선총독부 중추원
182쪽 1책
有賀啓太郎
寫本
1910~1945寫
국사편찬위원회
中B12B-14

実地研究 商品取引と商慣習
525쪽 1책
大阪毎日新聞社[ほか]
활자본
1924
国立国会図書館
676

實地調査中國商業習慣大全
5쪽, 4쪽, 4쪽, 2쪽, 4쪽, 350쪽, 5쪽 1책
大空社
활자본
1998
東京大学経済学図書館, 東京大学東洋文化研究所図書室, 国立国会図書館, ケンブリッジ大学図書館, 愛知学泉大学豊田図書館, 愛知大学豊橋図書館, 大分大学学術情報拠点(図書館), 大阪市立大学学術情報総合センター, 大阪大学附属図書館総合図書館, 小樽商科大学附属図書館, 九州大学附属図書館伊都図書館, 九州国際大学図書館, 九州大学附属図書館, 京都外国語大学付属図書館, 京都女子大学図書館, 京都大学経済学部図書室, 京都大学人文科学研究所図書室, 京都大学農学部図書室, 京都大学文学研究科図書室, 京都大学法学部図書室, 釧路公立大学附属図書館, 神戸市外国語大学学術情報センター, 財団法人東洋文庫, 滋賀大学附属図書館, 静岡大学附属図書館, 島根県立大学メディアセンター, 島根大学附属図書館, 拓殖大学図書館, 筑波大学附属図書館中央図書館, 天津図書館, 東北大学附属図書館, 同志社大学図書館今出川図書館, 長崎大学附属図書館経済学部分館, 名古屋大学文学図書室, 一橋大学附属図書館, 福島大学附属図書館, 北海道大学大学院農学研究科図書室, 山梨大学附属図書館, 琉球大学附属図書館, 遼寧省図書館, 和歌山大学附属図書館
G9172E：4753：C22J

漁業
조선총독부 중추원
212쪽 2책
寫本
1910~1945寫
국사편찬위원회
中B19-4

漁業ニ關スル調査
조선총독부 중추원
90쪽 1책
寫本
1910~1945寫
국사편찬위원회

中B19-5

魚鹽
조선총독부 중추원
7쪽 2책
寫本
1910~1945寫
국사편찬위원회
中B18E-73

漁鹽(日省錄拔萃)
조선총독부 중추원
16쪽 1책
寫本
1910~1945寫
국사편찬위원회
中B18F-65

於音及ヒ手形ニ關スル調査報告書
법전조사국
38쪽 3책, 26장(겹장)
法典調査局
27㎝ 필사본
1910
한국학중앙연구원
366.6(KDC)

銀行講座 荷爲替の法理と取引慣習
318쪽 1책
文雅堂
활자본
1928
国立国会図書館デジタル化資料

546-163

銀行取引と商慣習
205쪽 1책
文雅堂
활자본
1939
国立国会図書館
338

銀行取引に関する商慣習と判例
326쪽 1책
銀行信託協会
활자본
1936
国立国会図書館
338

義莊ニ關スル件
조선총독부 중추원
11쪽 1책
寫本
1910~1945寫
국사편찬위원회
中B13G-80

議会ニ於ケル小作調停法案ノ説明並質疑応
答農林局
321책
朝鮮総督府農林局
미상
学習院大学友邦文庫
B296

財團法人濟州三姓祠ニ關スル資料
조선총독부 중추원
100쪽 1책
寫本
1932寫
국사편찬위원회
中B16FB-83

帝室債務審査會議事錄
탁지부 임시재산정리국(조선)
73쪽 1책
28×20㎝ 筆寫本
隆熙3年(1909)
규장각
奎21298

朝鮮の市場
조선총독부
694쪽 1책
朝鮮總督府(京城)
23㎝ 활자본
1924
국립중앙도서관
658.83 ス538ス

朝鮮の市場
조선총독부
679쪽 1책
1924
하와이 대학
Asia HP5475/.K6A23

朝鮮人の商業

426쪽 1책
朝鮮総督府
미상
1925
東京經濟大学櫻井義之文庫
0024

株式仲買商取引慣習
81쪽 1책
미상
1901
CiNii, 一橋大学附属図書館
BB01225007

株式現物賣買ト商慣習
확인불가
甘糟勇雄
미상
1924
香川大学附属図書館
676.1

中支土産品考と取引慣習
확인불가
長江産業貿易開発協会
미상
1943
一橋大学経済研究所資料室, 大分大学経済学部教育研究支援室, 大阪市立大学学術情報総合センター, 小樽商科大学附属図書館, 滋賀大学附属図書館
Df：2

支那の同業組合と商慣習
433쪽 1책
上海出版協会
미상
1925
国立国会図書館デジタル化資料
335.69

支那の同業組合と商慣習
상해출판협회조사부
453쪽 1책
大阪屋號書店(東京)
23㎝ 활자본
1925
국립중앙도서관
4-25-2

支那の社會と慣習 : 家庭と女性を中心に見た
176쪽 1책
滿洲事情案内所
미상
1942
国立国会図書館デジタル化資料
302.225

支那商業慣習
355쪽 1책
東亜実進社
미상
1918
国立国会図書館デジタル化資料
369-6

支那商店と商慣習
360쪽 1책
教材社
미상
1940
国立国会図書館
673

青島ニ於ケル綿紗布批發華商ノ組織及商業
慣習
57枚 1책
滿鐵調査部資料課
활자본
1940
京都大学経済学部図書室, 滋賀大学附属図書館
15//3-6(6)//Chi

清酒賣買慣習調査報告書
확인불가
東京高等商業學校
활자본
1900
CiNii, 一橋大学附属図書館
BB01220499

土地改良特殊會社ニ關スル解說案
미상
61쪽 1책
19.7×26.3㎝ 필사본
1922
수원시박물관
B-1-700

平安南道(市場)
조선총독부 중추원
237쪽 1책
평양부윤
寫本
1920寫
국사편찬위원회
中B16BBF-48

平壤地方商事ニ關スル慣習調査報告書
법전조사국
33쪽 1책
川原信義(조사) 丹羽賢太郎(통역)
19.5×26.5㎝ 필사본
1910
수원시박물관
B-1-019

韓国不動産ニ関スル慣例
144쪽 1책
미상
호세이대학교
B3F書庫

限月復舊と商慣習の權威
26쪽 1책
활자본
미상
明治大学図書館
D350/98//HZ

函館·小樽海産物集散概況及取引慣習調査
報告書：明治三十八年

149쪽 1책
東京高等商業学校
활자본
1906
秋田県立図書館, 大阪府立中央図書館
17/640/

海の慣習法
391쪽 1책
良書普及会
활자본
1943
国立国会図書館
325.9-H55ウ

海産物集散概況及取引慣習調査報告書
2149쪽 1책
東京高等商業學校
활자본
1906
小樽商科大学附属図書館, 京都大学文学研究
科図書館, 神戸大学附属図書館社会科学系図
書館
H/001598

海上売買論：海上貿易に於る売買慣習の商
学的研究
564쪽 1책
東京泰文社
활자본
1934
国立国会図書館
678

海上貿易に於ける売買慣習の商学的研究
확인불가
활자본
1935
国立国会図書館
UT51-商15-5

會社定款及組合規約

법전조사국
30쪽 1책
岩谷武市
20×27㎝ 필사본
1907
수원시박물관
B-1-018

1-5. 법/관습법

Chōsen shoshūkan chōsa hōkoku. V1-22
朝鮮諸慣習調査報告 第一 五家の組合
미상
12쪽 1책
하버드 대학
J 4891 4222.3(1)

家儈ニ關スル調査報告書
법전조사국
10쪽 1책
하버드 대학
J 4891 4222.3(2-3)

旅閣ニ關スル調査報告書
법전조사국
17쪽 1책
하버드 대학
J 4891 4222.3(3)

民商事ニ關スル 舊時ノ法制
미상
48쪽 1책
하버드 대학
J 4891 4222.3(4)

韓國地方制度調査
미상

40쪽 1책
1908
하버드 대학
J 4891 4222.3(5)

墳墓ニ關スル調査報告書
법전조사국
8쪽 1책
하버드 대학
J 4891 4222.3(6)

墓地ニ關スルル書類
미상
32쪽 1책
하버드 대학
J 4891 4222.3(7)

宮庄土
조선총독부 중추원
80쪽 1책
하버드 대학
J 4891 4222.3(8)

連山地方ニ關スル調査報告書
법전조사국
28쪽 1책
하버드 대학

J 4891 4222.3(9)

親族相續ニ關スル慣習
미상
128쪽 1책
하버드 대학
J 4891 4222.3(10)

土地制度
미상
30쪽 1책
하버드 대학
J 4891 4222.3(11-15)

田制詳定所遵守條劃
미상
20쪽 1책
하버드 대학
J 4891 4222.3(12)

驛屯土槪要
법전조사국
48쪽 1책
하버드 대학
J 4891 4222.3(13)

驛土及屯土ノ研究
미상
149쪽 1책
하버드 대학
J 4891 4222.3(14)

地券制度案
미상
95쪽 1책
하버드 대학
J 4891 4222.3(15)

朝鮮諸慣習調査報告 第一 相續
미상
158쪽 1책
하버드 대학
J 4891 4222.3(16)

座市ニ關スル調査報告書
미상
19쪽 1책
하버드 대학
J 4891 4222.3(17)

錦山地方ニ於ケル慣習調査
법전조사국
45쪽 1책
하버드 대학
J 4891 4222.3(18)

未詳(內題 土地所有權ノ沿革)
미상
29쪽 1책
하버드 대학
J 4891 4222.3(19)

慣習ニ關スル記事 論說
조선총독부 중추원
80쪽 1책
하버드 대학

J 4891 4222.3(20)

諸雜誌拔萃
조선총독부 중추원
235쪽 1책
하버드 대학
J 4891 4222.3(21)

諸雜誌拔萃
조선총독부 중추원
202쪽 1책
하버드 대학
J 4891 4222.3(22)

決訟類聚
조선총독부 중추원
96쪽 1책
金伯幹(朝鮮)編
寫本
宣祖18, 1585跋
국사편찬위원회
中B13IB-1

決訟類聚補
조선총독부 중추원
136쪽 1책
寫本
朝鮮朝末期寫
국사편찬위원회
中B13IB-2

決訟類聚補
조선총독부 중추원

1-134쪽, 2-110쪽 2책
寫本
1910~1945寫
국사편찬위원회
中B13IB-3

經國大典
조선총독부 중추원
600쪽 1책
1934
하와이 대학
Asia K/.K7K841K4

經國大典. 6巻
미상
Kyŏngsŏng : Chosŏn Ch'ongdokpu Chungsuwŏn
1934
콜롬비아 대학
6606 K841

經國大典制定頒布ニ關スル事項
조선총독부 중추원
20쪽 1책
28×20㎝ 寫本
1910~1945寫
국사편찬위원회
中B18E-2

經濟六典
조선총독부 중추원
68쪽 1책
20.5×28.5㎝ 필사본
수원시박물관

B-1-723

高等法院判決錄
미상
하와이 대학
Asia K/.K7K83K6

慣習と権利
138쪽 1책
岩波書店
활자본
1938
国立国会図書館
321

慣習と權利(『民族學研究』1/1)
2쪽 1책
미상
1935.04.01.
CiNii論文PDF(원문), 東北学院大学中央図書館書誌
ID＝2000008289

慣習と法律 第3冊
266쪽 1책
岩波書店
활자본
1929
国立国会図書館
320.4

慣習と約款との交渉
13쪽 1책

岩波書店
활자본
1944.12.10.
JAIRO(원문)
AN00208224(NCID)

慣習ニ關スル照會回答案
조선총독부 중추원
142쪽 1책
20×28㎝ 필사본
1916
수원시박물관
B-1-372

大正六年 慣習ニ關スル照會回答案
조선총독부 중추원
158쪽 1책
20×27.5㎝ 필사본
1917
수원시박물관
B-1-139

大正七年 大正八年 大正九年 慣習ニ關スル
照會回答案
조선총독부 중추원
226쪽 1책
20×28㎝ 필사본
1920
수원시박물관
B-1-140

慣習ニ關スル照會回答綴
조선총독부 중추원

109쪽 1책
고등법원장(이름표기 없음), 공주지방법
원, 조선총독부판사
寫本(原本)
1936~1938寫
국사편찬위원회
中B14-16

慣習ニ關スル照會回答綴
108쪽 1책
1929
하와이 대학
Asia DS901/.P5/v.58

慣習ニ關スル回答綴
108쪽 1책
하와이 대학
Asia DS901/.P5/v.59

慣習及制度調査計畫
확인불가
조선총독부 중추원
등사판
1933
東京經濟大学四方博朝鮮文庫
1940

慣習法ニ關スル民事令改正條文(大正七年
以後)
조선총독부 중추원
16쪽 1책
19×27㎝ 필사본
수원시박물관

B-1-198

慣習法の法源性
162쪽 1책
東北帝国大学(仙台)
미상
미상
大阪市立大学学術情報総合センター, 大阪市立
大学学術情報総合センター, 同志社大学図書館
今出川図書館, 北海道大学附属図書館
BN07672986(NCID)

舊慣ニ關スル照會回答案內容目錄
조선총독부 중추원
5쪽 1책
20×28㎝ 필사본
수원시박물관
B-1-203

舊慣及制度調査委員會議案
75쪽 1책
20×28 1921
수원시박물관
B-1-697

舊慣審査委員會議錄
조선총독부 중추원
117쪽 1책
油印版
1910~1945刊
국사편찬위원회
中B6B-43

舊慣審查委員會議案原稿
조선총독부 중추원
102쪽 1책
小田幹治郎
油印版
1910~1945刊
국사편찬위원회
中B6B-41

舊慣審査委員會誌
조선총독부 중추원
9쪽 1책
寫本
1918寫
국사편찬위원회
中B6B-42

内地ニ於ケル小作法案と其の解説朝鮮総督
府農林局農務課
81쪽 1책
朝鮮総督府農林局農務課
활자본
学習院大学友邦文庫
28

内地に於ける小作法草案と其の解説朝鮮総
督府農林局農務課
81쪽 1책
朝鮮総督府農林局農務課
활자본
学習院大学友邦文庫
KD2

臺灣民事令；臺灣親族相續令；臺灣親族
相續令施行令；臺灣不動産登記令；臺灣
競賣令；臺灣非訟事件手續令；臺灣人事
訴訟手續令；臺灣祭祀公業令；臺灣合股
令改正案
확인불가
臨時臺灣舊慣調査會
활자본
1914
東京大学東洋文化研究所図書室, 京都大学法
学部図書室, 神戸大学附属図書館社会科学系
図書館,財団法人東洋文庫, 拓殖大学図書館,
名古屋大学附属図書館
F70：9

臺灣民事令案
1-2쪽, 2-60쪽 2책
臨時臺灣舊慣調査會
활자본
1914
東京大学総合図書館, 法政大学図書館
L30：49

臺灣不動産物權總則令第一草案
35쪽 1책
臨時臺灣舊慣調査會
활자본
1913
京都大学法学部図書室, 一橋大学附属図書館
314.2//Ta

臺灣親族相續令第二草案
1-6쪽, 2-96쪽 2책

臨時臺灣舊慣調査會
미상
1912
東京大学大学院人文社会系研究科文学部図
書室, 名古屋大学附属図書館
Ⅶ：9009：3

臺灣親族相續令草案
확인불가
臨時臺灣舊慣調査會
미상
1912
東京大学総合図書館, 東京大学大学院人文社
会系研究科文学部図書室, 京都大学文学研究
科図書館, 京都大学法学部図書室, 一橋大学
附属図書館, 明治大学図書館
L30：45, 46

臺灣親族相續令草案
1-1쪽, 2-7쪽, 3-375쪽 3책
臨時臺灣舊慣調査會
미상
1913
東京大学総合図書館, 東京大学大学院人文社
会系研究科文学部図書室, 京都大学法学部図
書室, 筑波大学附属図書館中央図書館, 東洋
大学附属図書館, 明治大学図書館
L30：50

臺灣親族相續法第一草案
37쪽 1책
臨時台湾旧慣調査会
미상

1911
東京大学総合図書館, 東京大学大学院人文社
会系研究科文学部図書室, 名古屋大学附属図
書館
L30：47

臺灣合股令假案
112쪽 1책
臨時台湾旧慣調査会
활자본
1908
日本国立国会図書館デジタル化資料, 東京大学
総合図書館, 東京大学法学部, 京都大学法学
部図書室, 首都大学東京図書館, 広島大学図
書館中央図書館, 法政大学図書館
325.22

臺灣合股參考立法例
111쪽 1책
出版者不明不明
미상
1908
東京大学法学部
T3.6：9653：T08

大明律講解
2冊(零本)
308×204㎝ 全史字
光武7年(1903)
규장각
奎中1601

大典續錄及註解

미상
[Seoul] : Chōsen Sōtokufu Chūsūin
1935
콜롬비아 대학
6606 K8412

大典續錄及註解
조선총독부 중추원
288쪽 1책
23㎝ 1935
프린스턴대학
(ANXA) J4888.49/2645.1

大典總錄及註解
조선총독부 중추원
1935
하와이 대학
Asia K/.K7K84T35

大典會通
조두순(조선) 등수명
6卷 5冊
33.4×21.5㎝(奎4501 : 29.2×20.2㎝) 木版本
高宗2年(1865)
규장각
奎15441-v.1-5

図解·韓国相続登記事例集 : 舊慣習法時代から現行大韓民国民法まで
1-484쪽, 2-25쪽 2책
日本加除出版
활자본
1996

日本国立国会図書館, 愛知学院大学図書館情報センター, 大阪経済法科大学図書館, 大阪産業大学綜合図書館, 大阪市立大学学術情報総合センター, 沖縄国際大学図書館, 学習院大学図書館, 京都大学法学部図書室, 慶應義塾大学三田メディアセンター, 神戸大学附属図書館社会科学系図書館, 西南学院大学図書館, 中村学園大学図書館, 奈良県立図書情報館, 新潟経営大学図書館, 新潟国際情報大学情報センター, 日本大学法学部図書館, 一橋大学附属図書館, 明海大学浦安キヤンパスメデイアセンター(図書館), 東京都立中央図書館
324.921

李朝の財産相續法
6쪽, 2쪽, 3쪽, 428쪽, 70쪽 1책
조선총독부 중추원(京城)
미상
1936
東京大学, 東京經濟大学四方博朝鮮文庫
L11 : 51

李朝の財産相續法
조선총독부 중추원 조사과
6쪽, 2쪽, 3쪽, 428쪽 1책
1936
東京經濟大学四方博朝鮮文庫
0374

李朝の財産相續法
조선총독부 중추원
23㎝
1936

프린스턴 대학

(ANXA) J4891.5/4222

李朝法典考

223쪽

[Seoul] : Chōsen Sōtokufu Chūsūin

1936

콜롬비아 대학

328.9 K84

李朝法典考

조선총독부 중추원

23㎝

1936

프린스턴 대학

(ANXA) J4879.49/4222.2

民法商法ノ部

조선총독부 중추원

84쪽 1책

20×27.5㎝ 필사본

수원시박물관

B-1-153

民事, 刑事, 陸軍刑罰法規類聚(不動産法調査會)

不動産法調査會

16쪽 1책

19×27㎝ 필사본

1908

수원시박물관

B-1-378

民事慣例類集

597쪽 1책

司法省

활자본

1877

日本国立国会図書館, 東京大学経済学図書館, 岩手大学情報メディアセンター図書館, 愛媛大学図書館, 大阪大学附属図書館総合図書館, 岡山大学附属図書館, 香川大学附属図書館, 九州大学附属図書館, 京都大学附属図書館, 京都大学法学部図書室, 佐賀大学附属図書館, 東京海洋大学附属図書館, 名古屋大学附属図書館, 一橋大学附属図書館, 一橋大学附属図書館, ブリティッシュ·ライブラリー, 法政大学図書館, 立教大学図書館, 龍谷大学大宮図書館

322

民事慣習回答彙集

조선총독부 중추원

710쪽 1책

1933

하와이 대학

Asia K/.k7K52Mi

民事慣習回答彙集

조선총독부 중추원

751쪽 1책

조선총독부 중추원(京城)

23㎝ 활자본

1933

국립중앙도서관

朝21-22＝2

民事慣習回答彙集

164쪽, 484쪽, 62쪽 1책
朝鮮総督府中枢院
활자본
1933
国立国会図書館
324.9291

民事慣習囘答彙集

조선총독부 중추원
23㎝
1933
프린스턴 대학
(ANXA) J4879.49/4222.1

民事令改正ノ件(大正七年以降)

조선총독부 중추원
14쪽 1책
20×28㎝ 필사본
수원시박물관
B-1-067

民事法例 第1卷 内廷部諸門部下乗下馬部

大審院
109쪽 1책
大審院民刑事分局
활자본
1881
国立国会図書館
324

民事法例 第2卷 詔勅部禁制部

大審院

72쪽 1책
大審院民刑事分局
활자본
1881
国立国会図書館
324

民事法例 第3卷 布令式部慣習法部

大審院
72쪽 1책
大審院民刑事分局
활자본
1881
国立国会図書館
324

民事法例 第4卷 議事部

大審院
76쪽 1책
大審院民刑事分局
활자본
1881
国立国会図書館
324

民事法例 第5卷 警察部取締部非常部

大審院
103쪽 1책
大審院民刑事分局
활자본
1881
国立国会図書館
324

民事法例 第6巻 官制部上
大審院
326쪽 1책
大審院民刑事分局
활자본
1881
国立国会図書館
324

民事法例 第7巻 官制部下
大審院
331쪽 1책
大審院民刑事分局
활자본
1881
国立国会図書館
324

民事法例 第8巻 訴訟部上
大審院
229쪽 1책
大審院民刑事分局
활자본
1881
国立国会図書館
324

民事法例 第9巻 訴訟部下
大審院
237쪽 1책
大審院民刑事分局
활자본
1881

国立国会図書館
324

第16號-5 民事訴訟記錄
23쪽 1책
20.5×28.5㎝
1935
수원시박물관
B-1-677

民事刑事裁判手續
조선총독부 중추원
25쪽 1책
19.5×27.5㎝ 필사본
1920
수원시박물관
B-1-217

民商事ニ關スル舊時ノ法制
조선총독부
58쪽 1책
27.5×20.0㎝ 필사본
1909
국립중앙도서관
한고조33-17

民商事ニ關スル近時ノ法制
법전조사국
87쪽 1책
19.5×27㎝ 필사본
미상
수원시박물관
B-1-009

民籍例規集
293쪽 1책
大成印刷社(京城)
조선총독부 법무국 법무과
활자본
1920
국립중앙도서관
朝20-19

民籍例規
조선총독부 법무국
484쪽 1책
朝鮮總督府法務局(京城)
23㎝ 활자본
1922
국립중앙도서관
朝20-5

民籍例規集
조선총독부 사법부 법무과
230쪽 1책
朝鮮總督府司法部法務課(京城)
22㎝ 활자본
1917
국회도서관
345.87 ㅈ538ㅁ

法規類編
내각 기록국(조선)
285쪽 1책
25.4×18㎝ 新式活字
建陽1年(1896)
규장각

奎15432

法律進化論叢 第3冊(慣習と法律)
266쪽 1책
岩波書店
활자본
1929
日本国立国会図書館, 東京都立中央図書館
320.4

法律進化論叢 第四册
확인불가
岩波書店
활자본
1931
国立国会図書館デジタル化資料
321-H734h

法律學における社會史の地位：主として慣
習法論の基礎充實のために
28쪽 1책
社会経済史学会
활자본
1937
CiNii論文PDF(원문)
AN00406090(NCID)

法学論集：十周年記念
690쪽 1책
岩波書店
활자본
1934
国立国会図書館デジタル化資料

320

大正十二年度 辯護士試驗書類
조선총독부
227쪽 1책
20×27.5㎝ 필사본
1923
수원시박물관
B-1-136

不動産證明關係法令竝例規
조선총독부 내무부 지방국
134쪽 1책
朝鮮總督府內務部地方局(京城)
26㎝ 활자본
1912
국립중앙도서관
朝22-B42

不動産證明事例
조선총독부 내무부 지방국
282쪽 1책
21㎝ 활자본
미상
국립중앙도서관
6339-3

墳墓ニ關スル舊慣竝ニ舊法規
조선총독부 중추원
561쪽 1책
刊寫者未詳(京城)
28.2×19.8㎝ 필사본
1919

국립중앙도서관
한古朝29-131

佛蘭西殖民法綱要
162쪽 1책
臨時薹湾舊慣調査会
활자본
1910
日本国立国会図書館, 東京大学総合図書館, 東京大学経済学図書館, 大阪市立大学学術情報総合センター, 京都大学附属図書館, 甲南大学図書館, 神戸市外国語大学学術情報センター, 同志社大学図書館今出川図書館
320

社會法(其二)
조선총독부 중추원
100쪽 1책
18×26㎝ 필사본
수원시박물관
B-1-192

訴訟에 대한 參考文記
조선총독부 중추원
35쪽 1책
寫本
1910~1945寫
국사편찬위원회
中B13IB-14

續大典
미상
Kyŏngsŏng : Chosŏn Ch'ongdokpu Chungsuwŏn

1938
콜롬비아 대학
6606 K8411

續大典
조선총독부 중추원
482쪽 1책
1938
하와이 대학
Asia K/.K7K84Z85

訳文大典会通
미상
[Keijo] : Chōsen Sōtokufu
1921
콜롬비아 대학

訳文大典会通
조선총독부 중추원
457쪽 1책
23㎝
1921
프린스턴 대학
(ANXA) J4888.49/4583

運送法
294쪽 1책
博文館
미상
1900
日本国立国会図書館, 東京大学経済学図書館, 岩手大学情報メディアセンター図書館, 愛媛大学図書館農学部分館, 大阪市立大学学術情報

総合センター, 大島商船高等専門学校図書館, 小樽商科大学附属図書館, 神戸大学附属図書館人間科学図書館, 神戸大学附属図書館社会科学系図書館, 成蹊大学図書館, 天津図書館, 東京学芸大学附属図書館, 東北大学附属図書館, 長崎大学附属図書館経済学部分館, 名古屋大学経済学図書室, 名古屋大学附属図書館, 名古屋大学法学図書室, 奈良県立図書情報館, 新潟大学附属図書館, 一橋大学附属図書館, 広島修道大学図書館, 北海道教育大学附属図書館釧路館, 北海道大学大学院農学研究科図書室, 明治大学図書館, 遼寧省図書館
328.68

伊豆七島舊慣租税法
49쪽 1책
雄松堂書店
미상
1934
東京大学経済学図書館, 大阪経済大学日本経済史研究所, 鹿児島大学附属図書館, 筑波大学附属図書館中央図書館, 東京農業大学図書館, 東北大学附属図書館, 明治大学図書館
38：340

李朝ノ法典ニ關スル資料
조선총독부 중추원
147쪽 1책
寫本
1910~1945寫
국사편찬위원회
中B18E-113

李朝の財産相續法
조선총독부 중추원
523쪽 1책
朝鮮總督府(京城)
23㎝ 활자본
1936
국립중앙도서관
朝21-30

李朝の財産相續法
조선총독부 중추원 조사과
523쪽 1책
1936
하와이 대학
Asia K/.K7K84R5

李朝法典考
조선총독부 중추원
223쪽 1책
조선총독부 중추원(京城)
23㎝ 활자본
1936
국회도서관
349.14 ㅈ538ㅇ

李朝法典考
조선총독부 중추원 조사과
432쪽 1책
1936
하와이 대학
K.583

李朝實錄 朝鮮婚姻考

179쪽 1책
1941
하와이 대학
Asia HQ682.5/.F84

第二冊 李朝最初の法典
조선총독부 중추원
39쪽 1책
20×28㎝ 필사본
수원시박물관
B-1-641

裁判
조선총독부 중추원
812쪽 4책
寫本
1910~1945寫
국사편찬위원회
中B18F-85

裁判關係法令
조선총독부 중추원
87쪽 1책
20×28㎝ 필사본
1924
수원시박물관
B-1-371

裁判官宣告書
조선총독부 중추원
32쪽 1책
張博 等著
電子複寫版

1981複寫
국사편찬위원회
電B13IB-22

制令(明治四十四年第1號~14號)
조선총독부
19쪽 1책
19.5×27㎝ 필사본
1911
수원시박물관
B-1-193

祭祀相續二關スル資料
조선총독부 중추원
196쪽 1책
28×20㎝ 寫本
1910~1945寫
국사편찬위원회
中B18D-4

朝鮮二於ケル小作二關スル法令
조선총독부 식산국 농무과
91쪽 1책
朝鮮總督府殖産局農務課(경성)
19×13㎝
활자본
1931
서울대도서관
6031 190

朝鮮二於ケル小作二關スル法令(前編)
조선총독부 농림국
236쪽 1책

朝鮮總督府農林局(京城)
19㎝ 활자본
1933
국립중앙도서관
朝20-60

朝鮮に於ける小作制度
조선총독부
37쪽 2책
朝鮮總督府(京城)
21㎝ 활자본
1925
국립중앙도서관
朝21-23=2, 3

朝鮮ノ法典二關スル資料
조선총독부 중추원
1책
寫本
1910~1945寫
국사편찬위원회
中B18E-113

朝鮮の司法制度
조선총독부 법무국 법무과
109쪽 1책
朝鮮總督府法務局(京城)
19㎝ 활자본
1936
국립중앙도서관
朝24-34

明治四十五以降 彙報揭載 朝鮮舊慣二關ス

ル回答
법전조사국
57쪽 1책
19×26.2㎝ 활자본
1912
수원시박물관
B-1-737

朝鮮民事令朝鮮刑事令
조선총독부
785쪽 1책
朝鮮總督府(京城)
23㎝ 활자본
1912
국립중앙도서관
朝20-61

朝鮮法制提要
미상
455쪽 1책
淺見倫太郎
巖松堂
1922
하와이 대학
Asia K/.K7A798C46

朝鮮不動産登記書式
미상
1139쪽 1책
1939
하와이 대학
Asia HD468/.F84

朝鮮社會法制史研究
경성제국대학법학회
530쪽 1책
岩波書店
1937
하와이 대학
Asia DS913/.K45

朝鮮小作關係法規集
조선총독부 농림국
73쪽 1책
朝鮮總督府(京城)
19㎝ 활자본
1934
부산대학교도서관
345.27 ス542

朝鮮於ける小作に關する基本法規の解說
미상
320쪽 1책
1935
하와이 대학
K.798

朝鮮祭祀相續法論序說
미상
[Seoul]：Chōsen Sōtokufu Chūsūin
1939
콜롬비아 대학
328.9 N72

朝鮮祭祀相續法論序說
조선총독부 중추원

23cm
1939
프린스턴 대학
(ANXA) J4891.5/4222.1

朝鮮祭祀相續法論序說
조선총독부 중추원 조사과
738쪽 1책
1939
하와이 대학
Asia GT3286/.K6K6

朝鮮祭祀相續法論序説
4쪽, 3쪽, 6쪽, 650쪽, 88쪽 1책
조선총독부 중추원
미상
1939
東京大学, 京都大学
L11 : 831

朝鮮祭祀相續法論序說 原稿(二)
미상
439쪽 1책
16.5×25cm 필사본
수원시박물관
B-1-137

朝鮮親族法相續法-主として朝鮮高等法院
判例を中心として考察
미상
370쪽 1책
藤田東三
大阪屋號書店

1933
하와이 대학
Asia K/.K7F961C36

朝鮮親族法調査草稿
1050쪽 1책
不明
미상
미상
大阪市立大学学術情報総合センター
324.6//C14//2

朝鮮親族相続慣習類纂
165쪽, [48] 1책
巖松堂京城店
미상
1921
国立国会図書館
324.92

朝鮮親族相続慣習法綜攬
561쪽 1책
大阪屋号書店
미상
1926
国立国会図書館
324.921

朝鮮親族相續慣習法總攬
미상
650쪽 1책
馬場社
大阪屋號書店

1926
하와이 대학
Asia K/.K7B112C4

朝鮮親族相續要論
미상
543쪽 1책
吉武繁
巖松堂
1931
하와이 대학
Asia K/.K7Y58C3

朝鮮土地調查概要
20쪽 1책
朝鮮總督府臨時土地調查局
미상
1918
学習院大学友邦文庫
324-1

朝鮮土地調查事業槪覽
4쪽, 60쪽 1책
朝鮮總督府臨時土地調查局
미상
1916
京都大学
15//3-4//Cho

朝鮮土地調查事業報告書
708쪽 1책
朝鮮總督府臨時土地調查局
미상

1918
日本国立国会図書館, 東京大学
24 : 200

朝鮮土地調查事業報告書追録
7쪽, 170쪽 1책
朝鮮總督府
미상
1919
東京大学, 京都大学
M30 : 24

朝鮮戶籍及奇留屆書式集
조선총독부 법무국
353쪽 1책
朝鮮戶籍協會(京城)
19㎝ 활자본
1944
국회도서관
345.87 ㅈ538ㅈ

朝鮮戶籍及寄留屆書式集
2쪽, 2쪽, 20쪽, 3쪽, 323쪽 1책
朝鮮總督府法務局
미상
1944
京都大学
324.921//C/54

朝鮮戶籍及寄留例規
조선총독부 법무국
1-94쪽, 2-574쪽 2책
朝鮮戶籍協會

1943
하와이 대학
Asia K/.K7K841C42

朝鮮戶籍及寄留例規
8쪽, 94쪽, 574쪽 1책
朝鮮戶籍協會
미상
1943
東京大学, 京都大学
D70 : 34

朝鮮戶籍及寄留例規
조선총독부 법무국
354쪽 1책
朝鮮戶籍協會(京城)
21㎝ 활자본
1943
국회도서관
345.87 ㅈ538ㅈ

朝鮮戶籍令
조선총독부 중추원
39쪽 1책
20×28㎝ 필사본
수원시박물관
B-1-159

朝鮮戶籍令事案
조선
60쪽 2책
26.5×15.0㎝ 필사본
미상

국립중앙도서관
한古朝33-15

朝鮮戶籍法令集
조선총독부 법무국
334쪽 1책
司法協會(京城)
19㎝ 활자본
1932
국회도서관
345.87 ㅈ538ㅈ

朝鮮戶籍法令集
조선총독부 법무국
327쪽 1책
朝鮮司法協會
1929
하와이 대학
Asia K/.K7K841C43

朝鮮戶籍法令集(現行)
조선총독부 법무국
347쪽 1책
朝鮮戶籍協會(京城)
19㎝ 활자본
1942
국회도서관
L 342.08 ㅈ538ㅈ

朝鮮戶籍法令集 : 附地方法院同支廳事務取扱區域
330쪽 1책
司法協會

미상
1936
京都大学
324.87//Ty/6

朝鮮戶籍例規
조선총독부 법무국
840쪽 1책
司法協會(京城)
22㎝ 활자본
1929
국회도서관
L 342.08 ㅈ538ㅈ

朝鮮戶籍例規(改訂)
851쪽 1책
司法協會(京城)
조선총독부 법무국
활자본
1933
국립중앙도서관
朝22-B38＝2

中國法制史研究
미상
Niida, Noboru
Tokyo : Tokyo Daigaku shuppankai
1959~1964
콜롬비아 대학
329.22 N574

清國行政法
미상

Tokyo : Ganshōdō Shoten
1936
콜롬비아 대학
317.922 R4711

清国行政法：臨時台湾舊慣調査会第一部
報告 索引
90쪽 1책
巌松堂書店
활자본
1915
国立国会図書館
322

清国行政法：臨時台湾舊慣調査会第一部
報告 第1巻
284쪽 1책
巌松堂書店
활자본
1905
国立国会図書館
322

清国行政法：臨時台湾舊慣調査会第一部
報告 第2巻
279쪽 1책
巌松堂書店
활자본
1936
国立国会図書館
322

清国行政法：臨時台湾舊慣調査会第一部

報告 第3巻
283쪽 1책
巌松堂書店
활자본
1936
国立国会図書館
322

清国行政法：臨時台湾舊慣調査会第一部
報告 第4巻
245쪽 1책
巌松堂書店
활자본
1936
国立国会図書館
322

清国行政法：臨時台湾舊慣調査会第一部
報告 第5巻
183쪽 1책
巌松堂書店
활자본
1936
国立国会図書館
322

清国行政法：臨時台湾舊慣調査会第一部
報告 第6巻
212쪽 1책
巌松堂書店
활자본
1936
国立国会図書館

322

清国行政法：臨時台湾舊慣調査会第一部
報告 第壹巻上
확인불가
臨時台湾旧慣調査会
활자본
1989
国立国会図書館
323.99

清国行政法：臨時台湾舊慣調査会第一部
報告 第壹巻下
326쪽 1책
臨時台湾旧慣調査会
활자본
1989
国立国会図書館
323.99

清國行政法汎論
확인불가
臨時台湾旧慣調査会
활자본
1918
東京大学総合図書館, 東京大学東洋文化研究
所図書室, 愛媛大学図書館, 京都大学人文科
学研究所図書室, 京都大学附属図書館, 京都
大学文学研究科図書館, 京都大学法学部図書
室, 高知大学総合情報センター(図書館)中央館,
高野山大学図書館, 信州大学附属図書館中央
図書館, 一橋大学附属図書館, 北海道大学附
属図書館

L11：802

清国行政法汎論
814쪽 1책
金港堂書籍
활자본
1909
東京大学総合図書館, 東京大学東洋文化研究所図書室, 東京大学法学部, 愛媛大学図書館, 大分大学学術情報拠点(図書館), 大阪教育大学附属図書館, 関西学院大学図書館, 学習院大学図書館, 京都大学人文科学研究所図書室, 京都大学文学研究科図書館, 京都大学法学部図書室, 拓殖大学図書館, 東北大学附属図書館, 放送大学附属図書館, 立命館大学図書館鷗

L90：20

清國行政法分論
확인불가
臨時台湾旧慣調査会
활자본
1915
東京大学総合図書館, 東京大学東洋文化研究所図書室, 愛媛大学図書館, 京都大学経済学部図書室, 京都大学人文科学研究所図書室, 京都大学附属図書館, 京都大学文学研究科図書館, 京都大学文学研究科図書館, 京都大学文学研究科図書館, 京都大学法学部図書室, 高知大学総合情報センター(図書館)中央館, 神戸大学附属図書館社会科学系図書館, 高野山大学図書館, 信州大学附属図書館中央図書館, 一橋大学附属図書館, 北海道大学附属図書館

L11：803

清國行政法索引：臨時臺灣舊慣調査會第一部報告
162쪽 1책
臨時臺灣舊慣調査會
활자본
1915
国立国会図書館
322.22

最新朝鮮民刑事法令
문림당 편집부
112쪽 1책
文林堂
1936
하와이 대학
K.280

秋官志
미상
Pak, Ir-wŏn
[Seoul]：Chōsen Sōtokufu Chūsūin
1939
콜롬비아 대학
322.02 P17

土地及建物ノ賣買贈與交換及典當ノ證明ニ關スル規則及指令等要錄
한국부동산법조사회
116쪽 1책
韓國不動産法調査會(京城)
19㎝ 활자본

1907
국립중앙도서관
朝22-B23

土地調査例規 第2輯 會計
조선총독부 임시토지조사국
480쪽 1책
朝鮮總督府(京城)
19㎝ 활자본
1915
국립중앙도서관
朝30-5

隆熙三年 判決謄本綴
법전조사국
57쪽 1책
20×28㎝ 필사본
1909
수원시박물관
B-1-001

現行朝鮮親族相續法類集
확인불가
大阪屋號書店
활자본
1939
東京大学東洋文化研究所図書室, 京都大学人
文科学研究所図書室, 日本貿易振興機構アジ
ア経済研究所図書館
D70：10

現行朝鮮親族相續法類集
미상

719쪽 1책
1935
하와이 대학
Asia K/.K7N152G4

現行朝鮮戸籍法令集
4쪽, 328쪽 1책
朝鮮戸籍協會
활자본
1942
東京經濟大学四方博朝鮮文庫
1632

**大正四年十二月現行土地調査例規第二輯
会計 [部分]**
466쪽 1책
朝鮮総督府臨時土地調査局
활자본
1915
学習院大学友邦文庫
M1-38-2

**大正五年三月現行土地調査例規第四輯図
簿**
16쪽 1책
朝鮮総督府臨時土地調査局
활자본
1916
学習院大学友邦文庫
M1-38-3

**大正五年三月現行土地調査例規第三輯調
査及測量**

892쪽 1책
朝鮮総督府臨時土地調査局
활자본
1916
学習院大学友邦文庫
M1-38-3

大正五年三月現行土地調査例規第五輯参照
318쪽 1책
朝鮮総督府臨時土地調査局
활자본
1916
学習院大学友邦文庫
M1-38-3

大正五年三月現行土地調査例規第一輯一般関係例規
334쪽 1책
朝鮮総督府臨時土地調査局
활자본
1916
学習院大学友邦文庫
M1-38-1

皇族ノ訴訟ニ關スル事項
조선총독부 중추원
49쪽 1책

金榮漢
寫本
1918寫
국사편찬위원회
中B13IB-36

(秘)會社令案(確定)
미상
49쪽 1책
20×28㎝ 필사본
수원시박물관
B-1-004

会社法
확인불가
법전조사국
활자본
미상
法政大学
A5a/3/2

訓令(昭和十年)
조선총독부 중추원
135쪽 1책
20×27.5㎝ 필사본
1935
수원시박물관
B-1-398

1-6. 법/재판

經國大典

600쪽 1책
朝鮮総督府中枢院(京城)
활자본
1934
日本国立国会図書館, 東京大学総合図書館, 東京大学東洋文化研究所図書室, 東京大学大学院人文社会系研究科文学部図書室, 東京大学経済学図書館, 東京大学史料編纂所図書室, 大阪経済大学日本経済史研究所, 大阪市立大学学術情報総合センター, 学習院大学図書館, 九州産業大学図書館, 九州大学附属図書館, 九州大学附属図書館, 京都大学経済学部図書室, 京都大学人文科学研究所図書室, 京都大学人間·環境学研究科総合人間学部図書館, 京都大学附属図書館, 京都大学法学部図書室, 甲南大学図書館, 神戸大学附属図書館社会科学系図書館, 国立教育政策研究所教育研究情報センター教育図書館, 滋賀県立大学図書情報センター, 滋賀大学附属図書館, 拓殖大学図書館, 千葉大学附属図書館, 筑波大学附属図書館中央図書館, 天理大学附属天理図書館, 東北大学附属図書館, 同志社大学図書館今出川図書館, 長崎大学附属図書館経済学部分館, 名古屋大学経済学図書室, 名古屋大学附属図書館, 奈良文化財研究所, 一橋大学附属図書館, 兵庫県立大学神戸学園都市学術情報, 広島大学図書館中央図書館, ベルリン国立図書館, 法政大学図書館, 北海道大学附属図書館, 武蔵大学図書館, 明治大学図書館, 山口大学図書館総合図書館, 立教大学図書館, 遼寧省図書館
322

校訂大明律直解

622121쪽
朝鮮総督府中枢院
활자본
1936
京都府立図書館, 大阪府立中央図書館, 九州大学附属図書館, 京都大学法学部図書室, 筑波大学附属図書館中央図書館, 遼寧省図書館
ㅋ/440/ 66/

大明律直解(校訂)

조선총독부 중추원 조사과
771쪽 1책
高士聚
조선총독부 중추원(京城)
23㎝ 활자본
1936
국립중앙도서관
朝21-28

大典續録及註解

288쪽 1책

朝鮮総督府中枢院

활자본

1935

日本国立国会図書館, 東京大学総合図書館, 東京大学東洋文化研究所図書室, 東京大学史料編纂所図書室, 大阪経済大学日本経済史研究所, 大阪市立大学学術情報総合センター, 学習院大学図書館, 九州大学附属図書館, 九州大学附属図書館, 九州大学附属図書館, 京都大学人文科学研究所図書室, 京都大学人間·環境学研究科総合人間学部図書館, 京都大学附属図書館, 京都大学法学部図書室, 甲南大学図書館, 神戸大学附属図書館社会科学系図書館, 国立教育政策研究所教育研究情報センター教育図書館, 滋賀県立大学図書情報センター, 滋賀大学附属図書館, 拓殖大学図書館, 筑波大学附属図書館中央図書館, 天理大学附属天理図書館, 東京大学大学院人文社会系研究科文学部図書室, 東京大学大学院人文社会系研究科文学部図書室, 東京海洋大学附属図書館, 東京外国語大学附属図書館, 東北大学附属図書館, 同志社大学図書館今出川図書館, 長崎大学附属図書館経済学部分館, 名古屋大学附属図書館,奈良文化財研究所, 一橋大学経済研究所資料室, 一橋大学附属図書館, 兵庫県立大学神戸学園都市学術情報館, 広島大学図書館中央図書館, ベルリン国立図書館, 法政大学図書館, 北海道大学附属図書館, 武蔵大学図書館, 明治大学図書館, 山口大学図書館総合図書館, 立教大学図書館, 遼寧省図書館

322.9

校註大典會通

확인불가

조선총독부 중추원

활자본

1939

東京大学大学院人文社会系研究科文学部図書室, 北海道立図書館, 名古屋市鶴舞中央図書館, 京都府立図書館, 大阪府立中央図書館, 鳥取県立図書館, 大阪市立大学学術情報総合センター, 大阪大学附属図書館総合図書館, 学習院大学図書館, 九州大学附属図書館, 京都大学人文科学研究所図書室, 京都大学附属図書館, 京都大学文学研究科図書館, 京都大学法学部図書室, 神戸大学附属図書館社会科学系図書館, 滋賀県立大学図書情報センター, 滋賀大学附属図書館, 清泉女子大学附属図書館, 筑波大学附属図書館中央図書館, 天理大学附属天理図書館, 東京海洋大学附属図書館, 東京外国語大学附属図書館, 東京大学総合図書館東京大学東洋文化研究所図書室, 東北大学附属図書館, 東洋大学附属図書館, 同志社大学図書館今出川図書館, 日本大学総合学術情報センター, 一橋大学附属図書館, 法政大学図書館, 北海道大学附属図書館, 明治大学図書館, 立教大学図書館, 龍谷大学大宮図書館, 遼寧省図書館

L11：309

訳文大典会通

457쪽 1책

朝鮮総督府中枢院

미상

1921

東京經濟大学櫻井義之文庫
0008

大典會通(註解)
조선총독부 중추원
479쪽 1책
조선총독부 중추원(京城)
23㎝ 활자본
1939
서울대도서관
설송 349.1 C451t

李朝法典考
3쪽, 4쪽, 4쪽, 322쪽, 91쪽, 9쪽 1책
조선총독부 중추원
미상
1936
東京大学
L11 : 722

法規大全(現行)
2646쪽 1책
藤田知治
嚴松堂書店(東京)
19㎝ 활자본
1917
국립중앙도서관
3-07-47-1919(9)

法典
조선총독부 중추원
27쪽 1책
28×20㎝ 寫本

1910~1945寫
국사편찬위원회
中B18B-19

法制
조선총독부 중추원
43쪽 1책
寫本
1910~1945寫
국사편찬위원회
中B18F-28

法制(비변사등록)
조선총독부 중추원
14쪽 1책
寫本
1910~1945寫
국사편찬위원회
中B18B-20

續大典
482쪽 1책
朝鮮総督府中枢院
활자본
1935
日本国立国会図書館, 東京大学総合図書館, 東京大学東洋文化研究所図書室, 東京大学史料編纂所図書室, 大阪経済大学日本経済史研究所, 大阪市立大学学術情報総合センター, 学習院大学図書館, 九州産業大学図書館, 九州大学附属図書館, 京都大学人文科学研究所図書室, 京都大学附属図書館, 甲南大学図書館, 神戸大学附属図書館社会科学系図書館, 国立

教育政策研究所教育研究情報センター教育図書館, 滋賀大学附属図書館, 拓殖大学図書館, 筑波大学附属図書館中央図書館, 天理大学附属天理図書館, 東京大学大学院人文社会系研究科文学部図書室, 東京大学大学院人文社会系研究科文学部図書室, 東京海洋大学附属図書館, 東北大学附属図書館同志社大学図書館今出川図書館, 長崎大学附属図書館経済学部分館, 名古屋大学経済学図書室, 名古屋大学附属図書館, 名古屋大学法学図書室, 奈良文化財研究所, 一橋大学経済研究所資料室, 一橋大学附属図書館, 兵庫県立大学神戸学園都市学術情報館, 広島大学図書館中央図書館, 法政大学図書館, 北海道大学附属図書館, 武蔵大学図書館, 明治大学図書館, 山口大学図書館総合図書館, 立教大学図書館, 立正佼成会付属佼成図書館, 遼寧省図書館

322

受教輯要

2쪽, 508쪽 1책
조선총독부 중추원
활자본
1943
東京大学東洋文化研究所図書室, 東京大学大学院人文社会系研究科文学部図書室, 九州大学附属図書館, 京都大学人文科学研究所図書室, 国際基督教大学図書館, 国際日本文化研究センター, 筑波大学附属図書館中央図書館,
E：34：9

節目

조선총독부 중추원

1-158쪽, 2-482쪽 2책
寫本
1910~1945寫
국사편찬위원회
中B18B-58

節目

조선사편수회
12쪽 1책
寫本
戊子寫
국사편찬위원회
B14-59

朝鮮舊時の刑政

미상
398쪽 1책
中橋政吉
1936
하와이 대학
Asia K/.K7N34Ch

座目(비변사등록)

조선총독부 중추원
1-458쪽, 2-610쪽, 3-640쪽, 4-988쪽, 5-460쪽, 6-844쪽 6책
寫本
1910~1945寫
국사편찬위원회
中B18B-64

懲戒(비변사등록)

조선총독부 중추원

104쪽 1책
寫本
1910~1945寫
국사편찬위원회
中B18B-67

懲戒(日省錄拔萃)
조선총독부 중추원
1-626쪽(1). 2-342쪽(2). 3-360쪽(4).
4-364쪽(5). 5-288쪽(6). 6-301쪽(7).
7-304쪽(8). 8-288쪽(9) 8책(零本)
寫本
1910~1945寫
국사편찬위원회
中B18F-99

處刑
조선총독부 중추원
70쪽 4책
寫本
1910~1945寫
국사편찬위원회
中B18E-121

處刑(비변사등록)
조선총독부 중추원
212쪽 1책
寫本
1910~1945寫
국사편찬위원회
中B18B-69

秋官志

979쪽 1책
朝鮮総督府中枢院
활자본
1939
日本国立国会図書館, 東京大学総合図書館,
東京大学東洋文化研究所図書室, 大阪市立大
学学術情報総合センター, 学習院大学図書館,
九州大学附属図書館, 京都大学人文科学研究
所図書室, 京都大学附属図書館, 神戸大学附
属図書館社会科学系図書館, 国立教育政策研
究所教育研究情報センター教育図書館, 滋賀県
立大学図書情報センター, 滋賀大学附属図書
館, 千葉大学附属図書館, 筑波大学附属図書
館中央図書館, 天理大学附属天理図書館, 東
京大学大学院人文社会系研究科文学部図書
室, 東北大学附属図書館, 同志社大学図書館
今出川図書館, 名古屋大学法学図書室, 日本
大学文理学部図書館, 一橋大学附属図書館,
ベルリン国立図書館, 法政大学図書館, 北海道
大学附属図書館, 立教大学図書館, 和歌山大
学附属図書館
322

秋曹決獄錄
조선총독부 중추원
1-60쪽, 2-58쪽 2권 2책
刑曹(朝鮮) 編
寫本
憲宗1(1835寫)
국사편찬위원회
中B13IB-32

刑具(太宗·世宗·世祖·正宗·李太王)

조선총독부 중추원

11쪽 1책

20.5×28.5㎝ 필사본

1920

수원시박물관

B-1-216

度支田賦考

조선총독부 중추원

461쪽 1책

朝鮮總督府(서울)

28㎝ 필사본

미상

서울대도서관

336.51 ㅈ428ㄷ

刑獄

조선총독부 중추원

1-584쪽, 2-74쪽 2책

寫本

1910~1945寫

국사편찬위원회

中B18F-114

刑獄(비변사등록)

조선총독부 중추원

164쪽 1책

寫本

1910~1945寫

국사편찬위원회

中B18B-82

1-7. 일반

各部通牒
國分書記官
필사본
光武10年～隆熙2年(1906～1908)
규장각
奎17824

各部通牒
國分書記官
필사본
光武10年～隆熙2年(1906～1908)
규장각
奎17824

各部通牒
不動産法調査會
梅謙次郎
필사본
光武10年～隆熙2年(1906～1908)
규장각
奎17824

各部通牒
法部民事局長代理法部書記官
安住時太郎
필사본
光武10年～隆熙2年(1906～1908)

규장각
奎17824

各部通牒
法部 職員課
필사본
光武10年～隆熙2年(1906～1908)
규장각
奎17824

各部通牒
度支部大臣 閔泳綺
필사본
光武10年～隆熙2年(1906～1908)
규장각
奎17824

各部通牒
度支部大臣 高永喜
필사본
光武10年～隆熙2年(1906～1908)
규장각
奎17824

各部通牒
度支部大臣 高永喜
필사본

光武10年~隆熙2年(1906~1908)

규장각

奎17824

各部通牒

度支部大臣 高永喜

필사본

光武10年~隆熙2年(1906~1908)

규장각

奎17824

各部通牒

度支部大臣 高永喜

필사본

光武10年~隆熙2年(1906~1908)

규장각

奎17824

各部通牒

內閣書記郎 黃羲民

필사본

光武10年~隆熙2年(1906~1908)

규장각

奎17824

慶尙南北道來去案

慶尙南道

安義郡守 梁在謇

필사본

建陽1年~隆熙3年 : 1896~1909

규장각

奎17980

觀察道來去案

內閣總理大臣 李完用

필사본

隆熙4年(1910)

규장각

奎18131

觀察道來去案

內閣總理大臣 李完用

필사본

隆熙4年(1910)

규장각

奎18131

起案

內閣不動産法調査會長 法學博士 梅謙次郎

필사본

光武3年~隆熙4年(1899~1910)

규장각

奎17746

內閣法部來去文

法部大臣勳一等 李夏榮

필사본

隆熙元年~隆熙4年(1907~1910)

규장각

奎17763

內閣往復文

內部大臣 任善準

필사본

隆熙元年~隆熙4年(1907~1910)

규장각

奎17755

內部來去案
內閣書記官長　韓昌洙
필사본
光武10年~隆熙4年(1906~1910)
규장각
奎17768

德源港案
議政府參政大臣　朴齊純
필사본
光武9年~光武10年(1905~1906)
규장각
奎17866-2

德源港案
德源監理　申珩模
필사본
光武9年~光武10年(1905~1906)
규장각
奎17866-2

度支部來去案
太子少師內閣總理大臣　李完用→度支部大臣
高永喜
필사본
光武10年~隆熙4年(1906~1910)
규장각
奎17766

法規類編所關公文
法典調査局

필사본
高宗32年~隆熙4年(1895~1910)
규장각
奎18027

外事局通牒
外事局
필사본
隆熙元年~隆熙4年(1907~1910)
규장각
奎17826

仁川港案
議政府參政大臣　朴齊純
필사본
光武10年~隆熙3年(1906~1909)
규장각
奎17863-1

財産調査局來去文
臨時帝室有及國有財産調査局委員長　宋秉畯
필사본
隆熙元年~隆熙2年(1907~1908)
규장각
奎17827

財産調査局來去文
臨時帝室有及國有財産調査局委員長　宋秉畯
필사본
隆熙元年~隆熙2年(1907~1908)
규장각
奎17827

財産調査局來去文

臨時帝室有及國有財産調査局委員長　宋秉畯

필사본

隆熙元年~隆熙2年(1907~1908)

규장각

奎17827

照會

內閣書記官長　韓昌洙

필사본

光武7年~隆熙元年(1903~1907)

규장각

奎17823

照會

內閣法制局長　兪星濬

필사본

光武7年~隆熙元年(1903~1907)

규장각

奎17823

奏本

議政府

필사본

建陽1年~隆熙4年(1896~1910)

규장각

奎17703

奏本存案

議政府

필사본

建陽1年~隆熙3年(1896~1909)

규장각

奎17704

請議書

太子少師　內閣總理大臣　李完用

필사본

光武11年~隆熙4年(1907~1910)

규장각

奎17745

請議書

太子少師　內閣總理大臣　李完用

필사본

光武11年~隆熙4年(1907~1910)

규장각

奎17745

請議書

內閣總理大臣臨時署理　內部大臣　朴齊純

필사본

光武11年~隆熙4年(1907~1910)

규장각

奎17745

請議書

太子少師　內閣總理大臣　李完用

필사본

光武11年~隆熙4年(1907~1910)

규장각

奎17745

請議書

太子少師　內閣總理大臣　李完用

필사본

光武11年~隆熙4年(1907~1910)
규장각
奎17745

請議書
太子少師 內閣總理大臣 李完用
필사본
光武11年~隆熙4年(1907~1910)
규장각
奎17745

統別推薦往復案
내각(조선)
28쪽 1책
26×185㎝ 筆寫本
1910
규장각
奎17862

統別勅令往復案
內閣總理大臣 李完用
필사본
隆熙1年~隆熙4年(1907~1910)
규장각
奎17851

統別勅令往復案 統監 子爵 曾禰荒助
필사본
隆熙1年~隆熙4年(1907~1910)
규장각
奎17851

統別勅令往復案

미상
필사본
隆熙1年~隆熙4年(1907~1910)
규장각
奎17851

統別勅令往復案
해당사항 없음
필사본
隆熙1年~隆熙4年(1907~1910)
규장각
奎17851

統別勅令往復案(1권만)
미상
필사본
隆熙1年~隆熙4年(1907~1910)
규장각
奎17851

通牒
議政府 秘書課長 高源植
필사본
建陽元年~隆熙元年(1896~1907)
규장각
奎17822

通牒
不動産法調査會
필사본
建陽元年~隆熙元年(1896~1907)
규장각
奎17822

平壤市案

議政府參政大臣　朴齊純

필사본

미상

규장각

奎17872-1

表勳院來去文

太子少師　內閣　總理大臣　李完用

필사본

光武3年〜隆熙4年(1899〜1910)

규장각

奎17791

表勳院來去文

太子少師　內閣　總理大臣　李完用

필사본

光武3年〜隆熙4年(1899〜1910)

규장각

奎17791

表勳院來去文

表勳院　總裁　李載克

필사본

光武3年〜隆熙4年(1899〜1910)

규장각

奎17791

表勳院來去文

內閣　總理大臣　李完用

필사본

光武3年〜隆熙4年(1899〜1910)

규장각

奎17791

表勳院來去文

表勳院　總裁　李載克

필사본

光武3年〜隆熙4年(1899〜1910)

규장각

奎17791

表勳院來去文

表勳院　總裁　李載克

필사본

光武3年〜隆熙4年(1899〜1910)

규장각

奎17791

表勳院來去文

表勳院　總裁　李載克 →太子少師　內閣　總理大
臣　李完用

필사본

光武3年〜隆熙4年(1899〜1910)

규장각

奎17791

表勳院來去文

內閣　書記官長　韓昌洙

필사본

光武3年〜隆熙4年(1899〜1910)

규장각

奎17791

表勳院來去文

表勳院　總裁　趙義淵

필사본
光武3年~隆熙4年(1899~1910)
규장각
奎17791

表勳院來去文
統監 子爵 寺內正毅
필사본
光武3年~隆熙4年(1899~1910)
규장각
奎17791

表勳院來去文
內閣 書記官長 韓昌洙
필사본
光武3年~隆熙4年(1899~1910)
규장각
奎17791

表勳院來去文
表勳院 總裁 趙義淵
필사본
光武3年~隆熙4年(1899~1910)
규장각
奎17791

表勳院來去文
內閣 書記官長 代辦 內閣 法制局長 兪星濬
필사본
光武3年~隆熙4年(1899~1910)
규장각
奎17791

表勳院來去文
內閣 書記官長 韓昌洙
필사본
光武3年~隆熙4年(1899~1910)
규장각
奎17791

表勳院來去文
內閣 外事課 殘務取扱 國分哲
필사본
光武3年~隆熙4年(1899~1910)
규장각
奎17791

表勳院來去文
表勳院 庶務課 殘務取扱 鄭東植
필사본
光武3年~隆熙4年(1899~1910)
규장각
奎17791

表勳院來去文
內閣 總理大臣 李完用
필사본
光武3年~隆熙4年(1899~1910)
규장각
奎17791

表勳院來去文
太子少師 內閣 總理大臣 李完用
필사본
光武3年~隆熙4年(1899~1910)
규장각

奎17791

表勳院來去文
表勳院 總裁 李載克
필사본
光武3年～隆熙4年(1899～1910)
규장각

奎17791

必備(內閣宮制)
102쪽 1책
306×208㎝ 筆寫本
규장각
奎17713

2. 제도조사

2-1. 제도조사

官制(官報) 自光武九年四月至光武十年八月
조선총독부 중추원
82쪽 1책
20×28.5㎝ 필사본
1906
수원시박물관
B-1-404

官制調 原稿
조선총독부 중추원
102쪽 1책
19.5×27.5㎝ 필사본
수원시박물관
B-1-405

內閣宮制
39쪽 1책
306×208㎝ 필사본
규장각
奎17713

(李朝時代) 要調査文集類
조선총독부 중추원
57쪽 1책
20×28㎝ 필사본
수원시박물관
B-1-210

(制度) 舊慣制度調査
조선총독부 중추원
76쪽 1책
19×27㎝ 필사본
1925
수원시박물관
B-1-444

(制度) 舊慣制度調査
조선총독부 중추원
9쪽 1책
19×26.5㎝ 필사본
1924
수원시박물관
B-1-447

(制度) 舊慣調査
조선총독부 중추원
115쪽 1책
20×28㎝ 필사본
1923
수원시박물관
B-1-446

(制度) 舊慣調査報告書(達城·東萊·梁山·密陽)
조선총독부 중추원

14쪽 1책
20×28㎝ 필사본
1925
수원시박물관
B-1-177

制度調査事務槪要
조선총독부 중추원
26쪽 1책
20×27㎝ 필사본
1941
수원시박물관
B-1-403

制度調査項目
조선총독부 중추원
78쪽 1책
28×20㎝ 寫本
1910~1945寫
국사편찬위원회
中B13B-34

調査資料書目
조선총독부 중추원
18쪽 1책
28×20㎝ 寫本
1910~1945寫
국사편찬위원회
中B17B-81

(地方制度) 領中樞府事李克培は…
조선총독부 중추원
129쪽 1책

19.5×27.5㎝ 필사본
수원시박물관
B-1-674

地方制度調査(慶州·蔚山·東萊)
조선총독부 중추원
61쪽 1책
20×28㎝ 필사본
1931
수원시박물관
B-1-163

地方制度調査(全州·光州·木浦·群山)
조선총독부 중추원
12쪽 1책
20×28㎝ 필사본
1930
수원시박물관
B-1-164

學校官制ノ制定廢止, 學校長特別任用令制定ノ件
조선총독부 40쪽 1책
20×28㎝ 필사본
1911
수원시박물관
B-1-654

韓國時代ノ諸制度槪要
조선총독부 중추원
73쪽 1책
28×20㎝ 寫本
1910~1945寫

국사편찬위원회
中B13B-37

2-2. 국제 및 왕실

經筵
조선총독부 중추원
4523쪽 1책
寫本
1910~1945寫
국사편찬위원회
中B18F-3

景園ニ就テ
조선총독부 중추원
64쪽 1책
田村剛(日本)
寫本
1917寫
국사편찬위원회
中B16FB-8

啓事(실록)
조선총독부 중추원
162쪽 1책
寫本
1910~1945寫
국사편찬위원회
中B18E-5

啓事(일성록)
조선총독부 중추원

29쪽 1책
寫本
1910~1945寫
국사편찬위원회
中B18F-5

考課(실록)
조선총독부 중추원
98쪽 1책
寫本
1910~1945寫
국사편찬위원회
中B18E-6

告身(실록)
조선총독부 중추원
64쪽 1책
寫本
1910~1945寫
국사편찬위원회
中B18E-7

功臣(실록)
조선총독부 중추원
20쪽 1책
寫本
1910~1945寫

국사편찬위원회
中B18F-8

功臣(일성록)
조선총독부 중추원
6쪽 1책
寫本
1910~1945寫
국사편찬위원회
中B18F-7

科擧(비변사등록)
조선총독부 중추원
100쪽 1책
寫本
1910~1945寫
국사편찬위원회
中B18B-5

科擧(실록)
조선총독부 중추원
1-378쪽, 2-362쪽 2책
寫本
1910~1945寫
국사편찬위원회
中B18E-9

科擧(일성록)
조선총독부 중추원
40쪽 1책
寫本
1910~1945寫
국사편찬위원회

中B18F-9

官階(실록)
조선총독부 중추원
1-148쪽, 2-92쪽 2책
寫本
1910~1945寫
국사편찬위원회
中B18E-10

官三雇三校三等二關スル資料
조선총독부 중추원
69쪽 1책
寫本
1910~1945寫
국사편찬위원회
中B13G-30

觀象(실록)
조선총독부 중추원
1-888쪽, 2-176쪽 2책
寫本
1910~1945寫
국사편찬위원회
中B18E-11

官員(일성록)
조선총독부 중추원
10쪽 1책
寫本
1910~1945寫
국사편찬위원회
中B18F-10

官職(실록)
조선총독부 중추원
818쪽 1책
寫本
1910~1945寫
국사편찬위원회
中B18E-14

官職(실록)
조선총독부 중추원
1-504쪽, 2-572쪽 2책
寫本
1910~1945寫
국사편찬위원회
中B18E-15

官職(일성록)
조선총독부 중추원
1-280쪽, 2-598쪽 2책
寫本
1910~1945寫
국사편찬위원회
中B18F-12

教旨－鄭晩錫爲大匡輔國崇祿大夫等
99쪽 1책
20×28cm
수원시박물관
B-1-725

區域(일성록)
조선총독부 중추원
4쪽 1책

寫本
1910~1945寫
국사편찬위원회
中B18F-15

宮房, 內帑 租稅公課滯納處分
조선총독부 중추원
36쪽 1책
寫本
1910~1945寫
국사편찬위원회
中B13G-32

宮府圖
조선총독부 중추원
11쪽 2책(零本)
寫本
국사편찬위원회
中B16JC-1

宮中次席
궁내군 예식과(조선)
21쪽 1책
26×195cm 謄寫本
隆熙3年(1909)
규장각
奎21703

錄勳(비변사등록)
조선총독부 중추원
20쪽 1책
寫本
1910~1945寫

국사편찬위원회
中B18B-12

錄勳(일성록)
조선총독부 중추원
32쪽 1책
寫本
1910~1945寫
국사편찬위원회
中B18F-21

陵園墓
조선총독부 중추원
92쪽 1책
寫本
1910~1945寫
국사편찬위원회
中B18B-13

陵園墓
조선총독부 중추원
686쪽 1책
寫本
1910~1945寫
국사편찬위원회
中B18E-28

陵園墓
조선총독부 중추원
1-608쪽, 2-350쪽 2책
조종완
寫本
1910~1945寫

국사편찬위원회
中B18F-22

氷庫(일성록)
조선총독부 중추원
6쪽 1책
寫本
1910~1945寫
국사편찬위원회
中B18F-38

賜與(실록)
조선총독부 중추원
102쪽 1책
寫本
1910~1945寫
국사편찬위원회
中B18E-47

史籍(비변사등록)
조선총독부 중추원
34쪽 1책
寫本
1910~1945寫
국사편찬위원회
中B18B-29

史籍(일성록)
조선총독부 중추원
1-62쪽, 2-776쪽 2책
寫本
1910~1945寫
국사편찬위원회

中B18F-41

社稷(일성록)
조선총독부 중추원
2쪽 1책
寫本
1910~1945寫
국사편찬위원회
中B18F-42

賜牌(일성록)
조선총독부 중추원
2쪽 1책
寫本
1910~1945寫
국사편찬위원회
中B18F-44

賞與(일성록)
조선총독부 중추원
80쪽 1책
寫本
1910~1945寫
국사편찬위원회
中B18F-48

相避
조선총독부 중추원
2쪽, 5쪽 1책
寫本
1910~1945寫
국사편찬위원회
中B18B-31

相避(실록)
조선총독부 중추원
20쪽 1책
寫本
1910~1945寫
국사편찬위원회
中B18E-51

相避(일성록)
조선총독부 중추원
38쪽 1책
寫本
1910~1945寫
국사편찬위원회
中B18F-50

署經(비변사등록)
조선총독부 중추원
48쪽 1책
寫本
1910~1945寫
국사편찬위원회
中B18B-32

署經(실록)
조선총독부 중추원
1-192쪽, 2-26쪽 2책
寫本
1910~1945寫
국사편찬위원회
中B18E-52

署經(일성록)

조선총독부 중추원
30쪽 1책
寫本
1910~1945寫
국사편찬위원회
中B18F-51

敍用(일성록)

조선총독부 중추원
70쪽 1책
寫本
1910~1945寫
국사편찬위원회
中B18F-52

敍遞(실록)

조선총독부 중추원
1-306쪽, 2-78쪽 2책
寫本
1910~1945寫
국사편찬위원회
中B18E-54

釋奠(일성록)

조선총독부 중추원
2쪽 1책
寫本
1910~1945寫
국사편찬위원회
中B18F-53

攝政

조선총독부 중추원

222쪽 1책
寫本
1910~1945寫
국사편찬위원회
中B18E-58

姓譜

조선총독부
100쪽 2책
寫本
朝鮮朝後期-末期寫
국사편찬위원회
B10F-11

世子

조선총독부 중추원
16쪽 1책
寫本
1910~1945寫
국사편찬위원회
中B18B-34

實錄拔萃(曆)

미상
6쪽 1책
寫本
1910~1945寫
국사편찬위원회
中B18E-74

實錄拔萃(禮葬)

조선총독부 중추원
80쪽 3책

寫本
1910~1945寫
국사편찬위원회
中B18E-79

實錄拔萃(立廟)
조선총독부 중추원
40쪽 1책
寫本
1910~1945寫
국사편찬위원회
中B18E-98

王家墳墓
조선총독부 중추원
603쪽 2책
寫本
1910~1945寫
국사편찬위원회
中B16FB-74

王家婚禮ニ關スル件
조선총독부 중추원
126쪽 1책
김한목
寫本
1910~1945寫
국사편찬위원회
中B13FB-13

王公家裵服規程
10쪽 1책
20×27㎝

1926
수원시박물관
B-1-679

王陵及寺刹ニ關スル調査
1책
19×26.5㎝
1918
수원시박물관
B-1-082

王室の進供, 祭享の物品
1책
20×28.3㎝
수원시박물관
B-1-672

王室經筵
조선사편수회
108쪽 1책
寫本
1910~1945寫
국사편찬위원회
中B18E-83

王室世子
조선총독부 중추원
136쪽 1책
寫本
1910~1945寫
국사편찬위원회
中B18E-84

王室諡號
조선총독부 중추원
57쪽 1책
寫本
1910~1945寫
국사편찬위원회
中B18E-85

王室王族
조선총독부 중추원
224쪽 1책
寫本
1910~1945寫
국사편찬위원회
中B18E-86

王室儀禮
조선총독부 중추원
226쪽 1책(零本)
寫本
1910~1945寫
국사편찬위원회
中B18E-87

儀軌假扣
64쪽 1책
278×20㎝ 筆寫本
1914
규장각
奎26747

李朝官制一覽(東班)
1책

27×40㎝
수원시박물관
B-1-760

李朝職員
조선총독부 중추원
194쪽 1책
17.6×26㎝ 필사본
수원시박물관
B-1-680

諡號(日省錄拔萃)
조선총독부 중추원
16쪽 1책
寫本
1910~1945寫
국사편찬위원회
中B18F-62

全羅道古今島等四鎭釐弊節目
9쪽 1책
19.6×27.7㎝
수원시박물관
B-1-734

朝服
조선총독부 중추원
96쪽 2책
寫本
1910~1945寫
국사편찬위원회
中B18E-112

宗廟(비변사등록)
조선총독부 중추원
2쪽 1책
寫本
1910~1945寫
국사편찬위원회
中B18B-63

宗廟ノ沿革
이왕직
13쪽 1책
20×28㎝ 필사본
1938
수원시박물관
B-1-753

宗親府條例
조선총독부 중추원
64쪽 1책
李昰應(1820~1898)
全史字版
高宗7(1870序)
국사편찬위원회
中B13FB-15

中樞院啓復, 出納及兵機
118쪽 1책
20×28㎝
수원시박물관
B-1-724

册封
조선총독부 중추원

116쪽 1책
寫本
1910~1945寫
국사편찬위원회
中B18F-101

薦擧
조선총독부 중추원
70쪽 1책
寫本
1910~1945寫
국사편찬위원회
中B18B-70

薦擧
조선총독부 중추원
1-130쪽, 2-22쪽 2책
寫本
1910~1945寫
국사편찬위원회
中B18E-122

薦擧
조선총독부 중추원
1-104쪽, 2-4쪽 2책
寫本
1910~1945寫
국사편찬위원회
中B18F-102

追贈
조선총독부 중추원
18쪽 1책

寫本
1910~1945寫
국사편찬위원회
中B18F-103

取才

조선총독부 중추원

2쪽 1책

寫本

1910~1945寫

국사편찬위원회

中B18F-104

致賻(비변사등록)

조선총독부 중추원

8쪽 1책

寫本

1910~1945寫

국사편찬위원회

中B18B-72

致賻(일성록)

조선총독부 중추원

2쪽 1책

寫本

1910~1945寫

국사편찬위원회

中B18F-105

勅令目錄

내각(조선)

52쪽 1책

27.4×18.9㎝ 필사본

高宗31年~隆熙4年(1894~1910)

규장각

奎18034

褒賞(비변사등록)

조선총독부 중추원

28쪽 1책

寫本

1910~1945寫

국사편찬위원회

中B18B-74

褒貶(비변사등록)

조선총독부 중추원

20쪽 1책

寫本

1910~1945寫

국사편찬위원회

中B18B-75

解由(비변사등록)

조선총독부 중추원

24쪽 1책

寫本

1910~1945寫

국사편찬위원회

中B18B-78

行狀

조선총독부 중추원

32쪽 1책

寫本

1910~1945寫

국사편찬위원회
中B18F-111

2-3. 재무

經費
조선총독부 중추원
880쪽 1책
寫本
1910~1945寫
국사편찬위원회
中B18B-2

經費
조선총독부 중추원
1-384쪽, 2-346쪽, 3-452쪽, 4-14쪽, 5-296
쪽, 6-464쪽 6책
寫本
1910~1945寫
국사편찬위원회
中B18F-2

貢(비변사등록)
조선총독부 중추원
1064쪽 1책
寫本
1910~1945寫
국사편찬위원회
中B18B-4

貢(일성록)
조선총독부 중추원

638쪽 4책
寫本
1910~1945寫
국사편찬위원회
中B18F-6

貢價會計手續
1책
20×28.5㎝
수원시박물관
B-1-663

貢及賦(第二草案)
275쪽 1책
20.5×28.5
수원시박물관
B-1-651

(貢物) 李朝は太祖元年壬申七月卽位の後
21쪽 1책
20×28.5㎝
수원시박물관
B-1-662

年分要覽(制度)
조선총독부 중추원
33쪽 1책

20×27㎝ 필사본
수원시박물관
B-1-416

大同(비변사등록발췌)
조선총독부 중추원
260쪽 1책
寫本
1910~1945寫
국사편찬위원회
中B18B-14

大同米施行後に於ける貢物
1책
20×28.5㎝
수원시박물관
B-1-629

度量衡
조선총독부 중추원
2책
寫本
1910~1945寫
국사편찬위원회
中C8B-1

俸給(일성록)
조선총독부 중추원
22쪽 1책
寫本
1910~1945寫
국사편찬위원회
中B18F-34

附加稅(비변사등록)
조선총독부 중추원
48쪽 1책
寫本
1910~1945寫
국사편찬위원회
中B18B-25

附加稅(일성록)
조선총독부 중추원
4쪽 1책
寫本
1910~1945寫
국사편찬위원회
中B18F-35

稅制ニ關スル事項
조선총독부 중추원
13쪽 1책
寫本
1910~1945寫
국사편찬위원회
中B13G-56

收稅
조선총독부 중추원
1-558, 2-754쪽 2책
寫本
1910~1945寫
국사편찬위원회
中B18E-64

收稅

조선총독부 중추원

24쪽 1책

寫本

1910~1945寫

국사편찬위원회

中B18E-65

役

미상

506쪽 1책

寫本

1910~1945寫

국사편찬위원회

中B18B-44

役

미상

460쪽 1책

寫本

1910~1945寫

국사편찬위원회

中B18E-75

役(日省錄拔萃)

미상

130쪽 1책

寫本

1910~1945寫

국사편찬위원회

中B18F-66

豫算表

1책

20×28.5㎝

수원시박물관

B-1-675

王室經費

조선총독부 중추원

1-2쪽, 2-46쪽, 3-2쪽 3책

寫本

1910~1945寫

국사편찬위원회

中B18E-82

王室經費(비변사등록)

미상

26쪽 1책

寫本

1910~1945寫

국사편찬위원회

中B18B-47

王室經費(日省錄拔萃)

미상

1-2쪽, 2-106쪽 2책

寫本

1910~1945寫

국사편찬위원회

中B18F-68

王室會計

조선총독부 중추원

4쪽 1책

寫本

1910~1945寫

국사편찬위원회

中B18E-88

王室會計(日省錄拔萃)

조선총독부 중추원

22쪽 1책

寫本

1910~1945寫

국사편찬위원회

中B18F-69

場稅調(實役總數ヨリ拔抄)

조선총독부 중추원

29쪽 1책

19.5×27㎝ 필사본

수원시박물관

B-1-642

財務

조선총독부 중추원

14쪽 1책

寫本

1910~1945寫

국사편찬위원회

中B18F-83

楮貨錢幣

조선총독부 중추원

464쪽 1책

寫本

1910~1945寫

국사편찬위원회

中B18E-102

(制度) 公木作米謄錄 一

조선총독부 중추원

141쪽 1책

20×28㎝ 필사본

수원시박물관

B-1-632

(制度) 特殊ノ稅, 垌及屯ニ關スル事項

조선총독부

30쪽 1책

19.5×27㎝ 필사본

1912

수원시박물관

B-1-024

朝鮮ニ於ケル賦役沿革略

조선총독부 중추원

4쪽 1책

28×19㎝ 寫本

1910~1945寫

국사편찬위원회

中B13G-99

朝鮮田賦制

법전조사국

28쪽 1책

下森久吉

24.5×16.4㎝ 寫本

1910~1945寫

국사편찬위원회

中B13G-82

租稅關係官廳(附職員)

조선총독부 중추원

28쪽 1책

寫本

1910~1945寫

국사편찬위원회

中B13G-101

租稅徵收法の二大系統

41쪽 1책

20.5×28.5㎝

수원시박물관

B-1-666

漕運

조선총독부 중추원

1-398쪽, 2-32쪽 2책

寫本

1910~1945寫

국사편찬위원회

中B18E-114

漕運(비변사등록)

조선총독부 중추원

436쪽 1책

寫本

1910~1945寫

국사편찬위원회

中B18B-62

漕運(日省錄拔萃)

조선총독부 중추원

260쪽 1책

寫本

1910~1945寫

국사편찬위원회

中B18F-95

倉庫(비변사등록)

조선총독부 중추원

116쪽 1책

寫本

1910~1945寫

국사편찬위원회

中B18B-68

債

조선총독부 중추원

20쪽 1책

寫本

1910~1945寫

국사편찬위원회

中B18E-120

債

조선총독부 중추원

1-44쪽, 2-16쪽 2책

寫本

1910~1945寫

국사편찬위원회

中B18F-100

戶曹(別號·地部·倉部·民官·民部·度支·版圖)

10쪽 1책

17.8×25.7㎝

수원시박물관

B-1-665

戸曹貢物
6쪽 1책
20.2×28㎝
수원시박물관
B-1-667

貨幣
조선총독부 중추원
248쪽 1책
寫本
1910~1945寫
국사편찬위원회
中B18F-117

會計
조선총독부 중추원
42쪽 1책
寫本
1910~1945寫
국사편찬위원회
中B18F-119

會計關係綴
조선총독부 중추원
136쪽 1책
寫本
1950油印
국사편찬위원회
中B14-86

會計局掌本衙門出納財簿
조선총독부 중추원
64쪽 1책
20×28.5㎝ 필사본
수원시박물관
B-1-673

2-4. 전적

經議不奏存案
내각(조선)
9책
255×181㎝ 필사본
光武11年~隆熙4年(1907~1910)
규장각
奎20030

高宗
조선총독부 중추원
158쪽 1책
寫本
1910~1945寫
국사편찬위원회
中B18B-3

高宗實錄抄
조선사편수회
1-226쪽, 2-106쪽, 3-210쪽, 4-130쪽, 5-178
쪽, 6-104쪽, 7-98쪽, 8-212쪽, 9-122쪽,
10-202쪽, 11-384쪽, 12-172쪽, 13-254쪽,
14-164쪽, 15-112쪽, 16-92쪽, 17-80쪽,
18-174쪽, 19-144쪽, (20-1책) 152쪽, (20-2
책) 204쪽, 21-426쪽, 22-300쪽, 23-272쪽,
24-182쪽, 25-198쪽, 26-204쪽, 27-252쪽,
28-162쪽, 29-284쪽, 30-242쪽, 31-196쪽,
32-336쪽, 33-408쪽, 34-56쪽 35책

寫本
1936寫
국사편찬위원회
B3B-4

光海君
조선총독부 중추원
446쪽 1책
寫本
1910~1945寫
국사편찬위원회
中B18B-6

光海君日記(실록)
조선총독부 중추원
1-308쪽, 2-346쪽, 3-388쪽, 4-408쪽 26권 4책
寫本
1910~1945寫
국사편찬위원회
中B18E-16

光海君日記·綱要(실록)
조선총독부 중추원
1-344쪽, 2-434쪽, 3-458쪽, 4-520쪽, 5-474
쪽 5책(零本)
寫本
1910~1945寫

국사편찬위원회
中B18E-17

光海朝天變地異抄(實錄拔萃)
조선사편수회
1-418쪽, 2-482쪽, 3-486쪽 3책
朝鮮史編修會 拔萃
寫本
국사편찬위원회
中B18E-18

奎章閣圖書關係書類綴
136쪽 1책
28×20㎝ 필사본
1912
규장각
奎26764

錦山郡富南面所在田畓打量斗數及時作人
姓名成冊
미상
16쪽 1책
寫本
국사편찬위원회
中B13G-36

端宗實錄[綱要](실록)
조선총독부 중추원
1-454쪽, 2-452쪽, 3-570쪽 14권 3책
寫本
1910~1945寫
국사편찬위원회
中B18E-29

端宗實錄綱要(실록)
조선총독부 중추원
120쪽 14권 1책
寫本
1910~1945寫
국사편찬위원회
中B18E-30

第三十冊 大明一統志
조선총독부 중추원
19쪽 1책
19.7×27.7㎝ 필사본
1920
수원시박물관
B-1-728

文宗實錄[綱要]
조선총독부 중추원
1-430쪽, 2-278쪽, 13권 4책
寫本
1910~1945寫
국사편찬위원회
中B18E-38

分類目錄(비변사등록)
조선총독부 중추원
14쪽 1책
寫本
1910~1945寫
국사편찬위원회
中B18B-26

辭書編纂ニ關スル書類綴

조선총독부 취조국
22쪽 1책
28×20㎝ 필사본
1912
규장각
奎22009

辭書編纂事務日誌

6쪽 1책
265×185㎝ 필사본
1913~1914
규장각
奎20322

辭書編纂事務日誌

조선총독부
6쪽 1책
26.5×18.5㎝ 필사본
1913~1914
규장각
奎20322

書類綴

조선총독부 참사관실 사전편찬계
50쪽 1책
28.5×20㎝ 필사본(一部 謄寫)
1918~1920
규장각
奎22004

書類綴

조선총독부 참사관실 사서위원회
32쪽 1책

28×20㎝ 필사본
1915
규장각
奎22010

書類綴

조선총독부 참사관실 사서위원회
60쪽 1책
28×20㎝ 필사본
1913~1914
규장각
奎22011

書類綴

조선총독부 참사관실 사서위원회
30쪽 1책
28×20㎝ 필사본
1916~1917
규장각
奎22014

書籍卷數目錄

내각 편록과(조선), 의정부 기록과(조선)
68쪽 1책
29.2×19.4㎝ 필사본
光武7年(1903)
규장각
奎26749

宣祖實錄[綱要]

조선총독부 중추원
1-288쪽, 2-296쪽, 3-290쪽, 4-116쪽, 5-428
쪽, 6-198쪽, 7-176쪽, 8-462쪽, 9-100쪽,

10-422쪽, 11-284쪽, 12-376쪽, 13-454쪽,
14-388쪽, 15-412쪽, 16-436쪽, 17-186쪽,
18-294쪽, 19-360쪽, 20-394쪽, 21-262쪽,
22-724쪽, 23-408쪽, 24-260쪽, 25-384쪽,
26-372쪽, 27-364쪽, 28-426쪽, 29-236쪽,
30-376쪽, 31-410쪽, 32-310쪽, 33-358쪽,
34-390쪽, 35-332쪽, 36-1394쪽, 37-346쪽,
38-182쪽, 39-246쪽, 40-294쪽, 41-240쪽,
42-294쪽 42책(零本)
寫本
1910~1945寫
국사편찬위원회
中B18E-56

選擇要略
3책
349×236㎝ 목판본[刊年未詳]
규장각
奎1724-v.1-3

成宗實錄[綱要]
조선총독부 중추원
1-492쪽, 2-514쪽, 3-494쪽, 4-322쪽, 5-316쪽,
6-336쪽, 7-402쪽, 8-298쪽, 9-398쪽, 10-482
쪽, 11-404쪽, 12-382쪽, 13-492쪽, 14-538쪽,
15-492쪽, 16-362쪽, 17-454쪽 17책(零本)
寫本
1910~1945寫
국사편찬위원회
中B18E-59

世祖實錄綱要
조선총독부 중추원

1-200쪽, 2-196쪽, 3-206쪽, 4-282쪽, 5-324
쪽, 6-352쪽 6책(零本)
寫本
1910~1945寫
국사편찬위원회
中B18E-61

世宗實錄[綱要]
조선총독부 중추원
1-438쪽, 2-422쪽, 3-548쪽, 4-374쪽, 5-546
쪽, 6-578쪽, 7-530쪽, 8-452쪽, 9-498쪽,
10-650쪽, 11-522쪽, 12-770쪽, 13-428쪽,
14-340쪽, 15-300쪽, 16-486쪽, 17-532쪽,
18-524쪽, 19-376쪽, 20-742쪽, 21-482쪽,
22-438쪽, 23-170쪽, 24-276쪽, 25-172쪽,
26-256쪽, 27-322쪽 27책(零本)
寫本
1910~1945寫
국사편찬위원회
中B18E-62

世宗實錄綱要
조선총독부 중추원
1-208쪽, 2-164쪽, 3-16쪽, 4-136쪽, 5-240
쪽, 6-230쪽, 7-238쪽 7책(零本)
寫本
1910~1945寫
국사편찬위원회
中B18E-63

世宗實錄對照表
조선총독부 중추원
168쪽 1책

寫本
1910~1945寫
국사편찬위원회
中B6B-143

送達簿
의정부(조선)
8쪽 1책
27×187㎝ 필사본
隆熙3年(1909)
규장각
奎20124

肅宗
조선총독부 중추원
1-402쪽, 2-316쪽, 3-316쪽, 4-282쪽, 5-282
쪽, 6-306쪽, 7-306쪽, 8-264쪽, 9-2634쪽,
10-260쪽 19책
寫本
1910~1945寫
국사편찬위원회
中B18B-36

肅宗·景宗·英宗
조선총독부 중추원
258쪽 1책
寫本
1910~1945寫
국사편찬위원회
中B18B-37

純祖(비변사등록)
조선총독부 중추원

1-288쪽, 2-356쪽, 3-360쪽, 4-478쪽, 5-494쪽,
6-498쪽, 7-516쪽, 8-302쪽, 9-398쪽, 10-296
쪽, 11-424쪽, 12-426쪽, 13-418쪽 13책
寫本
1910~1945寫
국사편찬위원회
中B18B-38

純宗實錄綱要
조선총독부 중추원
1-358쪽, 2-328쪽, 3-370쪽, 4-242쪽 4책(零
本)
寫本
1910~1945寫
국사편찬위원회
中B18E-66

實錄拔萃(量田)
조선총독부 중추원
292쪽 2책
寫本
1910~1945寫
국사편찬위원회
中B18E-72

燕山君日記[綱要]
미상
1-322쪽, 2-310쪽, 3-262쪽, 4-306쪽, 5-228
쪽 5책(零本)
寫本
1910~1945寫
국사편찬위원회
中B18E-77

英宗[綱要]

미상

1-420쪽, 2-442쪽, 3-440쪽, 4-440쪽, 5-502
쪽, 6-348쪽, 7-364쪽, 8-420쪽, 9-382쪽,
10-470쪽, 11-306쪽, 12-288쪽, 13-358쪽,
14-356쪽, 15-314쪽, 16-378쪽, 17-506쪽,
18-558쪽, 19-482쪽, 20-368쪽, 21-310쪽,
22-306쪽, 23-562쪽, 24-436쪽, 25-438쪽,
26-442쪽, 27-428쪽, 27책

寫本

1910~1945

국사편찬위원회

中B18B-46

英宗實錄[綱要]

미상

1-310쪽, 2-312쪽, 3-350쪽, 4-280쪽 4책(零本)

寫本

1910~1945寫

국사편찬위원회

中B18E-78

睿宗實錄[綱要]

미상

1-714쪽, 2-536쪽, 2책

寫本

1910~1945寫

국사편찬위원회

中B18E-80

睿宗實錄綱要

미상

216쪽 8권 1책

寫本

1910~1945寫

국사편찬위원회

中B18E-81

外部中樞院來去文

28쪽 1책

28×19㎝ 필사본

光武元年~3年(1897~1899)

규장각

奎17816

原本吏讀集成. 譯語類解.

미상

Sŏul : Taejegak

1986

콜롬비아 대학

PL972.15.W5 v.24

吏讀集成

조선총독부 중추원

309쪽 1책

1937

하와이 대학

Asia FL937/.R52

仁祖(비변사등록)

조선총독부 중추원

1-408쪽, 2-406쪽, 3-352쪽, 4-582쪽(편년),
5-456쪽(편년), 6-460쪽, 7-512쪽, 8-440쪽,
9-324쪽, 10-566쪽, 11-192쪽(편년), 12-428
쪽, 13-408쪽 20책

寫本

1910~1945寫
국사편찬위원회
中B18B-52

仁宗實錄綱要
조선총독부 중추원
468쪽, 178쪽, 178쪽 1책
寫本
1910~1945寫
국사편찬위원회
中B18E-95

日省錄拔萃
조선총독부 중추원
1-440쪽, 2-384쪽, 3-522쪽, 4-536쪽, 5-536
쪽, 6-486쪽, 7-496쪽, 8-476쪽, 9-584쪽,
10-566쪽, 11-662쪽, 12-534쪽, 13-448쪽,
14-422쪽, 15-388쪽, 16-414쪽, 17-408쪽,
18-516쪽, 19-472쪽, 20-312쪽, 21-374쪽,
22-510쪽, 23-398쪽, 24-250쪽, 25-468쪽,
26-376쪽, 27-372쪽, 28-452쪽, 29-428쪽,
30-378쪽, 31-180쪽, 32-102쪽, 33-264쪽,
34-260쪽, 35-250쪽, 36-226쪽, 37-234쪽,
38-288쪽, 39-322쪽, 40-400쪽, 41-174쪽,
42-238쪽, 43-208쪽, 44-146쪽, 45-146쪽,
46-108쪽, 47-212쪽, 48-190쪽, 49-178쪽,
50-240쪽, 51-120쪽, 52-164쪽, 53-192쪽,
54-122쪽, 55-174쪽, 56-126쪽, 57-126쪽,
58-226쪽, 59-134쪽, 60-172쪽, 61-484쪽,
62-484쪽, 63-434쪽, 64-388쪽, 65-442쪽,
66-254쪽, 67-256쪽, 68-236쪽, 69-274쪽,
70-196쪽, 71-444쪽, 72-234쪽, 73-212쪽,
74-304쪽, 75-220쪽, 76-210쪽, 77-414쪽,
78-222쪽, 79-148쪽, 80-214쪽, 81-172쪽,
82-168쪽, 83-222쪽, 84-204쪽, 85-320쪽,
86-378쪽, 87-406쪽, 88-306쪽, 89-318쪽,
90-358쪽, 91-332쪽, 92-414쪽, 93-254쪽,
94-328쪽, 95-406쪽, 96-344쪽, 97-376쪽,
98-316쪽, 99-284쪽, 100-178쪽, 101-196쪽,
102-280쪽, 103-184쪽, 104-364쪽, 105-332쪽,
106-590쪽, 107-592쪽, 108-568쪽, 109-628쪽,
110-680쪽, 111-808쪽, 112-422쪽, 113-486쪽,
114-436쪽, 115-406쪽, 116-468쪽, 117-494쪽,
118-506쪽, 119-472쪽, 120-512쪽, 121-456쪽,
122-428쪽, 123-526쪽, 124-420쪽, 125-384쪽,
126-420쪽, 127-414쪽, 128-464쪽, 129-354쪽,
130-316쪽, 131-582쪽, 132-464쪽, 133-476쪽,
134-456쪽, 135-594쪽, 136-528쪽, 137-390쪽,
138-324쪽, 139-308쪽, 140-384쪽, 141-404쪽,
142-338쪽, 143-396쪽, 144-476쪽, 145-430쪽,
146-306쪽, 147-422쪽, 148-492쪽, 149-360쪽,
150-486쪽, 151-434쪽, 152-422쪽, 153-482쪽,
154-304쪽, 155-282쪽, 156-322쪽, 157-318쪽,
158-342쪽, 159-328쪽, 160-402쪽, 161-438쪽,
162-372쪽, 163-368쪽, 164-336쪽, 165-448쪽,
166-524쪽, 167-282쪽, 168-270쪽, 169-246쪽,
170-280쪽, 171-308쪽, 172-302쪽, 173-370쪽,
174-216쪽, 175-378쪽, 176-454쪽, 177-262쪽,
178-266쪽, 179-276쪽, 180-256쪽, 181-264쪽,
182-282쪽, 183-264쪽, 184-254쪽, 185-294쪽,
186-358쪽, 187-248쪽, 188-486쪽. 183책
寫本
1910~1945寫
국사편찬위원회
中B18F-78

日省錄別編
조선총독부 중추원
100쪽 1책
寫本
1910~1945寫
국사편찬위원회
中B18F-79

日省錄拔萃(賣官)
조선총독부 중추원
206쪽, 461책
寫本
1910~1945寫
국사편찬위원회
中B18F-24

正祖(비변사등록)
조선총독부 중추원
1-254쪽, 2-274쪽, 3-274쪽, 4-266쪽, 5-376
쪽, 6-390쪽, 7-456쪽, 8-446쪽, 9-296쪽,
10-270쪽 14책
寫本
1910~1945寫
국사편찬위원회
中B18B-60

正宗實錄[綱要]
조선총독부 중추원
1-342쪽, 2-302쪽, 3-262쪽, 4-342쪽, 5-300쪽,
6-306쪽, 7-340쪽, 8-300쪽, 9-232쪽 9책(零本)
寫本
1910~1945寫
국사편찬위원회

中B18E-105

定宗實錄對照表
조선총독부 중추원
6쪽 1책
寫本
1910~1945寫
국사편찬위원회
中B3B-33

朝鮮圖書解題原稿目錄
조선총독부 중추원
1-30쪽, 2-6쪽 2책
27×20㎝ 필사본
1918
규장각
奎25270, 奎25271

朝鮮語辭典
조선총독부
983쪽 1책
26.1×19㎝ 活字本(新式活字)
1920
규장각
奎12691,奎12692,奎12694

朝鮮語辭典
조선총독부
248쪽 1책
27.1×19.6㎝ 新式活字
1920
규장각
奎20763

朝鮮語辭典文例統一案
조선총독부
14쪽 1책
25.7×18.7㎝ 필사본(青寫眞)
1913年
규장각
奎22013

朝鮮語辭典原稿
조선총독부
37冊(奎15542), 32冊(奎15543)
27×19.1㎝(奎15542),
26.8×19.4㎝(奎15543) 필사본
1917-1919
규장각
奎15542-v.1-37, 奎15543-v.1-37

朝鮮語辭典形式
조선총독부 취조국 사전편찬계
30쪽 1책
27×19.5㎝ 靑寫眞
1913
규장각
奎22006, 奎22007

朝鮮語辭典形式案
조선총독부
11쪽 1책
28×20.2㎝ 등사본
1913
규장각
奎22005

朝鮮総督府古図書目録
316쪽 1책
1921
東京經濟大学櫻井義之文庫
2477

中宗實錄[綱要]
조선총독부 중추원
1-228쪽, 2-264쪽, 3-284쪽, 4-302쪽, 5-382
쪽, 6-372쪽, 7-376쪽, 8-424쪽, 9-596쪽,
10-488쪽, 11-472쪽, 12-452쪽, 13-488쪽,
14-396쪽, 15-472쪽, 16-408쪽, 17-456쪽,
18-398쪽, 19-444쪽, 20-334쪽 19책(零本)
寫本
1910~1945寫
국사편찬위원회
中B18E-116

哲宗(비변사등록)
조선총독부 중추원
1-398쪽, 2-384쪽, 3-398쪽, 4-464쪽, 5-396
쪽, 6-244쪽, 7-420쪽, 8-262쪽 16책
寫本
1910~1945寫
국사편찬위원회
中B18B-71

哲宗實錄[綱要]
조선총독부 중추원
164쪽 15권 1책
寫本
1910~1945寫
국사편찬위원회

中B18E-123

第十五冊 太宗實錄 卷十五
조선총독부 중추원
62쪽 1책
19.5×28㎝ 필사본
1919
수원시박물관
B-1-727

太祖實錄[綱要]
조선총독부 중추원
1-640쪽(1), 2-422쪽(2), 3-564쪽(3), 4-502쪽
(4) 15권 4책
寫本
1910~1945寫
국사편찬위원회
中B18E-126

太宗實錄[綱要]
조선총독부 중추원
1-210쪽, 2-586쪽, 3-570쪽, 4-754쪽, 5-698
쪽, 6-362쪽, 7-262쪽, 8-424쪽, 9-422쪽,
10-334쪽, 11-306쪽 11책(零本)
寫本
1910~1945寫
국사편찬위원회
中B18E-127

憲宗(비변사등록)
조선총독부 중추원
1-352쪽, 2-378쪽, 3-480쪽, 4-302쪽, 5-444
쪽, 6-218쪽 5책
寫本
1910~1945寫
국사편찬위원회
中B18B-80

憲宗紀事
조선총독부 중추원
44쪽 1책
寫本
1910~1945寫
국사편찬위원회
中B18F-113

顯宗(비변사등록)
조선총독부 중추원
1-202쪽, 2-142쪽, 3-222쪽 3책
寫本
1910~1945寫
국사편찬위원회
中B18B-81

2-5. 행정 및 내무

__警察(실록)__
조선총독부 중추원
1-86쪽, 2-114쪽 2책
寫本
1910~1945寫
국사편찬위원회
中B18E-4

__教育(일성록)__
조선총독부 중추원
1-10쪽, 2-4쪽, 3-152쪽 3책
寫本
1910~1945寫
국사편찬위원회
中B18F-13

__交通(일성록)__
조선총독부 중추원
58쪽 1책
寫本
1910~1945寫
국사편찬위원회
中B18F-14

__舊慣制度調査書社還米制度__
504쪽 1책
朝鮮総督府中枢院

활자본
1933
東京都立中央図書館
6113/14/

__規矩__
미상
90쪽 1책
寫本
朝鮮朝末期~日帝時代寫
국사편찬위원회
D2B-12

__禁制__
조선총독부 중추원
152쪽 1책
寫本
1910~1945寫
국사편찬위원회
中B18B-11

__禁制(실록)__
조선총독부 중추원
18쪽 1책
寫本
1910~1945寫
국사편찬위원회

中B18E-23

禁制(실록)
조선총독부 중추원
80쪽 1책
寫本
1910~1945寫
국사편찬위원회
中B18E-24

皂隷(비변사등록)
조선총독부 중추원
20쪽 1책
寫本
1910~1945寫
국사편찬위원회
中B18B-86

道路交通附賦役調査
조선총독부 중추원
158쪽 1책
寫本
1916寫
국사편찬위원회
中B16DB-1

良役實摠
경상북도
93쪽 7책
寫本
1910~1945寫
국사편찬위원회
中B13G-66

流民(일성록)
조선총독부 중추원
30쪽 1책
寫本
1910~1945寫
국사편찬위원회
中B18F-75

馬政(비변사등록발췌)
조선총독부 중추원
326쪽 1책
寫本
1910~1945寫
국사편찬위원회
中B18B-15

賣官
조선총독부 중추원
224쪽 1책
寫本
1910~1945寫
국사편찬위원회
中B18B-16

賣官(실록)
조선총독부 중추원
14쪽 1책
寫本
1910~1945寫
국사편찬위원회
中B18E-32

免稅

조선총독부 중추원
2쪽 1책
寫本
1910~1945寫
국사편찬위원회
中B18F-25

免稅(실록)
조선총독부 중추원
22쪽 1책
寫本
1910~1945寫
국사편찬위원회
中B18E-34

名臣奏議(일성록)
조선총독부 중추원
258쪽 1책
寫本
1910~1945寫
국사편찬위원회
中B18F-26

牧場
조선총독부 중추원
148쪽 1책
寫本
1910~1945寫
국사편찬위원회
中B18B-17

牧場(일성록)
조선총독부 중추원

98쪽 1책
寫本
1910~1945寫
국사편찬위원회
中B18F-27

文券
조선총독부 중추원
148쪽 2책
寫本
1910~1945寫
국사편찬위원회
中B14-27

文廟(실록)
조선총독부 중추원
1-182쪽, 2-58쪽, 3-52쪽 3책
寫本
1910~1945寫
국사편찬위원회
中B18E-37

賠賞(비변사등록)
조선총독부 중추원
4쪽 1책
寫本
1910~1945寫
국사편찬위원회
中B18B-18

邊政(비변사등록)
조선총독부 중추원
972쪽 1책

寫本
1910~1945寫
국사편찬위원회
中B18B-21

邊政(실록)
조선총독부 중추원
1-242쪽, 2-1086쪽, 3-448쪽, 4-550쪽,
5-442쪽, 6-458쪽, 7-402쪽 9책
寫本
1910~1945寫
국사편찬위원회
中B18E-39

補償(일성록)
조선총독부 중추원
38쪽 1책
寫本
1910~1945寫
국사편찬위원회
中B18F-30

補償(일성록)
조선총독부 중추원
2쪽 1책
寫本
1910~1945寫
국사편찬위원회
中B18F-31

復戶(실록)
조선총독부 중추원
44쪽 1책

寫本
1910~1945寫
국사편찬위원회
中B18E-42

復戶(일성록)
조선총독부 중추원
4쪽, 12쪽 1책
寫本
1910~1945寫
국사편찬위원회
中B18F-33

烽燧(備邊司謄錄)
조선총독부 중추원
10쪽 1책
寫本
1910~1945寫
국사편찬위원회
中B18B-24

烽燧ニ關スル調査
조선총독부 중추원
110쪽 1책
이기홍
寫本
1916寫
국사편찬위원회
中B13H-17

烽燧調査表
조선총독부 중추원
28쪽 1책

趙漢鏞
寫本
1910~1945寫
국사편찬위원회
中B13H-18

四色ニ關スル調査
조선총독부 취조국
147쪽 1책
필사본
1911
국립중앙도서관
古2156-30

社倉(일성록)
조선총독부 중추원
22쪽 1책
寫本
1910~1945寫
국사편찬위원회
中B18F-43

社還米制度(舊慣制度調査書)
조선총독부 중추원
513쪽 1책
조선총독부 중추원(京城)
23㎝ 활자본
1933
국립중앙도서관
朝21-19

社還米制度：舊慣制度調査書
504쪽 1책

朝鮮総督府中枢院
활자본
1933
国立国会図書館
DM171-109

社還米制度：舊慣制度調査書
504쪽 1책
朝鮮総督府中枢院
활자본
1933
日本国立国会図書館, 東京都立中央図書館, 大
分大学経済学部教育研究支援室, 大阪経済大
学日本経済史研究所, 大阪市立大学学術情報
総合センター, 小樽商科大学附属図書館, 学習院
大学図書館, 九州大学附属図書館, 九州大学附
属図書館, 九州大学附属図書館, 京都大学経済
学部図書室, 京都大学人文科学研究所図書室,
京都大学附属図書館, 京都大学法学部図書室,
神戸大学附属図書館社会科学系図書館, 滋賀
県立大学図書情報センター, 滋賀大学附属図書
館, 東京大学経済学図書館, 東京大学総合図書
館, 東京大学東洋文化研究所図書室, 東京大学
法学部, 東北大学附属図書館, 東洋大学附属図
書館, 名古屋大学附属図書館, 一橋大学附属図
書館, 福岡女子大学附属図書館, ベルリン国立図
書館, 北海道大学大学院農学研究科図書室, 北
海道大学附属図書館, 明治大学図書館, 和歌山
大学附属図書館
DM171-109

常平倉
조선총독부 중추원

12쪽 1책
寫本
1910~1945寫
국사편찬위원회
中B18B-30

常平倉(일성록)
조선총독부 중추원
4쪽 1책
寫本
1910~1945寫
국사편찬위원회
中B18F-49

實錄拔萃(路引)
미상
2쪽 1책
寫本
1910~1945寫
국사편찬위원회
中B18E-27

實錄拔萃(林政)
미상
1-6쪽, 2-12쪽 2책
寫本
1910~1945寫
국사편찬위원회
中B18E-97

實錄拔萃(馬政)
미상
1-14쪽, 2-186쪽, 3-189쪽, 4-195쪽, 5-233쪽,

6-131쪽, 7-138쪽, 8-178쪽, 9-278쪽, 10-212
쪽, 11-48쪽, 12-98쪽, 13-80쪽, 14-560쪽,
15-354쪽, 16-308쪽 15권 16책
寫本
1910~1945寫
국사편찬위원회
中B18E-31

實錄拔萃記入簿
미상
52쪽 1책
寫本
1920寫
국사편찬위원회
中B3B-27

實錄拔萃目錄
미상
512쪽 1책
寫本
1910~1945寫
국사편찬위원회
中B17B-63

實錄宗教關係事項拔萃要錄
미상
1-130쪽, 2-80쪽 2책
寫本
1925寫
국사편찬위원회
中B18E-70

驛

미상
8쪽 1책
寫本
1910~1945寫
국사편찬위원회
中B18E-76

驛(비변사등록)
미상
194쪽 1책
寫本
1910~1945寫
국사편찬위원회
中B18B-45

完文
조선총독부 중추원
172쪽 1책
寫本
1910~1945寫
국사편찬위원회
中B14-46

儲置
조선총독부 중추원
42쪽 1책
寫本
1910~1945寫
국사편찬위원회
中B18B-55

儲置
조선총독부 중추원

6쪽 1책
寫本
1910~1945寫
국사편찬위원회
中B18E-101

儲置(日省錄拔萃)
조선총독부 중추원
1-76쪽, 2-18쪽 2책
寫本
1910~1945寫
국사편찬위원회
中B18F-86

籍沒
조선총독부 중추원
1-58쪽, 2-32쪽, 3-4쪽 3책
寫本
1910~1945寫
국사편찬위원회
中B13IB-23

籍沒
조선총독부 중추원
24쪽 1책
寫本
1910~1945寫
국사편찬위원회
中B18B-56

政務
조선총독부 중추원
66쪽 1책

寫本
1910~1945寫
국사편찬위원회
中B18B-59

政務(日省錄拔萃)
조선총독부 중추원
310쪽 1책
寫本
1910~1945寫
국사편찬위원회
中B18F-92

政治
조선총독부 중추원
8쪽 1책
寫本
1910~1945寫
국사편찬위원회
中B18E-106

政治
조선총독부 중추원
1-528쪽, 2-88쪽, 3-344쪽, 4-526쪽, 5-558
쪽, 6-236쪽 6책
寫本
1910~1945寫
국사편찬위원회
中B18F-93

(6-5) (制度) 各種ノ屯土
조선총독부 중추원
36쪽 1책

20×28㎝ 필사본
수원시박물관
B-1-436

(9-8) (制度) 白丁
조선총독부 중추원
6쪽 1책
19.5×27㎝ 필사본
수원시박물관
B-1-438

(制度) 白丁ニ關スル慣習
조선총독부 중추원
11쪽 1책
19.5×27㎝ 필사본
수원시박물관
B-1-053

(制度) 76 令市ニ關スル調査(大邱)
조선총독부 중추원
5쪽 1책
19×27㎝ 필사본
1913
수원시박물관
B-1-032

(6-7) (制度)山尺, 社還, 屯土等
조선총독부 중추원
21쪽 1책
20×28㎝ 필사본
수원시박물관
B-1-437

朝鮮田制考
조선총독부 중추원 조사과
349쪽 1책
조선총독부 중추원(京城)
23㎝ 활자본
1940
국립중앙도서관
9112-1

朝鮮田制考
2쪽, 1쪽, 4쪽, 529쪽, 123쪽 1책
朝鮮総督府中枢院
미상
1940
東京大学
E : 41 : 7

賑恤
조선총독부 중추원
20쪽 1책
寫本
1910~1945寫
국사편찬위원회
中B18E-119

土木
조선총독부 중추원
1-94쪽, 2-32쪽, 3-72쪽 3책
寫本
1910~1945寫
국사편찬위원회
中B18F-106

土木(비변사등록)
조선총독부 중추원
110쪽 1책
寫本
1910~1945寫
국사편찬위원회
中B18B-73

通信
조선총독부 중추원
6쪽 1책
寫本
1910~1945寫
국사편찬위원회
中B18F-108

褒貶
조선총독부 중추원
1책
20×28.5㎝ 필사본
수원시박물관
B-1-633

行政監督(비변사등록)
조선총독부 중추원
1-856쪽, 2-590쪽 2책
寫本
1910~1945寫
국사편찬위원회
中B18B-79

行政監督(實錄拔萃)
조선총독부 중추원

1-764쪽, 2-460쪽, 3-488쪽, 4-452쪽, 5-58
쪽, 6-372쪽, 7-418쪽, 8-512쪽, 9-396쪽,
10-660쪽, 11-492쪽, 12-362쪽 12책(零本)
寫本
1910~1945寫
국사편찬위원회
中B18E-137

行幸
조선총독부 중추원
342쪽 1책
寫本
1910~1945寫
국사편찬위원회
中B18F-112

號牌
조선총독부 중추원
4쪽 1책
寫本
1910~1945寫
국사편찬위원회
中B18F-115

號牌(실록발췌)

조선총독부 중추원
5쪽 1책(零本)
寫本
1910~1945寫
국사편찬위원회
中B18E-140

還上
조선총독부 중추원
1-334쪽, 2-870쪽, 3-644쪽, 4-646쪽, 5-406
쪽, 6-510쪽, 7-490쪽, 8-616쪽, 9-458쪽,
10-540쪽 10책
寫本
1910~1945寫
국사편찬위원회
中B18F-118

還上(비변사등록)
조선총독부 중추원
1-720쪽, 2-470쪽 2책(零本)
寫本
1910~1945寫
국사편찬위원회
中B18B-84

2-6. 외교 및 군사

軍器
조선총독부 중추원
216쪽 1책
寫本
1910~1945寫
국사편찬위원회
中B18E-19

軍糧
조선총독부 중추원
132쪽 1책
寫本
1910~1945寫
국사편찬위원회
中B18E-20

軍糧(비변사등록)
조선총독부 중추원
432쪽 1책
寫本
1910~1945寫
국사편찬위원회
中B18B-7

軍門謄錄(制度)
조선총독부 중추원
131쪽 1책

20×28.5㎝ 필사본
수원시박물관
B-1-408

(軍兵) 訓鍊都監の軍餉保は納米し砲手保は…
조선총독부 중추원
16쪽 1책
19.5×28㎝ 필사본
수원시박물관
B-1-637

軍保(비변사등록)
조선총독부 중추원
456쪽 1책
寫本
1910~1945寫
국사편찬위원회
中B18B-8

軍籍(일성록)
조선총독부 중추원
198쪽 2책
寫本
1910~1945寫
국사편찬위원회
中B18F-16

軍籍簿
조선총독부 중추원
6쪽 2책
寫本
1910~1945寫
국사편찬위원회
中B13H-9

軍制(실록)
조선총독부 중추원
1-348쪽, 2-250쪽, 3-538쪽, 4-432쪽, 5-366
쪽 5책
寫本
1910~1945寫
국사편찬위원회
中B18E-13

軍制(비변사등록)
조선총독부 중추원
42쪽 1책
寫本
1910~1945寫
국사편찬위원회
中B18B-9

軍制(일성록) 권제2, 권제8
조선총독부 중추원
480쪽, 492쪽 1책
寫本
1910~1945寫
국사편찬위원회
中B18F-11

軍制·烽燧(실록)
조선총독부 중추원
38쪽 1책
寫本
1910~1945寫
국사편찬위원회
中B18E-22

軍制功臣
조선총독부 중추원
32쪽 1책
20.2×28㎝ 필사본
수원시박물관
B-1-735

軍布(일성록)
조선총독부 중추원
1-10쪽, 2-170쪽, 3-262쪽 3책
寫本
1910~1945寫
국사편찬위원회
中B18F-17

兵符(일성록)
조선총독부 중추원
10쪽 1책
寫本
1910~1945寫
국사편찬위원회
中B18F-29

兵備
조선총독부 중추원

654쪽 1책
寫本
1910~1945寫
국사편찬위원회
中B18B-22

兵備(실록)
조선총독부 중추원
72쪽 1책
寫本
1910~1945寫
국사편찬위원회
中B18E-40

赦
조선총독부 중추원
2쪽 1책
寫本
1910~1945寫
국사편찬위원회
中B18B-28

赦(실록)
조선총독부 중추원
22쪽 1책
寫本
1910~1945寫
국사편찬위원회
中B18E-44

赦(일성록)
조선총독부 중추원
60쪽, 18쪽 1책

寫本
1910~1945寫
국사편찬위원회
中B18F-39

外交(琉球)
조선총독부 중추원
1-204쪽, 2-2쪽 2책
寫本
1910~1945寫
국사편찬위원회
中B18E-89

外交(琉球)(비변사등록)
조선총독부 중추원
54쪽 1책
寫本
1910~1945寫
국사편찬위원회
中B18B-48

外交(日本)(비변사등록)
조선총독부 중추원
618쪽 1책
寫本
1910~1945寫
국사편찬위원회
中B18B-49

外交(日本)(日省錄拔萃)
조선총독부 중추원
1-623쪽, 2-512쪽, 3-596쪽, 4-688쪽, 5-324
쪽, 6-322쪽, 7-398쪽, 8-302쪽, 9-498쪽,

10-406쪽, 11-662쪽, 12-510쪽, 13-154쪽,
14-598쪽, 15-498쪽 15책
寫本
1910~1945寫
국사편찬위원회
中B18E-90

外交(日本)(日省錄拔萃)
조선총독부 중추원
1-486쪽, 2-292쪽, 3-552쪽, 4-274쪽 4책
寫本
1910~1945寫
국사편찬위원회
中B18F-71

外交(雜)
조선총독부 중추원
1-342쪽, 2-266쪽, 3-18쪽 3책
寫本
1910~1945寫
국사편찬위원회
中B18E-91

外交(諸國)(日省錄拔萃)
조선총독부 중추원
660쪽 1책
寫本
1910~1945寫
국사편찬위원회
中B18F-72

外交(支那)
조선총독부 중추원

1-448쪽, 2-392쪽, 3-542쪽, 4-558쪽, 5-342
쪽, 6-608쪽, 7-328쪽, 8-368쪽, 9-422쪽,
10-420쪽, 11-346쪽, 12-600쪽, 13-558쪽,
14-620쪽, 15-912쪽, 16-668쪽, 17-670쪽,
18-612쪽, 19-490쪽 19책
寫本
1910~1945寫
국사편찬위원회
中B18E-92

外交(支那)(비변사등록)
조선총독부 중추원
582쪽 1책
寫本
1910~1945寫
국사편찬위원회
中B18B-50

外交(支那)(日省錄拔萃)
조선총독부 중추원
1-534쪽, 2-656쪽, 3-568쪽, 4-320쪽, 5-414쪽,
6-338쪽, 7-294쪽, 8-298쪽, 9-260쪽, 10-288
쪽, 11-436쪽, 12-574쪽 13-308쪽 13책
寫本
1910~1945寫
국사편찬위원회
中B18F-73

日本貿易
조선총독부 중추원
38쪽 1책
寫本
1910~1945寫

국사편찬위원회

中B18B-53

日本貿易

조선총독부 중추원

358쪽 1책

寫本

1910~1945寫

국사편찬위원회

中B18E-96

日本貿易(日省錄拔萃)

조선총독부 중추원

22쪽 1책

寫本

1910~1945寫

국사편찬위원회

中B18F-77

支那貿易

조선총독부 중추원

1-212쪽, 2-290쪽 2책(零本)

寫本

1910~1945寫

국사편찬위원회

中B18E-117

支那貿易

조선총독부 중추원

6쪽 1책

寫本

1910~1945寫

국사편찬위원회

中B18E-118

漂流人·流民(비변사등록)

조선총독부 중추원

38쪽 1책

寫本

1910~1945寫

국사편찬위원회

中B18B-76

3. 풍속조사

3-1. 민속

京畿道ノ教育ト宗教
조선총독부
135쪽 地図 1枚 1책
활자
1933
국립국회도서관
FB52-H25

慶州郡(調査資料 ; 第40輯 生活狀態調査 ;
其7)
조선총독부 중추원
1934
국립국회도서관
Y994-J9225

調査資料 第二十五輯 民間信仰 第一部 朝鮮
の鬼神
조선총독부
557쪽 1책
1929
学習院大学友邦文庫
387-2

寺刹及僧侶
조선총독부 중추원
38쪽 1책
20×28㎝ 필사본

수원시박물관
B-1-512

飲食風俗調査(鐵原·平康·金化)
조선총독부 중추원
21쪽 1책
19.5×27.5㎝ 필사본
1927
수원시박물관
B-1-188

第3章 住居普通家屋
조선총독부 중추원
64쪽 1책
19.5×27㎝ 필사본
수원시박물관
B-1-196

出張調査書(風俗)-開城令市ニ関スル慣習
調査
조선총독부 중추원
9쪽 1책
渡邊業志 葛城末治
19.7×26.7㎝ 필사본
1925
수원시박물관
B-1-718

風俗
조선총독부 중추원
34쪽 1책
19×26.5㎝ 필사본
1931
수원시박물관
B-1-074

(風俗) 龍仁 古塔ニ關スル件
조선총독부 중추원
17쪽 1책
19×27㎝ 필사본
1917
수원시박물관
B-1-061

(風俗) 79 考事資料調査
조선총독부 중추원
50쪽 1책
19.5×26.5㎝ 필사본
1913
수원시박물관
B-1-033

(風俗) 106 寺刹ニ關スル調査事項
조선총독부
145쪽 1책
19.5×27㎝ 필사본
1914
수원시박물관
B-1-699

(風俗) 109 成川ニ於ケル卒本扶餘遺跡
조선총독부 중추원
2쪽 1책
19.5×26.8㎝ 필사본
수원시박물관
B-1-717

(風俗) 120 寺刹ニ關スル調査
조선총독부 중추원
75쪽 1책
18.5×26.5㎝ 필사본
1914
수원시박물관
B-1-388

(風俗) 慶尙北道尙州, 榮州風俗調査書
조선총독부 중추원
50쪽 1책
19×26.5㎝ 필사본
1925
수원시박물관
B-1-172

(8-8) (風俗) 考事資料(斷谷寺·智谷寺 等)
조선총독부 중추원
11쪽 1책
19×27㎝ 필사본
수원시박물관
B-1-513

(風俗) 考事資料ニ關スル調査
조선총독부 중추원
14쪽 1책
19×27㎝ 필사본

1914
수원시박물관
B-1-142

(3-3) (風俗) 冠婚喪祭
조선총독부 중추원
14쪽 1책
19.5×27㎝ 필사본
수원시박물관
B-1-432

(風俗) 舊慣調査
조선총독부 중추원
7쪽 1책
19.5×26.5㎝ 필사본
1924
수원시박물관
B-1-455

(8-8) (風俗) 奴婢及子女賣買
미상
1책
19.5×27㎝
수원시박물관
B-1-156

(風俗) 聾者, 啞者の行爲
법전조사국
22쪽 1책
19.5×27.5㎝ 필사본
수원시박물관
B-1-454

(風俗) 報告書(東萊郡)
조선총독부 중추원
31쪽 1책
19×26.5㎝ 필사본
1920
수원시박물관
B-1-079

(風俗) 部落調査(始興郡)
미상
1책
20×28㎝
1923
수원시박물관
B-1-141

(風俗) 寺刹及僧侶ニ關スル事項
조선총독부 중추원
25쪽 1책
19×26.5㎝ 필사본
1914
수원시박물관
B-1-080

(風俗) 醴泉龍門寺等
조선총독부 중추원
30쪽 1책
20×28㎝ 필사본
수원시박물관
B-1-144

(4-4) (風俗) 葬式(忠州)
조선총독부 중추원

9쪽 1책
19.5×27㎝ 필사본
수원시박물관
B-1-433

(風俗) 全州郡內の史蹟
조선총독부 중추원
66쪽 1책
19.5×27㎝ 필사본
수원시박물관
B-1-047

(風俗) 芝区増上寺所藏 大藏經ニ關スル事項
조선총독부 중추원
17쪽 1책
19×27㎝ 필사본
수원시박물관
B-1-081

(風俗) 淸道·高靈郡 風俗調査ノ件
조선총독부 중추원
46쪽 1책
19×27㎝ 필사본
1925
수원시박물관
B-1-445

(風俗) 靑陽郡出張報告書
조선총독부 중추원
10쪽 1책
19.5×26.5㎝ 필사본
1922
수원시박물관

B-1-442

(風俗) 平安北道 宣川·義州 風俗調査
조선총독부 중추원
34쪽 1책
20×28㎝ 필사본
1926
수원시박물관
B-1-182

(風俗)(寧邊) 天柱寺, 棲雲寺, 守國寺ノ史蹟
조선총독부 중추원
21쪽 1책
19×26.5㎝ 필사본
1914
수원시박물관
B-1-035

(風俗) 延白出張調査報告書
조선총독부 중추원
116쪽 1책
20×28㎝ 필사본
1926
수원시박물관
B-1-084

(6-6) (風俗, 制度) 僧侶ノ氏名
조선총독부 중추원
21쪽 1책
19.5×27㎝ 필사본
수원시박물관
B-1-458

(9-6) (風俗, 制度) 僧侶ニ關スル事項

조선총독부 중추원

20쪽 1책

19.5×27㎝ 필사본

수원시박물관

B-1-457

3-2. 일상생활

敬老
조선총독부 중추원
26쪽 1책
寫本
1910~1945寫
국사편찬위원회
中B18E-3

慶北の農業
경상북도
102쪽 1책
1928
하와이 대학
K.847

高麗以前の風俗關係資料撮要
조선총독부 중추원 조사과
473쪽 1책
1941
하와이 대학
Asia Ref. Z3316/.A55/v.1

高麗以前の風俗關係資料撮要
4쪽, 844쪽, 30쪽, 45쪽 4책
조선총독부 중추원(京城)
활자본
1941.3

東京大学G23 : 292

高麗以前風俗関係資料撮要
844쪽, 30쪽, 45쪽 3책
조선총독부 중추원(京城)
활자본
1941
国立国会図書館
382.21-I44ウ

古蹟と風俗
미상
336쪽 1책
1927
하와이 대학
Asia DS902/.N32

祈雨(실록)
조선총독부 중추원
17쪽 1책
寫本
1910~1945寫
국사편찬위원회
中B18E-25

內鮮風習理解の書
114쪽 1책

1943

하와이 대학

K.300

年中行事

조선총독부 중추원

391쪽 1책

寫本

1910~1945寫

국사편찬위원회

中C6B-2

農家経済の現況と其の変遷(第1部)農家経済概況調査昭和八年~昭和十三年(自作兼小作農家の部)

262쪽 1책

朝鮮総督府農林局農村振興課

활자본

1940

学習院大学友邦文庫

611-31-1

臺灣の酒(専賣制度前の)

미상

1책

杉本良

23㎝ 활자본

1932

국립중앙도서관

9-67-39

臺灣舊慣冠婚葬祭と年中行事

1-26쪽, 2-521쪽, 3-9쪽 3책

臺灣日日新報社

활자본

1934

東京大学駒場図書館, 茨城大学附属図書館, 大阪市立大学学術情報総合センター, 岡山大学附属図書館, 沖縄国際大学図書館, 鹿児島大学附属図書館, 九州大学附属図書館伊都図書館, 九州大学附属図書館, 京都大学東南アジア研究所図書室, 京都女子大学図書館, 京都大学人文科学研究所図書室, 国立民族学博物館情報管理施設, 埼玉大学図書館, 札幌大学図書館, 筑波大学附属図書館中央図書館, 天理大学附属天理図書館, 東京外国語大学附属図書館, 富山大学附属図書館, 奈良大学図書館, 日本貿易振興機構アジア経済研究所図書館, ノートルダム清心女子大学附属図書館, 佛教大学図書館, ブリティッシュ・ライブラリー, ベルリン国立図書館, 北海道大学文学研究科・文学部図書室, 山口大学図書館総合図書館, 和歌山大学附属図書館

二：は：51

臺灣舊慣冠婚葬祭と年中行事

1-7쪽, 2-26쪽, 3-521쪽, 4-6쪽, 5-16쪽 5책

古亭書屋

활자본

1975

大阪府立大学学術情報センター, オックスフォード大学, ボドリアン図書館, ケンブリッジ大学図書館, 鹿児島大学附属図書館, 金沢大学附属図書館, くらしき作陽大学附属図書館, 久留米大学附属図書館御井学舎分館, 広島大学図書館中央図書館

382.224/SU96

臺灣舊慣生活與飲食文化

1-12쪽, 2-293쪽 2책

蘭臺出版社

미상

2008

日本貿易振興機構アジア経済研究所図書館,

麗澤大学図書館

382.224 Ta745

曆

조선총독부 중추원

6쪽 1책

寫本

1910~1945寫

국사편찬위원회

中B18B-43

禮俗

조선총독부 중추원

568쪽 3책

寫本

1910~1945寫

국사편찬위원회

中B13FB-7

禮訟

미상

474쪽 1책

禮曹(朝鮮) 編

寫本

1927寫

국사편찬위원회

B13FB-8

禮樂ニ關スル事項

조선총독부 중추원

79쪽 1책

寫本

1910~1945寫

국사편찬위원회

中B13FB-9

類似宗敎儒佛道ヲ除ク

조선총독부 중추원

344쪽 1책

正木薫(日本) 報告

寫本

1910~1945寫

국사편찬위원회

中C19-2

俚諺

조선총독부 중추원

470쪽 1책

寫本

1910~1945寫

국사편찬위원회

中C14B-11

李朝各種文獻風俗關係史料撮要

조선총독부 중추원

23㎝

1944

프린스턴 대학

(ANXA) J4149.49/4222.2

李朝各種文獻風俗關係資料撮要
4쪽, 9쪽, 2028쪽 1책
[京城] : 朝鮮總督府中樞院
미상
1944
東京大学
D113 : 2 : 3-1, 2

李朝實錄風俗關係資料撮要
474쪽
Sŏul : Kyŏngin Munhwasa
1990
콜롬비아 대학

李朝實錄風俗關係資料撮要
10쪽, 2쪽, 851쪽, 37쪽, 26쪽 1책
朝鮮總督府中樞院
미상
1939
東京大学
G23 : 332

賣春婦
조선총독부 중추원
35쪽 1책
寫本
1910~1945寫
국사편찬위원회
中C14B-6

舞

조선총독부 중추원
778쪽 1책
寫本
1910~1945寫
국사편찬위원회
中C10G-1

巫覡及卜術
조선총독부 중추원
247쪽 1책
寫本
1910~1945寫
국사편찬위원회
中C19-1

巫卜及術客
조선총독부 중추원
236쪽 1책
寫本
1910~1945寫
국사편찬위원회
中C9-4

謎の研究 : 歴史とその様式
1-7쪽, 2-122쪽 2책
朝鮮總督府(京城)
활자본
1920
東京大学
E10 : 75

迷信
조선총독부 중추원

86쪽 2책
寫本
1910~1945寫
국사편찬위원회
中C9-5

迷信
조선총독부 중추원
925쪽 1책
寫本
1910~1945寫
국사편찬위원회
中C9-6

民謠
조선총독부 중추원
165쪽 1책
寫本
1910~1945寫
국사편찬위원회
中D6B-5

服裝
조선총독부 중추원
414쪽, 1524쪽, 898쪽, 86쪽 1책
寫本
1910~1945寫
국사편찬위원회
中C11D-1

服制
조선총독부 중추원
12쪽 1책

寫本
1910~1945寫
국사편찬위원회
中B18B-23

服制(실록)
조선총독부 중추원
6쪽 2책
寫本
1910~1945寫
국사편찬위원회
中B18E-41

服制(일성록)
조선총독부 중추원
12쪽 1책
寫本
1910~1945寫
국사편찬위원회
中B18F-32

服制及喪制原本
조선총독부 중추원
172쪽 1책
寫本
1910~1945寫
국사편찬위원회
A5E-11

部落祭
조선총독부
639쪽 1책
村山智順

朝鮮總督府
활자
1937
하와이 대학
Asia BL2230/.M873

部落祭
3쪽, 6쪽, 639쪽, 2쪽 1책
朝鮮總督府
미상
1937
東京大学, 法政大学
A90 : 586

佛敎
조선총독부 중추원
24쪽 1책
寫本
1910~1945寫
국사편찬위원회
中C4-8

佛敎
조선총독부 중추원
1127쪽 1책(零本)
寫本
1910~1945寫
국사편찬위원회
中C4-9

碑(일성록)
조선총독부 중추원
2쪽 1책

寫本
1910~1945寫
국사편찬위원회
中B18F-36

碑文
조선총독부 중추원
10쪽 1책
寫本
1910~1945寫
국사편찬위원회
中B18B-27

碑文(실록)
조선총독부 중추원
12쪽 1책
寫本
1910~1945寫
국사편찬위원회
中B18E-43

碑文(일성록)
조선총독부 중추원
8쪽, 2쪽 1책
寫本
1910~1945寫
국사편찬위원회
中B18F-37

射禮(실록)
조선총독부 중추원
28쪽 1책
寫本

1910~1945寫
국사편찬위원회
中B18E-45

寺社(실록)
조선총독부 중추원
30쪽 1책
寫本
1910~1945寫
국사편찬위원회
中B18E-46

産業(실록)
조선총독부 중추원
1-674쪽, 2-30쪽, 3-152쪽 3책
寫本
1910~1945寫
국사편찬위원회
中B18E-48

色服·断髪奨励に関する資料
조선총독부 학무국 사회과
10쪽 1책
朝鮮総督府学務局社会課
미상
学習院大学友邦文庫
B376

色服と斷髪
조선총독부 학무국 사회교육과
7쪽 1책
朝鮮總督府學務局社會教育課(京城)
20㎝ 활자본

미상
서울대도서관
2210 14 2

生活用品
조선총독부 중추원
685쪽 1책
寫本
1910~1945寫
국사편찬위원회
中C11B-2

釋奠·祈雨·安宅
확인불가
朝鮮總督府(京城)
활자본
1938
東京大学
Ａ：39：111

船
조선총독부 중추원
26쪽 1책
寫本
1910~1945寫
국사편찬위원회
中B13MB-3

船の朝鮮
미상
176쪽 1책
1930
하와이 대학

Asia HE892.5/.I53

船舶
조선총독부 중추원
6쪽 1책
寫本
1900年代寫
국사편찬위원회
中B18F-54

扇左繩打毬匏(朝鮮風俗資料集說)
조선총독부 중추원
534쪽 1책
조선총독부 중추원(京城)
23㎝ 활자본
1937
국립중앙도서관
朝67-16

扇左繩打毬匏：朝鮮風俗資料集說
496쪽 1책
朝鮮總督府中樞院
활자본
1937
国立国会図書館
382.21

船隻
조선총독부 중추원
4쪽 1책
寫本
1910~1945寫
국사편찬위원회

中B18E-57

船隻
조선총독부 중추원
10쪽 1책
寫本
1900年代寫
국사편찬위원회
中B18F-55

僧尼ノ師弟關係
조선총독부 중추원
109쪽 1책
渡邊業志(日本) 誌
寫本
1910~1945寫
국사편찬위원회
C4-17

樂
조선총독부 중추원
616쪽 4책
寫本
1910~1945寫
국사편찬위원회
中C10F-2

樂器
조선총독부 중추원
702쪽 1책
寫本
1910~1945寫
국사편찬위원회

中C10F-3

野談
조선총독부 중추원
117쪽 1책
寫本
1910~1945寫
국사편찬위원회
中D7B-4

漁船調査報告
52쪽 1책
朝鮮総督府
미상
1924
東京經濟大学櫻井義之文庫
0199

輿
조선총독부 중추원
62쪽 1책
寫本
1910~1945寫
국사편찬위원회
中C11A-4

煙草
조선총독부 중추원
139쪽 1책
寫本
1910~1945寫
국사편찬위원회
中C11B-4

娛樂及遊戲
조선총독부 중추원
149쪽 1책
寫本
1910~1945寫
국사편찬위원회
中C10G-2

溫突の改造に就て
조선총독부 중추원 조사과
14쪽 1책
朝鮮總督府調査課(京城)
23㎝ 활자본
미상
국립중앙도서관
朝76-16＝2

溫突の築き方と燃科
59쪽 1책
高橋喜七郎
朝鮮總督府(京城)
24㎝ 활자본
1923
국립중앙도서관
朝76-88

月表(日省錄拔萃)
조선총독부 중추원
624쪽 1책
朝鮮史編修會拔萃
寫本
1922~1945寫
국사편찬위원회

中B18F-74

衛生
조선총독부 중추원
70쪽 1책
寫本
1910~1945寫
국사편찬위원회
中B18B-51

衛生
조선총독부 중추원
204쪽 2책
寫本
1910~1945寫
국사편찬위원회
中B18E-93

衛生風習錄(朝鮮)
조선총독부 경무총감부
122쪽 1책
朝鮮總督府警務總監部(京城)
19×13㎝ 활자본
1915
서울대도서관
392 C458e

儒敎
조선총독부 중추원
449쪽 4책
正木薰(日)報告
寫本
1910~1945寫

국사편찬위원회
中C2-22

儒生
조선총독부 중추원
1-30쪽, 2-94쪽, 2책
寫本
1910~1945寫
국사편찬위원회
中B18E-94

儀禮(日省錄拔萃)
조선총독부 중추원
840쪽 1책
寫本
1910~1945寫
국사편찬위원회
中B18F-76

儀禮經傳通解補
조선총독부 중추원
1-98쪽, 2-138쪽, 3-172쪽, 4-181쪽, 5-130쪽,
6-134쪽, 7-82쪽, 8-76쪽, 9-66쪽, 10-88쪽
11권 11책
黃幹(宋) 著 韓元震(1682-1751) 編
寫本
純祖5, 1805跋
국사편찬위원회
中A5C-1

醫藥
조선총독부 중추원
1-218쪽, 2-394쪽 2책

寫本
1910~1945寫
국사편찬위원회
中C7-4

李朝各種文獻の風俗關係資料撮要
조선총독부 중추원
2048쪽 1책
朝鮮總督府中樞院(京城)
23㎝ 활자본
1944
국립중앙도서관
설송 390.951 J772y

李朝實錄風俗關係資料撮要
조선총독부 중추원
851쪽 1책
1939
하와이 대학
Asia Ref. Z3316/.A55/v.2

雜記及雜資料
조선총독부 중추원
1-854쪽, 2-690쪽 2책
寫本
1910~1945寫
국사편찬위원회
中C14D-2

臟錢
조선총독부 중추원
6쪽 1책(零本)
寫本

1910~1945寫
국사편찬위원회
中B18F-82

災異
조선총독부 중추원
8쪽 1책
寫本
1910~1945寫
국사편찬위원회
中B18F-84

傳說の朝鮮
미상
300쪽 1책
1919
하와이 대학
K.293

節行
조선총독부 중추원
192쪽 1책
寫本
1910~1945寫
국사편찬위원회
中B9C-64

旌表
조선총독부 중추원
52쪽 1책
寫本
1910~1945寫
국사편찬위원회

中B18E-107

旌表(日省錄抜萃)

조선총독부 중추원

54쪽 1책

寫本

1910~1945寫

국사편찬위원회

中B18F-94

調査資料第四十五輯 朝鮮の郷土神祀 第二
部 釈奠·祈雨·安宅附 : 郷土神祀文献

385쪽, 68쪽, 60쪽 1책

朝鮮総督府

미상

1938

学習院大学友邦文庫

387-1

朝鮮, 臺灣, 支那 神話と傳說

미상

564쪽 1책

1938

하와이 대학

K.533

朝鮮 : 野談, 随筆, 傳說

미상

308쪽 1책

1944

하와이 대학

K.557

朝鮮に於ける同族部落の構造

35쪽 1책

朝鮮総督府

미상

学習院大学友邦文庫

NY201

朝鮮に於ける森林と傳說

미상

62쪽 1책

1926

하와이 대학

K.596

朝鮮に於ける同族部落の構造

64쪽 1책

朝鮮総督府

미상

東京經濟大学櫻井義之文庫

2669

朝鮮のシャーマニズム

227쪽 1책

柳東植

学生社

1976

하와이 대학

Asia BL2370/.S5Y8

朝鮮の群衆

3쪽, 240쪽 1책

朝鮮総督府

미상

1926
東京大学
566 : C54

朝鮮の奇談と傳說
미상
222쪽 1책
1920
하와이 대학
Asia BL2230/.Y35

朝鮮の年中行事
10쪽, 176쪽 1책
朝鮮総督府
미상
1931
東京大学
D113 : 11

朝鮮の年中行事
221쪽 1책
朝鮮総督府
활자본
1937
日本国立国会図書館, 東京經濟大學櫻井義之文庫
385.8-G45t-(7)

朝鮮の農業
조선총독부 농림국
324쪽 1책
1941
하와이 대학

K.852 ; Asia HD2095.5/.A35

朝鮮の都邑
8쪽, 81쪽, 34쪽 1책
朝鮮総督府
미상
1932
京都大学
292.1||C/54

朝鮮の冬
조선총독부
24쪽 1책
後藤一郎著
朝鮮總督府(京城)
23㎝ 활자본
미상
국립중앙도서관
朝71-3

朝鮮の物語集
미상
421쪽 1책
1914
하와이 대학
K.523 ; Asia GR342/.T3

朝鮮の迷信と俗傳
미상
187쪽 1책
1913
하와이 대학
Asia BF1775/.N37

朝鮮の民俗
미상
280쪽 1책
1969
하와이 대학
K47 ; Asia GR340/.M575/v.45

朝鮮の民話
미상
258쪽 1책
1956
하와이 대학
K.714

朝鮮の服裝
조선총독부
164쪽 1책
朝鮮總督府(京城)
19㎝ 활자본
1927
국립중앙도서관
朝67-6

朝鮮の服裝
6쪽, 3쪽, 152쪽 1책
京城 : 朝鮮総督府
미상
1927
東京大学, 京都大学
G23 : 40

朝鮮の習俗
조선총독부

23쪽 1책
1939
하와이 대학
K.5 ; Asia DS904/.C522

朝鮮の習俗
82쪽 1책
朝鮮總督府
미상
1934
京都大学, 東京經濟大學櫻井義之文庫
15//3-4//Cho

朝鮮の市場
2쪽, 10쪽, 664쪽 1책
大阪屋號書店
미상
1924
京都大学, 学習院大学東洋文化研究所
15//3-4//Cho

朝鮮の市場經濟
528쪽 1책
朝鮮總督府
미상
1929
東京大学
A : 39 : 105

朝鮮の神話と傳說
미상
318쪽 1책
1943

하와이 대학

K.697

朝鮮の年中行事

조선총독부

238쪽 1책

朝鮮總督府(京城)

19㎝ 활자본

1937

국립중앙도서관

386.511-4-1

朝鮮の年中行事

10쪽, 2쪽, 212쪽 1책

조선총독부

미상

1933

東京經濟大学四方博朝鮮文庫

1938

朝鮮ノ雨量

9쪽 1책

朝鮮總督府観測所

미상

1925

東京經濟大学櫻井義之文庫

0208_1

朝鮮ノ在來農具

조선총독부 권업모범장

130쪽 1책

朝鮮總督府勸業模範場(京畿道)

27㎝ 활자본

1925

국립중앙도서관

朝81-54=2

朝鮮の在來農具

130쪽 1책

1925

하와이 대학

Asia DS903/.K82

朝鮮の在來農具

6쪽, 114쪽 1책

朝鮮総督府勸業模範場

미상

1925

東京大学, 京都大学

11 : 749

朝鮮の俤

미상

187쪽 1책

1923

하와이 대학

K.140

朝鮮の風俗

미상

200쪽 1책

1935

하와이 대학

K.102

朝鮮の風習

조선총독부

30쪽 1책

1927

하와이 대학

K.304

朝鮮の風習

48쪽 1책

朝鮮総督府

미상

1924

東京大学

A：39：37

朝鮮の風習

54쪽 1책

朝鮮總督府

미상

1928

京都大学

お||321

朝鮮の鄕約

73쪽 1책

朝鮮総督府学務局社会課編

미상

1932

東京經濟大学櫻井義之文庫

2294

朝鮮の鄕土神祀. 第1部, 部落祭

조선총독부

349쪽 1책

朝鮮總督府(京城)

23㎝ 활자본

1937

국립중앙도서관

朝91-6-44＝2

朝鮮の鄕土神社. 第2部, 釋奠.祈雨.安宅

조선총독부

305쪽 1책

朝鮮總督府(京城)

23㎝ 활자본

1938

국립중앙도서관

朝91-6-45＝2

朝鮮の鄕土娛樂

조선총독부

394쪽 1책

朝鮮總督府(京城)

23㎝ 활자본

1941

국립중앙도서관

朝91-6-47

朝鮮の鄕土娛樂

218쪽 1책

村山智順

朝鮮總督府

1941

하와이 대학

K.471 ; Asia GV1201/.K67

朝鮮の鄕土娛樂

17쪽, 369쪽 1책
朝鮮總督府
미상
1941
東京大学, 法政大学
A90 : 586

朝鮮の婚期について
일만농정연구회
73쪽 1책
1943
하와이 대학
K.141

朝鮮古歌謠集
미상
578쪽 1책
1929
하와이 대학
Asia PN1341/.S65

朝鮮妓生物語
미상
193쪽 1책
하와이 대학
K.53

朝鮮童謠選
미상
233쪽 1책
1951
하와이 대학
Asia FL958/./.K68

朝鮮童話集
조선총독부
186쪽 1책
中村亮平
富山房(東京)
23㎝ 활자본
1924
국립중앙도서관
朝47-B24

朝鮮俚諺集
조선총독부
198쪽 1책
朝鮮總督府(京城)
19㎝ 활자본
1926
국립중앙도서관
朝67-5-3

朝鮮俚諺集
2쪽, 194쪽 1책
朝鮮總督府
미상
1926
東京大学, 京都大学
D113 : 15

朝鮮民曆
조선총독부
30쪽 13책
30.5×18.2㎝ 필사본
1910~23
국립중앙도서관

古734-138

朝鮮民謠集
미상
161쪽 1책
1941
하와이 대학
K.335

朝鮮民族誌
171쪽 1책
秋葉隆
六三書院
1954
하와이 대학
K.42

朝鮮白丁調査錄
조선총독부 중추원
1책
洪奭鉉 述
寫本
1925寫
국사편찬위원회
中B13H-22

朝鮮歲時記
미상
284쪽 1책
1971
하와이 대학
K.694

朝鮮野談集
미상
362쪽 1책
1912
하와이 대학
K.450

朝鮮料理 宴席の栞
미상
16쪽 1책
하와이 대학
K.71

朝鮮衛生風習録
221쪽 1책
朝鮮総督府
미상
1915
東京經濟大学櫻井義之文庫
2034

朝鮮人の癖に
미상
254쪽 1책
1927
하와이 대학
K.329

朝鮮人の衣食住
미상
109쪽 1책
1916
하와이 대학

K.429

朝鮮人ノ風俗習慣ニ関スル調査資料

236쪽 1책

朝鮮総督府中樞院

미상

早稲田大学図書館古典籍総合データベースヲ

06 03099

朝鮮朝實錄佛敎鈔存

조선총독부 중추원

106쪽 7책(零本)

中央佛敎專門學校 編

油印版

京城府, 中央佛敎專門大學

1937

국사편찬위원회

中C4-20

朝鮮之地方住家

조선총독부

27쪽 2책

朝鮮總督府(京城)

24㎝ 활자본

1922

국립중앙도서관

朝76-87

朝鮮之地方住家

2쪽, 2쪽, 15쪽 1책

朝鮮總督府

미상

1922

東京大学

D42 : 4

朝鮮風俗. 京城名所寫眞帖

미상

1책

하와이 대학

K.873

朝鮮風俗と景色(絵ハガキ)

미상

1책

하와이 대학

K.592

朝鮮風俗資料集說

조선총독부 중추원

496쪽 1책

1937

하와이 대학

K.347

朝鮮風俗資料集説 : 扇·左縄·打毬·匏

496쪽 1책

朝鮮総督府中樞院

활자본

1936

日本国立国会図書館,埼玉県立浦和図書館

382.2

朝鮮風俗集

조선총독부 중추원

521쪽 1책

寫本
1910~1945寫
국사편찬위원회
中C14B-13

朝鮮風俗集
미상
474쪽 1책
1919
하와이 대학
K.153 ; Asia DS904/.I43

朝鮮風俗風景寫眞帖
조선풍속연구회
1책
ウツボヤ書籍店
1920
하와이 대학
K.347

朝鮮風俗風景寫眞帖(絵ハガキ)
미상
1책
하와이 대학
K.578

朝鮮風俗画譜
미상
104쪽 1책
1975
하와이 대학
Asia ND1452/.K6N3

朝鮮-風土·民族·傳統
미상
274쪽 1책
中村栄考
吉川弘文館
1970
하와이 대학
K.204

朝鮮風土記
미상
523쪽 1책
小野淸
民論時代社
1935
하와이 대학
K.185

宗敎(日省錄拔萃)
조선총독부 중추원
81쪽 1책
寫本
1910~1945寫
국사편찬위원회
中B18F-96

住居
조선총독부 중추원
205쪽 4책
寫本
1910~1945寫
국사편찬위원회
中B16FB-92

酒禮
조선총독부 중추원
17쪽 2책
寫本
1910~1945寫
국사편찬위원회
中B18E-115

中枢院通信号外朝鮮の固有信仰に就て
19쪽 1책
朝鮮総督府中枢院
미상
1935
学習院大学友邦文庫
Aチ39

増補 朝鮮風俗集
미상
488쪽 1책
1918
하와이 대학
Asia DS904/.I43

車
조선총독부 중추원
94쪽 1책
26×19㎝ 寫本
1910~1945寫
국사편찬위원회
中C11A-7

車輿船ニ關スル事項
조선총독부 중추원

33쪽 1책
寫本
1910~1945寫
국사편찬위원회
中C11A-1

治山治水資料
조선총독부 중추원
1-306쪽, 2-402쪽 2책(零本)
寫本
1910~1945寫
국사편찬위원회
中B18E-124

風俗
조선총독부 중추원
6쪽 1책
寫本
1910~1945寫
국사편찬위원회
中B18E-136

風俗(日省錄拔萃)
조선총독부 중추원
17쪽 1책
寫本
1910~1945寫
국사편찬위원회
中B18F-109

風俗関係資料撮要
851쪽 1책
朝鮮総督府中樞院

활자본
1935
宮崎県立図書館
/3803 /0003 /

風俗關係資料撮要(高麗以前の)
조선총독부 중추원
468쪽 1책
國書刊行會(京城)
22㎝ 활자본
1974
국립중앙도서관
390.951 ㅈ538ㅎ

風俗關係資料撮要(李朝實錄)
조선총독부 중추원
468쪽 1책
今村鞆
조선총독부 중추원(京城)
23㎝ 활자본
1939
국립중앙도서관
朝67-24

風俗飲食調査書
조선총독부 중추원
893쪽 1책
正木薰(日本) 報告 寫本(原本)
1910~1945寫
국사편찬위원회
中C11B-7

風俗調査

조선총독부 중추원
160쪽 1책
寫本
1910~1945寫
국사편찬위원회
中C11B-8

風俗調査ノ內迷信調査書整理報告書
조선총독부 중추원
996쪽 1책
正木薰(日本) 報告
寫本
1910~1945寫
국사편찬위원회
中C19-3

風俗調査計劃
조선총독부 중추원
344쪽 1책
寫本
1910~1945寫
국사편찬위원회
中C14D-5

風俗調査書整理報告書
조선총독부 중추원
192쪽 1책
寫本
1910~1945寫
국사편찬위원회
中B6B-289

風俗調査項目

조선총독부 중추원

310쪽 4책

寫本

1910~1945寫

국사편찬위원회

中B6B-290

風水(備局謄錄)

조선총독부 중추원

7쪽 1책

寫本

1910~1945寫

국사편찬위원회

中B18B-77

風水說

조선총독부 중추원

84쪽 1책

寫本

1910~1945寫

국사편찬위원회

中B18F-110

風水說

조선총독부 중추원

46쪽 1책

金敎献

寫本

1910~1945寫

국사편찬위원회

中C9-11

火田の現狀

4쪽, 202쪽 1책

朝鮮総督府

활자본

1926京都大学5-83//チ//19

凶禮

조선총독부 중추원

39쪽 1책

寫本

1910~1945寫

국사편찬위원회

中B18F-120

3-3. 종교생활

祈雨
미상
1책
하와이 대학
Asia DS901/.P5/v.108-109

臺灣舊慣習俗信仰
1-26쪽, 2-521쪽 2책
衆文圖書公司
활자본
1978
東京大学東洋文化研究所図書室, 愛知学泉大
学豊田図書館, 久留米大学附属図書館御井学
舎分館, 高千穂大学図書館, 麗澤大学図書館
CK892：035

臺灣舊慣習俗信仰
1-3쪽, 2-4쪽, 3-2쪽, 4-15쪽, 5-28쪽, 6-541
쪽 6책
衆文圖書
활자본
1981
大阪府立大学学術情報センター
382.224/SU96

謎の研究：歴史とその様式
조선총독부

134쪽 1책
朝鮮總督府(京城)
23㎝ 활자본
1920
국립중앙도서관
朝47-B4

民間信仰 第1部(朝鮮の鬼神)
516쪽 1책
大盛堂印刷所
활자본
1929
国立国会図書館デジタル化資料
Y68. 77

寺刹及僧侶
미상
140쪽 1책
하와이 대학
Asia DS901/.P5

生活慣習と迷信
미상
Meishin Chōsa Kyōgikai
Tokyo：Gihōdō
1955
콜롬비아 대학

388.1 M47 v.3

釈尊, 祈雨, 安宅
조선총독부
1책
國書刊行会
1972
하와이 대학

李朝仏教
미상
1098쪽 1책
高橋享
宝文館
1929
하와이 대학
Asia BL1434/.T35

調査資料 第25輯 民間信仰 第一部 朝鮮の鬼神
조선총독부
519쪽 1책
朝鮮総督府
활자본
1935
日本国立国会図書館, 学習院大学友邦文庫
164

調査資料 第36輯 民間信仰 第三部 朝鮮の巫覡
조선총독부
404쪽 1책
朝鮮総督府

활자본
1935
国立国会図書館
292.1

調査資料 第37輯 朝鮮の占卜と豫言
조선총독부
朝鮮総督府
미상
1935
国立国会図書館
US1-K21

調査資料 第42輯 朝鮮の類似宗教
조선총독부
955쪽 1책
朝鮮総督府
미상
1935
国立国会図書館
169.21

朝鮮に於ける宗教の狀況
조선총독부 학무국 종교과
8쪽 1책
朝鮮總督府學務局宗教課(京城)
21×15㎝ 활자본
1921
서울대도서관
1590 2

朝鮮に於ける宗教及享祀要覽
朝鮮總督府學務局社會教育課

미상
1939-42
東京大学
C10 : 135

朝鮮に於ける宗教及享祀要覽 12-15
조선총독부 학무국 사회교육과
158쪽 4책
朝鮮總督府學務局社會敎育課(京城)
23㎝ 활자본
1939-42
국립중앙도서관
朝03-10-2-15

朝鮮に於ける宗教及享祀一覽
조선총독부
106쪽 1책
朝鮮總督府學務局宗敎課(京城)
22㎝ 활자본
1932
국립중앙도서관
朝03-10-1-11

朝鮮に於ける宗教及享祀一覽
조선총독부
미상
1926
京都大学
15//3-4//Cho

朝鮮に於ける宗教及享祀一覽
朝鮮總督府學務局宗敎課
미상

1928~1939
東京大学
C10 : 61

朝鮮の鬼神
조선총독부
5쪽, 6쪽, 519쪽 1책
朝鮮總督府
미상
1929
東京大学, 学習院大学東洋文化研究所
D : 219

朝鮮の鬼神 : 民間信仰 第1部
조선총독부
335쪽 1책
朝鮮總督府(京城)
활자본
1929
국회도서관
398.0951ㅈ538ㅁ

朝鮮の類似宗教
조선총독부
527쪽 1책
1935
하와이 대학
Asia BL600/.M82

朝鮮の類似宗教
2쪽, 15쪽, 955쪽 1책
朝鮮総督府
미상

1935
京都大学
5-83//チ//19

朝鮮の巫覡

조선총독부
404쪽　1책
村山智順
朝鮮總督府
필사
1932
하와이　대학
Asia　BL2230/.M877

朝鮮の巫覡

2쪽, 4쪽, 619쪽, 70쪽, 5쪽　1책
朝鮮総督府
미상
1932
東京大学
C70：7

朝鮮の巫覡：民間信仰　第3部

조선총독부
398쪽　1책
村山智順
朝鮮總督府(京城)
23㎝　활자본
1932
국립중앙도서관
朝91-6-36

朝鮮の謎

조선총독부
239쪽　1책
朝鮮總督府(京城)
19㎝　활자본
1925
국립중앙도서관
朝67-5-1

朝鮮の謎

조선총독부
224쪽　1책
朝鮮總督府(京城)
활자본
1919
국립중앙도서관
朝47-B3

朝鮮の謎

3쪽, 218쪽　1책
朝鮮総督府
미상
1919
京都大学, 法政大学
3-47//チ//1

朝鮮の類似宗敎

조선총독부
978쪽　1책
朝鮮總督府(京城)
24㎝　활자본
1935
국립중앙도서관
朝91-6-42＝2

朝鮮の占卜と豫言
조선총독부
678쪽 1책
朝鮮總督府(京城)
24㎝ 활자본
1933
국립중앙도서관
朝91-6-37

朝鮮の占卜と予言
조선총독부
366쪽 1책
村山智順
朝鮮總督府
1933
하와이 대학
Asia BL2230/.M874

朝鮮の占卜と豫言
3쪽, 9쪽, 663쪽, 11쪽 1책
朝鮮總督府
미상
1933
東京大学, 京都大学
A90：586

朝鮮の宗教
미상
440쪽 1책
吉川文太郎
朝鮮印刷株式会社
1921
하와이 대학

Asia BL2230/.Y68

朝鮮の宗教及信仰
조선총독부
110쪽 1책
朝鮮總督府(京城)
23㎝ 활자본
1935
국립중앙도서관
朝03-11＝3

朝鮮の宗教及享祀要覧
136쪽 1책
朝鮮総督府
미상
1942
東京經濟大学櫻井義之文庫
0087

朝鮮の風水
조선총독부
457쪽 1책
村山智順
朝鮮總督府
1931
하와이 대학
Asia DS904/.A62

朝鮮の風水
확인불가
朝鮮総督府
미상
1931

東京大学, 京都大学

387：C54：1

朝鮮の風水

조선총독부

12쪽, 6쪽, 857쪽　1책

1931.2.

東京大學

A90：586

朝鮮の風水：民間信仰　第2部

조선총독부

886쪽　1책

활자본

국회도서관

398.0951ㅈ539ㅁ

朝鮮巫俗の研究

미상

1책

赤松智城, 秋葉隆

大阪屋号書店

활자

1937~1938

하와이　대학

Asia　BL2370/.S5A4

朝鮮寺刹史料

조선총독부　내무부　지방국

1911

東京經濟大学四方博朝鮮文庫

0321

朝鮮寺刹史料(上·下)

조선총독부　내무부　지방국

554쪽　2책

朝鮮總督府內務部地方局(京城)

23㎝　활자본

1911

국립중앙도서관

朝05-3-1, 2

朝鮮在来教派概觀

통감부　경무총감부

48쪽　1책

미상

東京經濟大学四方博朝鮮文庫

0320

朝鮮宗教史に現はれたる信仰の特色

조선총독부　학무국

21쪽　1책

朝鮮總督府學務局(京城)

22㎝　활자본

1921

서울대도서관

1510　15

朝鮮宗教史に現はれたる信仰の特色(秘)

조선총독부　학무국

36쪽　1책

1921

東京經濟大学櫻井義之文庫

0079

宗教及同類似団体機関分布図大正10年1

月調

11책

1921年 1月

学習院大学友邦文庫

292-326

韓国の民間信仰：濟州道の巫俗と巫歌

미상

1책

張籌根

金花舍

1973

하와이 대학

Asia BL2236/.S5C46

3-4. 사회사정

生活状態調査
944쪽 1책
朝鮮総督府
활자본
1935
学習院大学東洋文化研究所
302.2/4/38

生活狀態調査. 其3, 江陵郡
조선총독부
572쪽 1책
조선총독부(경성)
23㎝ 활자본
1931
국립중앙도서관
朝91-6-32＝2

調査資料 第32輯 生活状態調査(其三) 江陵
郡
朝鮮総督府
미상
1935
国立国会図書館
292.1

生活狀態調査 其3 江陵郡付·江陵郡 地図(縮
尺：20万分の1)1枚, 江陵邑内及其付近[地

図)(縮尺：5万分の1)1枚
4101책
朝鮮総督府
활자본
1931
学習院大学友邦文庫
365-1

生活状態調査. 其7, 慶州郡
조선총독부
367쪽 1책
조선총독부(경성)
24㎝ 활자본
1934
국립중앙도서관
朝91-6-40

調査資料 第40輯 生活状態調査(其七) 慶州
郡
367쪽 1책
朝鮮総督府
활자본
1935
国立国会図書館
292.1

生活狀態調査 水原郡

조선총독부
256쪽 1책
1919
하와이 대학
K.492

[京城] : 朝鮮総督府
미상
1929.-1934
東京大学
S40：26

生活狀態調查, 其1 水原郡
조선총독부
346쪽 1책(면수복잡)
조선총독부(경성)
23㎝ 활자본
1929
국립중앙도서관
911.06-초586ㅅ-1＝2

生活狀態調查, 其2 濟州島
조선총독부
273쪽 2책(면수복잡)
조선총독부(경성)
23㎝ 활자본
1929
국립중앙도서관
911.06-초586ㅅ-2＝2

生活狀態調查水原郡
256쪽 1책
朝鮮總督府
활자본
1929
学習院大学東洋文化研究所
302.2/4/28

調查資料 第29輯 生活狀態調查(其二) 濟州島
朝鮮總督府
미상
1935
国立国会図書館
292.1

調查資料 第28輯 生活狀態調查(其一) 水原郡
朝鮮総督府
미상
1935
国立国会図書館
292.1

生活狀態調查 済州島
1741책
朝鮮總督府
활자본
1929
学習院大学東洋文化研究所
302.2/4/29

生活狀態調查 其1：水原郡, 其2：濟州島, 其3：江陵郡, 其4：平壤府, 其7：慶州郡

生活狀態調查　其2(済州島)(調查資料；第29輯)

174쪽 1책
朝鮮總督府
활자본
1929
国立国会図書館
365.5-Ty992s

生活狀態調査. 其4, 平壤府
조선총독부
567쪽 1책
조선총독부(경성)
23㎝ 활자본
1932
국립중앙도서관
朝91-6-34=2

調査資料 第34輯 生活狀態調査 (其四) 平壤府
朝鮮總督府
미상
1935
国立国会図書館
292.1

生活狀態調査平壤府
386쪽 1책
朝鮮總督府
활자본
1932
学習院大学東洋文化研究所
302.2/4/34

李朝生活狀態

미상
하와이 대학
Asia DS901/.P5

朝鮮の群衆
조선총독부 관방문서과
245쪽 1책
朝鮮總督府(京城)
23㎝ 활자본
1926
국립중앙도서관
朝17-20

朝鮮の聚落
조선총독부
994쪽 1책
1935
하와이 대학
K.380

朝鮮の聚落
朝鮮總督府
미상
1933-35
東京大学, 京都大学
A90 : 586

朝鮮の聚落. 後篇
조선총독부
1021쪽 1책
朝鮮總督府(京城)
24㎝ 활자본
1935

국립중앙도서관
朝91-6-41

朝鮮の特殊部落
조선총독부
18쪽 1책
李覺鍾
朝鮮總督府(京城)
23㎝ 활자본
1924
국립중앙도서관
朝17-5＝2

朝鮮の特殊部落
15쪽 1책
朝鮮総督府
미상
1924
学習院大学友邦文庫
NY388

朝鮮舊時ノ社會事業一班
조선총독부 중추원
183쪽 1책
村山囑託
27×19.5㎝ 寫本
1921寫
국사편찬위원회
中B13G-96

朝鮮部落調査報告：火田民來住支那人
조선총독부
259쪽 1책

朝鮮總督府(京城)
26㎝ 활자본
1924
국립중앙도서관
301.35 ㅈ538ㅈ

朝鮮部落調査報告
4쪽, 65쪽 1책
미상
1924序
京都大学, 学習院大学友邦文庫
5-83//チ//14

朝鮮部落調査予察報告
조선총독부
128쪽 1책
1923
하와이 대학
Asia HN730.5/.K67/1923

朝鮮部落調査予察報告 第1冊
82쪽 1책
朝鮮総督府
활자본
1923
国立国会図書館
14.5-82

朝鮮部落調査豫察報告
2쪽, 2쪽, 5쪽, 82쪽 1책
朝鮮総督府
미상
1923

東京大学
A：39：114

朝鮮部落調査豫察報告 第1冊
조선총독부
171쪽 1책
朝鮮總督府(京城)
26㎝ 활자본
1923
국립중앙도서관
朝60-9

朝鮮部落調査特別報告 第1冊
조선총독부
129쪽 1책
朝鮮總督府(京城)
26㎝ 활자본
1924
국립중앙도서관
朝60-11

朝鮮部落調査特別報告 第1冊(民家)
78쪽 1책
朝鮮總督府
활자본
1924

国立国会図書館
14.5-107

朝鮮事情調査書
조선총독부
195쪽 1책
26.6×18.9㎝ 필사본
미상
국립중앙도서관
한古朝60-38

朝鮮社會調査綱目
조선총독부 중추원
125쪽 1책
竹山府(朝鮮)編
28×21㎝ 寫本
1910～1945寫
국사편찬위원회
中C14B-12

朝鮮人の生活狀態
兵庫県 社會課
161쪽 1책
1937
하와이 대학
K.353

4. 조선사

4-1. 사료수집 및 편찬

江原道鄕土史料
조선총독부 중추원
51쪽 1책
19.5×26.5㎝ 필사본
수원시박물관
B-1-148

高麗史 第十八 戰亂事變 四冊-內二
조선총독부 중추원
2쪽 1책
20×28㎝ 필사본
미상
수원시박물관
B-1-624

古文記 寫(朝鮮史料集眞 拔萃)
조선총독부 중추원
48쪽 1책
20×28㎝ 필사본
수원시박물관
B-1-627

舊文記
조선총독부 중추원
1-68쪽, 2-66쪽, 3-66쪽(1), 4-32쪽, 5-32쪽,
6-32쪽(2) 10책
寫本

1910~1945寫
국사편찬위원회
中B14-17

內鮮一體懷古資料 朝鮮の國名に因める名詞
考
미상
Keijo : Chōsen Sōtokufu Chūsūin
1940
콜롬비아 대학
812 Im1

史蹟調査
조선총독부 중추원
8쪽 1책
19.5×27㎝ 필사본
1916
수원시박물관
B-1-381

朝鮮半島史 史料調査
조선총독부 중추원
1책
20×27.5㎝ 필사본
1916
수원시박물관
B-1-152

朝鮮史料(第一卷ノ三) 三韓
조선총독부 중추원
210쪽 1책
20×28㎝ 필사본
수원시박물관
B-1-623

朝鮮史料(第一卷ノ二) 箕子朝鮮
1책
20×27.5㎝
수원시박물관
B-1-622

朝鮮史料調査要錄
조선총독부 조선사편수회
1책
1935~1936
하와이 대학
Asia Ref. Z3316/.C462

忠淸南道史料採訪復命書
조선사편수회
36쪽 4책
中村榮孝, 玄陽燮, 野村喬木, 前田耕造
28×20㎝ 寫本
1928~1944寫
국사편찬위원회
B17B-99

忠淸南北道 採訪復命書
조선총독부 중추원
13쪽 1책
20×28㎝ 필사본

1925
수원시박물관
B-1-058

忠淸南北道史料採訪復命書
조선사편수회
23쪽 1책
稻葉岩吉
28.5×20㎝ 寫本
1925寫
국사편찬위원회
B17B-101

平安南道史料採訪復命書
조선총독부 중추원
4쪽 1책
稻葉岩吉
25×17㎝ 寫本
1923寫
국사편찬위원회
B17B-104

平安南北道史料採訪復命書
조선총독부 중추원
20쪽 3책
稻葉岩吉
28.5×20㎝ 寫本
1914~1930寫
국사편찬위원회
B17B-105

韓國史 農商務省山林局抄訳
대장성[러시아]

636쪽 1책
農商務省山林局
1905
하와이 대학
Asia DS902/.E83/1967

韓國總攬
미상
1491쪽 1책
德永勳美
博文館
1907
하와이 대학
Asia DS907/.T63

咸鏡南道 一(辭書編纂調查)
1책
16.5×24.5㎝
수원시박물관
B-1-731

咸鏡南道史料採訪復命書
조선사편수회
16쪽 1책
朴容九, 高橋琢二
28×20㎝ 寫本
1927寫
국사편찬위원회
B17B-106

咸鏡南道鄕土史料

조선총독부 중추원
65쪽 1책
19.5×28㎝ 필사본
수원시박물관
B-1-151

玄菟郡及臨屯郡考, 眞番君の位置, 平南黃
海古跡調査報告
조선총독부 중추원
134쪽 1책
20×28㎝ 필사본
수원시박물관
B-1-157

黃海道·平安南道史料採訪復命書
조선총독부 중추원
6쪽 1책
稻葉岩吉
28×20㎝ 寫本
1927寫
국사편찬위원회
B17B-114

黃海道史料採訪復命書
조선사편수회
9쪽 2책
稻葉岩吉
28×20㎝ 寫本
1928~1929寫
국사편찬위원회
B17B-113

4-2. 인명사전

名ニ關スル調査書
조선총독부 중추원
42쪽 1책
28×20㎝ 寫本
1910~1945寫
국사편찬위원회
中B10F-4

命名ニ關スル調査書
조선총독부 중추원
58쪽 1책
28×20㎝ 寫本
1910~1945寫
국사편찬위원회
中B10F-3

辭書編纂ニ關スル書類綴
48쪽 1책
28×20㎝ 필사본
1912
규장각
奎22009

書類綴
조선총독부 참사관실 사전편찬계
106쪽 1책
28.5×20㎝ 필사본(一部 謄寫)

1918~1920
규장각
奎22004

書類綴
조선총독부 참사관실 사서위원회
128쪽 1책
28×20㎝ 필사본
1913~1914
규장각
奎22011

書類綴
조선총독부 참사관실 사서위원회
72쪽 1책
28×20㎝ 필사본
1916~1917
규장각
奎22014

人名辭書原稿
조선총독부 중추원
1-214쪽(1), 2-474쪽(2), 3-622쪽(3), 4-558쪽
(4), 5-406쪽(5), 6-380쪽(6), 7-298쪽(7), 8-578
쪽(10), 9-502쪽(11), 10-516쪽(13), 11-570쪽
(14), 12-528쪽(15), 13-602쪽(16), 14-482쪽
(17), 15-876쪽(18), 16-584쪽(20), 17-540쪽

(21), 18-522쪽(22), 19-442쪽(23), 20-482쪽
(24), 21-508쪽(25), 22-418쪽(26), 23-556쪽
(27), 24-462쪽(28), 25-598쪽(30), 26-578쪽
(31), 27-674쪽(32), 28-406쪽(34), 29-516쪽
(35), 30-414쪽(36), 31-638쪽(37), 32-538쪽
(38), 33-558쪽(40), 34-738쪽(42), 35-486쪽
(43), 36-492쪽(44), 37-496쪽(45), 38-454쪽
(46), 39-484쪽(47) 49책(零本)
寫本
1910~1945寫
국사편찬위원회
中B9A-21

人名彙考補遺草稿
조선총독부 중추원
253쪽 1책
寫本
1910~1945寫
국사편찬위원회
中B9A-22

人名彙考原稿
조선총독부
1-210쪽(26), 2-462쪽(27), 3-214쪽(28),
4-254쪽(29), 5-436쪽(30) 30책
寫本
1910~1945寫
국사편찬위원회
中B9A-23

人名彙考人名簿
조선총독부 중추원
151쪽 1책

寫本
1910~1945寫
국사편찬위원회
中B9A-30

人名彙考人名簿
조선총독부 중추원
56쪽 1책
大浦局調査
寫本
1910~1945寫
국사편찬위원회
中B9A-24

人名彙考資料
조선총독부 중추원
57쪽 1책
寫本
1910~1945寫
국사편찬위원회
中B9A-25

人名彙考進行一覽
조선총독부 중추원
88쪽 1책
寫本
1910~1945寫
국사편찬위원회
中B9A-26

人名彙考草稿
법전조사국
1-330쪽(1), 2-480쪽(2), 3-366쪽(11), 4-414쪽

(12), 5-340쪽(13), 6-416쪽(14), 7-284쪽(15),
8-592쪽(16), 9-484쪽(17), 10-404쪽(18),
11-410쪽(19), 12-328쪽(20), 13-322쪽(21),
14-332쪽(22), 15-354쪽(23), 16-292쪽(24),
17-398쪽(25) 18-468쪽(26), 19-330쪽(27),
20-442쪽(35), 21-340쪽(36), 22-466쪽(38),
23-270쪽(39), 24-380쪽(40), 25-290쪽(41),
26-260쪽(42), 27-316쪽(45), 28-474쪽(46),
29-458쪽(47), 30-462쪽(49), 31-418쪽(50),
32-234쪽(51), 33-406쪽(52), 34-434쪽(53),
35-264쪽(54), 36-526쪽(55), 37-496쪽(56),
38-334쪽(59), 39-410쪽(60), 40-208쪽(61),
41-476쪽(62), 42-268쪽(63), 43-564쪽(64),
44-372쪽(65), 45-382쪽(66), 46-366쪽(67),
47-160쪽(68), 48-112쪽(69), 49-266쪽(70),
50-164쪽(71), 51-158쪽(72), 52-158쪽(73),
53-198쪽(74), 54-194쪽(75) 52책(零本)
寫本
1910~1945寫
국사편찬위원회
中B9A-27

朝鮮人名辭書
미상
Korea. Chungch'uwŏn
Keijo : Chōsen Sōtukufu Chūsūin
1937
콜롬비아 대학
CT1846.C55 1937

朝鮮人名辭書
조선총독부 중추원
2책

台湾琵巌
23㎝
1959
프린스턴 대학
(RCPPA) RJ2291/4222

朝鮮人名辭書 索引
미상
Keijo-fu : Chōsen Insatsu
1939
콜롬비아 대학
CT1846.C55 1937 Index

朝鮮人名辭書音別索引原稿
조선총독부 중추원
315쪽 1책
寫本
1938寫
국사편찬위원회
中B9A-29

朝鮮人名彙考人名簿
조선총독부 중추원
534쪽 2책
寫本
1910~1945寫
국사편찬위원회
中B9A-30

朝鮮人名彙考人名原稿
조선총독부 중추원
186쪽 3책
寫本

1919
국사편찬위원회
中B9A-31

朝鮮人名彙考資料
조선총독부 중추원
270쪽 2책
寫本
1910~1945寫
국사편찬위원회
中B9A-32

現代朝鮮人名辞典
霞關会
305쪽 1책
外交時報社
1960
하와이 대학
K.413

5. 조선지지

5-1. 조선지지

校訂 世宗實錄地理志
미상
Keijō : Chōsen Sōtokufu Chūsūin
1937
콜롬비아 대학
219.002 K84

校訂 世宗實錄地理志
미상
콜롬비아 대학
DS902.2 .S4

校訂慶尙道地理志 ; [校訂]慶尙道續撰地理志
조선총독부 중추원
2책
23㎝
1938
프린스턴 대학
(ANXA) J3495/4222

同文彙考 原編續 疆界 一
조선총독부 중추원
100쪽 1책
20×28.3㎝ 필사본
수원시박물관
B-1-704

世宗實錄地理志索引(校訂)
조선총독부 중추원 조사과
121쪽 1책
조선총독부 중추원(京城)
22㎝ 활자본
1937
국립중앙도서관
2703-3

新增東國輿地勝覽索引
미상
Keijo : Chōsen Sōtokufu Chūsūin
1937~1940
콜롬비아 대학
219.002 Sh6 Index

實錄地理抄
미상
1-328쪽, 2-350쪽, 3-292쪽, 4-284쪽, 5-96쪽 5책
寫本
1910~1945寫
국사편찬위원회
中B18E-71

朝鮮金石総覧
조선총독부

1책
1919
하와이 대학
Asia CN1230/.K7K68

朝鮮田土名稱考
조선총독부
27쪽 1책
26.5×19.4㎝ 寫本
1910~1945寫
국사편찬위원회
中B13G-100

朝鮮地理統計表
82쪽 1책
19×25.9㎝
1910
수원시박물관
B-1-711

朝鮮地誌
미상
102쪽 1책
坂根達郎
1881
하와이 대학
Asia DS902/.S34

朝鮮地誌
학부 편집국(조선)
51쪽 1책
28×18.4㎝ 芸閣印書體字
高宗32年(1895)
규장각
古4790-40, 古 915.1-J773j

朝鮮地誌資料
조선총독부 임시토지조사국
438쪽 1책
1919
하와이 대학
Asia GB319/.K67

地名索引
1책
19.5×26.5㎝
수원시박물관
B-1-710

地方行政区域名称一覧
548쪽, 9쪽 1책
1924
東京經濟大学櫻井義之文庫
0044

5-2. 지방

京官職 1
조선총독부 중추원
13쪽 1책
寫本
국사편찬위원회
中B1IB-2

京官職 2
조선총독부 중추원
1책
寫本
국사편찬위원회
中B1IB-2

文廟に關する調査
조선총독부
23쪽 1책
小田省吾
朝鮮總督府(京城)
23㎝ 활자본
1924
국립중앙도서관
朝01-4

四ノ內三 慶州
273쪽 1책
20.2×28㎝

수원시박물관
B-1-736

祠宇及書院ニ關スル事項
조선총독부 중추원
98쪽 1책
劉猛
寫本
1910~1945寫
국사편찬위원회
中B16FB-43

祠院(일성록)
조선총독부 중추원
62쪽 1책
寫本
1910~1945寫
국사편찬위원회
中B18F-40

書院(비변사등록)
조선총독부 중추원
34쪽 1책
寫本
1910~1945寫
국사편찬위원회
中B18B-33

書院(실록)
조선총독부 중추원
2쪽 1책
寫本
1910~1945寫
국사편찬위원회
中B18E-53

(書院) 慣習調査
조선총독부 중추원
67쪽 1책
20×27.5㎝ 필사본
1932
수원시박물관
B-1-070

(書院) 93 書院ニ關スル調査事項
조선총독부 중추원
7쪽 1책
19×26.5㎝ 필사본
1914
수원시박물관
B-1-034

書院及鎭ニ關スル調査書(울산성지공원개량
안)
조선총독부 중추원
46쪽 1책
20×28㎝ 필사본
1928
수원시박물관
B-1-066

作統
조선총독부 중추원
32쪽 1책
寫本
1910~1945寫
국사편찬위원회
中B18B-54

作統
조선총독부 중추원
2쪽 1책
寫本
1910~1945寫
국사편찬위원회
中B18E-99

作統
조선총독부 중추원
8쪽 1책
寫本
1910~1945寫
국사편찬위원회
中B18F-80

(制度) 勸農, 留鄕所, 里契等
조선총독부 중추원
54쪽 1책
19.5×26.5㎝ 필사본
1920
수원시박물관
B-1-441

(7-6) (制度) 地方制度等(全羅道)

조선총독부 중추원
9쪽 1책
19.5×27㎝ 필사본
수원시박물관
B-1-178

(制度) 小作制度及水利關係, 鄉校, 鄉約契,
海運 附運河
조선총독부 중추원
38쪽 1책
19.5×26.5㎝ 필사본
1921
수원시박물관
B-1-179

朝鮮の部曲に就て
조선총독부 중추원
25쪽 1책
松田甲
28×19㎝ 寫本
1910~1945寫
국사편찬위원회
中B6B-240

朝鮮の鄉約
조선총독부 중추원
84쪽 1책
寫本
1910~1945寫
국사편찬위원회
中C2-27

地方制度(비변사등록)

조선총독부 중추원
48쪽 1책
寫本
1910~1945寫
국사편찬위원회
中B18B-66

地方制度(일성록)
조선총독부 중추원
35쪽 1책
寫本
1910~1945寫
국사편찬위원회
中B18F-97

地方制度ニ關スル事項
조선총독부
51쪽 1책
19×26.5㎝ 필사본
1915
수원시박물관
B-1-646

地方行政(日省錄拔萃)
조선총독부 중추원
1048쪽 4책(零本)
寫本
1910~1945寫
국사편찬위원회
中B18F-98

地方行政區劃
조선총독부 중추원

115쪽 1책
19×27㎝ 필사본
1921
수원시박물관
B-1-205

咸興新舊鄕憲目
조선사편수회
24쪽 1책
寫本
국사편찬위원회
C2-33

鄕約の一斑(往時の朝鮮に於ける自治の萌芽)
조선총독부
59쪽 1책
富永文一
朝鮮總督府(京城)
23㎝ 활자본
1923
국립중앙도서관
朝17-116

鄕約新編
조선총독부 중추원
46쪽 1책
寫本
光武5年(1901)序
국사편찬위원회
中C2-36

鄕約節目
조선사편수회
22쪽 1책
寫本
1945寫
국사편찬위원회
C2-37

鄕執綱錄
조선총독부
90쪽 1책
寫本
1910~1945寫
국사편찬위원회
B14A-20

鄕廳ニ關スル事項
조선총독부
10쪽 1책
김영한
寫本
1915寫
국사편찬위원회
中B12B-30

鄕廳事例謄錄
조선총독부
186쪽 1책
寫本
1945寫
국사편찬위원회
B14A-22

5-3. 지방읍지

江界志 上卷
조선총독부 중추원
46쪽 1책
20×28㎝ 필사본
수원시박물관
B-1-150

泗川縣誌
조선총독부 중추원
2쪽 1책
20.3×28.5㎝ 필사본
수원시박물관
B-1-729

善山府誌
조선총독부 중추원
5쪽 1책
20.5×28.2㎝ 필사본
수원시박물관
B-1-683

醴泉郡誌
조선총독부 중추원
12쪽 1책
20.5×28㎝ 필사본
수원시박물관
B-1-686

熊川縣誌
7쪽 1책
20.5×28㎝
수원시박물관
B-1-684

邑誌臺帳
25쪽 1책
275×195㎝ 필사본[刊期未詳]
규장각
奎26750

全羅北道
비변사등록
75쪽 1책
寫本
미기재
국사편찬위원회
中B13G-87

昌原府誌
조선총독부 중추원
3쪽 1책
20.3×28.5㎝ 필사본
수원시박물관
B-1-685

6. 기타

6-1. 기타

6-1. 기타

Orders and regulations relating to land tax, urban land tax, tobacco tax & land investigation : translation
88쪽 1책
朝鮮総督府中枢院
활자본
1914
京都大學 經濟學部 図書室
BII//5//ORDE//戦前·新分類

Provisional report on investigations of laws and customs in the Island of Formosa
155쪽 1책
Kobe Herald
활자본
1902
日本日本国立国会図書館, 東京大学東洋文化研究所図書室, 東京大学法学部, 九州大学附属図書館, 九州大学附属図書館, 京都大学人文科学研究所図書室, 京都大学附属図書館, 京都大学文学研究科図書館, 京都大学法学部図書室, 拓殖大学図書館, 同志社大学図書館今出川図書館,独立行政法人国際交流基金情報センターライブラリー, 独立行政法人水産大学, 一橋大学附属図書館, 明治大学図書館
6429059

ヴァヌアツ：慣習の地
16쪽 1책
활자본
미상
立教大学図書館, 立命館大学図書館
297.33//N 57

カムボヂア民俗誌：クメール族の慣習
324쪽 1책
生活社
활자본
1944
国立国会図書館デジタル化資料
382.2

コンソラート·デル·マーレ(海事ニ関スル善良ナル慣習)ノ譯文
1-29쪽, 2-508쪽 2책
不明
활자본
미상
一橋大学附属図書館
Call No. Aoyama/E：203

「スマトラ」ニ於ケル慣習法
軍政支部スマトラ東海岸州政廳調査課
등사판

미상
東京大學東洋文化研究所図書室
L70：32：1, 2

ヂギタリス類藥物(「ストロフアンチン」及ビ
「ヂギフオリン」)ノ慣習性ニ就キテ
19쪽 1책
미상
1927
国立国会図書館
雑28-40

ビルマ仏教徒と慣習法
Mootham, O.H.
1-213쪽, 2-3쪽 2책
満鉄東亜経済調査局
활자본
1942
国立国会図書館
324.92

マーシャル群島に於ける舊慣調査報告書：
酋長制度及び土地制度
108쪽 1책
南洋廳
활자본
1931
沖縄県立図書館
334/MA82

ヤップ離島サトワル島々民の慣習
南洋廳 內務部 地方課
不明

활자본
1939
東京大学駒場図書館
OC：N48

家禮附贅拔萃
조선총독부 중추원
36쪽 1책
寫本
1910~1945寫
국사편찬위원회
中A5E-1

家産法梗概
1-2쪽, 2-31쪽 2책
臨時台湾旧慣調査会(台北)
활자본
1912
東京大学総合図書館, 京都大学法学部図書室
L90：180

間島産業調査書
조선총독부 중추원
92＋T188TT181：T2727 1책
寫本
1910~1945寫
국사편찬위원회
中B16BE-1

疆界及定界
조선총독부 중추원
34쪽 1책
19.5×27㎝ 필사본

수원시박물관

B-1-703

江原道里程表

미상

56쪽 1책

20×28.5㎝ 필사본

수원시박물관

B-1-226

慶北慶州郡內圖書調査目錄調書

45쪽 1책

28×20㎝ 寫本

1927寫

국사편찬위원회

B17B-5

慶尙南北道 民情視察調査

조선총독부 중추원

15쪽 1책

20×28㎝ 필사본

1929

수원시박물관

B-1-181

經濟資料(江原道)

조선총독부 중추원

50쪽 1책

寫本

1910~1945寫

국사편찬위원회

中B13G-12

經濟資料(京畿道)

조선총독부 중추원

73쪽 1책

寫本

1910~1945寫

국사편찬위원회

中B13G-13

經濟資料(慶尙道)

조선총독부 중추원

152쪽 1책

寫本

1910~1945寫

국사편찬위원회

中B13G-14

經濟資料(全羅道)

조선총독부 중추원

141쪽 2책

寫本

1910~1945寫

국사편찬위원회

中B13G-15

經濟資料(忠淸道)

조선총독부 중추원

210쪽 1책

寫本

1910~1945寫

국사편찬위원회

中B13G-16

經濟資料(平安道)

조선총독부 중추원
71쪽 1책
寫本
1910~1945寫
국사편찬위원회
中B13G-18

經濟資料(咸鏡道)
조선총독부 중추원
75쪽 1책
寫本
1910~1945寫
국사편찬위원회
中B13G-19

經濟資料(黃海道)
조선총독부 중추원
43쪽 1책
寫本
1910~1945寫
국사편찬위원회
中B13G-21

耕地改良擴張基本調查事業報告書
조선총독부 토지개량부
127쪽 1책
朝鮮總督府土地改良部(京城)
28㎝ 활자본
1931
국립중앙도서관
朝81-172

考事資料ニ關スル調査(土城, 王陵, 寺址 等)

조선총독부 중추원
51쪽 1책
19.5×27㎝ 필사본
1917
수원시박물관
B-1-060

科擧七日辛巳
조선총독부 중추원
163쪽 1책
20×28㎝ 필사본
수원시박물관
B-1-670

館界展望
미상
5쪽 1책
15.1×22.3㎝
1939~1940
수원시박물관
B-1-756

歐洲各國王室家憲
제도취조국
170쪽 1책
制度取調局(東京)
23㎝ 활자본
1887
국립중앙도서관
3-52-D33

國立公園法
6쪽 1책

18×25.8㎝

1931

수원시박물관

B-1-746

國立公園法

6쪽 1책

18×26㎝

1931

수원시박물관

B-1-761

國立公園法施行規則

10쪽 1책

18×25.8㎝

1931

수원시박물관

B-1-748

國立公園法施行令

5쪽 1책

18×25.9㎝

1931

수원시박물관

B-1-747

貴族特權

제도취조국

123쪽 1책

制度取調局(東京)

19㎝ 활자본

1887

국립중앙도서관

3-52-D32

機密ニ關スル書類

조선사법협회

193쪽 1책

19.5×28㎝ 필사본

1921~1925

수원시박물관

B-1-076

起源及分類調査(朝鮮種煙草)

조선총독부 전매국

210쪽 1책

朝鮮總督府專賣局(京城)

23㎝ 활자본

1926

국립중앙도서관

朝81-200

金剛山保勝調査上原囑託口頭復命槪要

미상

5쪽 1책

17.7×25.4㎝

수원시박물관

B-1-744

(第1案) 金剛山探勝施設計劃案

미상

1책

17×25.2㎝

수원시박물관

B-1-738

(第1案) 金剛山探勝施設計劃案
미상
1책
18.2×26.2㎝
수원시박물관
B-1-739

(第2案) 金剛山探勝施設計劃案
미상
8쪽 1책
17.2×25.1㎝
수원시박물관
B-1-740

金剛山風景計劃案
미상
29쪽 1책
18×26㎝
수원시박물관
B-1-741

金剛山風景計劃案
미상
17쪽 1책
18.2×26.2㎝
수원시박물관
B-1-742

(明文) 咸豊十年六月初七日 金明實前明文
等
미상
10쪽 1책
20×28㎝

수원시박물관
B-1-636

南江放水事業
조선총독부
11쪽 1책
18.5×27.5㎝ 필사본
수원시박물관
B-1-168

南書, 好太王碑文
1책
20.2×28.3㎝
수원시박물관
B-1-759

大京城編纂資料ニ關スル件
경성부 중앙도매시장장
8쪽 1책
19.7×28㎝
1942
수원시박물관
B-1-757

德應捧貰節目
미상
6쪽 1책
20×28.2㎝
1924
수원시박물관
B-1-721

獨立協會

조선총독부 중추원
7쪽 1책
19.2×26.8㎝ 필사본
수원시박물관
B-1-750

東印度慣習と其の研究法
미상
Takakuwa, Shōzō
Tokyo : Nanyō Keizai Kenkyūjo
1943
콜롬비아 대학
330.223 N15 no.290

「蘭印慣習法」總目次
163쪽 1책
東亞研究所第四部
활자본
미상
天理大学附属天理図書館, 一橋大学附属図書
館
329.24 ‖ 3

滿洲國縣參事官制度の重要性
대아세아건설사
60쪽 1책
大亞細亞建設社(東京)
23㎝ 활자본
1934
국립중앙도서관
朝28-110

妙香山普賢寺其他ニ關スル調査

조선총독부 중추원
157쪽 1책
19×26㎝ 필사본
수원시박물관
B-1-170

裵氏勿侵事目 寫
7쪽 1책
20×28㎝
1924
수원시박물관
B-1-705

白頭山ヲ中心トスル資源調査ニ關スル件
함경북도
8쪽 1책
18.5×26㎝ 필사본
1939
수원시박물관
B-1-691

蕃族槪況 第1卷
대만총독부번족조사회(대북)
529쪽 1책
臺灣總督府蕃族調査會(臺北)
26㎝ 활자본
1921
국립중앙도서관
6-87-B39-1

復命書
조선총독부 중추원
45쪽 1책

19×26.5㎝ 필사본
1933
수원시박물관
B-1-174

復命書(博川等人物彙考參考資料)
조선총독부 중추원
39쪽 1책
20×28.5㎝ 필사본
1930
수원시박물관
B-1-658

山論
조선총독부 중추원
96쪽 1책
19.7×27㎝ 필사본
수원시박물관
B-1-664

(金石文名稱) 三陟陟州東海碑等
조선총독부 중추원
178쪽 1책
20×28㎝ 필사본
수원시박물관
B-1-690

西北蒙古誌 第2卷(民族·慣習編)
1-444쪽, 2-50쪽 1책
東亜研究所訳竜文書局
활자본
1945
国立国会図書館

292.26

(瑞山) 八峯面榛墻里秋收記
17쪽 1책
20×28.2㎝
1933
수원시박물관
B-1-719

宣惠各廳一年收支比較表
1책
20×28.5㎝
수원시박물관
B-1-631

8) 性別關係よりみたる就寢慣習
7쪽 1책
社団法人日本建築学会
활자본
1943
CiNii論文PDF(원문)
AN00079358

素盞嗚尊卜朝鮮
조선총독부 중추원
37쪽 1책
20×28㎝ 필사본
1929
수원시박물관
B-1-073

宋史 自卷一至卷一百十九
조선총독부 중추원

97쪽 1책
20.2×27.9㎝ 필사본
수원시박물관
B-1-733

順天府補弊節目
4쪽 1책
19.7×27.3㎝ 寫本
1924
수원시박물관
B-1-722

順天北坪狀監考節目
6쪽 1책
19.5×27.5㎝ 寫本
1924
수원시박물관
B-1-732

(元山等) 視察及調査項出張復命書
조선총독부 중추원
35쪽 1책
20×28.5㎝ 필사본
1928
수원시박물관
B-1-657

視察事項
조선총독부 중추원
34쪽 1책
20.5×28.5㎝ 필사본
1927
수원시박물관

B-1-449

新撰姓氏錄
미상
1-76쪽, 2-88쪽, 3-70쪽 3책
寫本
1910~1945寫
국사편찬위원회
中B10D-1

新撰姓氏錄
미상
36쪽 1책
寫本
1900年代寫
국사편찬위원회
中B10D-1a

新編諸宗敎藏總錄
미상
118쪽 3권 1책
義天(1055~1101)
寫本
1930寫
국사편찬위원회
B17B-62

實錄·日省錄·備邊司謄錄拔萃分類目錄
미상
1-50쪽, 2-64쪽 2책
寫本
1942寫
국사편찬위원회

B17B-64

實錄·日省錄·備邊司謄錄拔萃編年目錄
미상
70쪽 1책
寫本
1910~1945寫
국사편찬위원회
B17B-65

暗行御史
1책
19×26.5㎝
수원시박물관
B-1-160

鴨綠江下流國彊調查復命書 第二編文書調
查
조선총독부 중추원
82쪽 1책
20.4×28㎝ 필사본
수원시박물관
B-1-702

鴨綠江下流國彊調查復命書 第一編實地調
查
조선총독부 중추원
179쪽 1책
20×28㎝ 필사본
1925
수원시박물관
B-1-701

梁高僧傳拔萃
조선총독부 중추원
4쪽 1책
20×28㎝ 필사본
1921
수원시박물관
B-1-625

英國皇室制度雜纂
제도취조국
158쪽 1책
制度取調局(東京)
23㎝ 활자본
1889
국립중앙도서관
3-52-A20

嶺南聞慶 經濟資料補充 3(聞慶府事例冊)
조선총독부 중추원
25쪽 1책
20×28㎝ 필사본
수원시박물관
B-1-149

溫泉案內
조선총독부 중추원
1책
20×28㎝ 필사본
수원시박물관
B-1-071

(明文) 任午正月初七日外孫金聖錫處別給
等

조선총독부 중추원

57쪽 1책

20×27.7㎝ 필사본

수원시박물관

B-1-688

月令監察依幕査定節目

1책

20×28.5㎝

수원시박물관

B-1-645

月別草稿人名簿(漢文部)

조선총독부 중추원

58쪽 1책

20×28.5㎝ 필사본

1930

수원시박물관

B-1-209

委員会(分科会)書類

105쪽 1책

20×27.5㎝

수원시박물관

B-1-712

儀禮準則

조선총독부

184쪽 1책

朝鮮總督府(京城)

19㎝ 활자본

1934

국립중앙도서관

朝67-22

議案

조선총독부 중추원

32쪽 1책

寫本

1910~1945寫

국사편찬위원회

中B14-53

吏讀文古碑其他考古資料ニ關スル事項

조선총독부 중추원

10쪽 1책

19.2×27㎝ 필사본

1914

수원시박물관

B-1-713

(明文) 乾隆三年五月初三日 李書房宅奴靑福前明文等

조선총독부 중추원

29쪽 1책

20×28.5㎝ 필사본

수원시박물관

B-1-626

日本公使就職年月

3쪽 1책

19×26.5㎝

수원시박물관

B-1-644

(昭和十年以後)雜書類綴－金銀鑛 鑛山圖面

等
조선총독부 중추원
1책
20.5×28.5㎝ 필사본
1935
수원시박물관
B-1-396

1942年以後藏書目錄 第二
4쪽 1책
19.5×26.2㎝
1942
수원시박물관
B-1-709

○障害木の伐採に關する慣習(森林法制)
확인불가
활자본
1943
CiNii論文PDF(원문)
AN00198561

全國地名錄
1책
16.5×24㎝
수원시박물관
B-1-726

全鮮立石寶石笠岩笠石等洞里名調査綴
조선총독부 중추원
10쪽 1책
20.2×28.2㎝ 필사본
수원시박물관

B-1-706

田村博士 調査報告
20쪽 1책
17.5×25.4㎝
수원시박물관
B-1-743

鼎足山江華書籍目錄
내각기록과
51쪽 1책
17.5×26㎝ 필사본
1910
수원시박물관
B-1-003

(制度) 75 版木ニ關スル調査事項
조선총독부 중추원
15쪽 1책
18.5×26㎝ 필사본
1913
수원시박물관
B-1-154

第一回 幹事會 金剛山風景計劃案
21쪽 1책
17.8×25.1㎝
수원시박물관
B-1-745

(朝鮮ノ建國) 穆祖翼祖等
188쪽 1책
19×27㎝

수원시박물관
B-1-659

朝鮮の國名に因める名詞考
미상
Tokyo : Daiichi Shobō
2000
콜롬비아 대학
PL664.K6 C56 2000

明治四十一年漫遊 朝鮮ノ部名刺
조선총독부 중추원
63쪽 1책
17×25㎝ 필사본
1908
수원시박물관
B-1-397

朝鮮ノ遞信事業
조선총독부 체신국
81쪽 1책
朝鮮總督府遞信局(京城)
19㎝ 활자본
1925
국립중앙도서관
朝32-B5-1

朝鮮の統治と基督敎
조선총독부
73쪽 1책
朝鮮總督府(京城)
22㎝ 활자본
1921

국립중앙도서관
경 322.1 J773c

朝鮮の統治と基督敎
68쪽 1책
조선총독부
활자본
1933
국회도서관
275.1 ㅈ538ㅈ

朝鮮物價關係法規集
조선총독부 물가조정과
339쪽 1책
朝鮮統制經濟硏究會(京城)
18㎝ 활자본
1942
국회도서관
338.526 ㅈ538ㅈ

朝鮮人の思想と性格
조선총독부
116쪽 1책
朝鮮總督府(京城)
23㎝ 활자본
1927
국립중앙도서관
朝91-29

朝鮮皇室及民族變遷ノ梗要
平木勘太郎
26쪽 1책
內閣不動産法調査會

미상
미상
京都大学文学研究科図書館
お//307

(明文) 州內閔校理宅奴点金等
9쪽 1책
20×28.2㎝
수원시박물관
B-1-689

(地名) 通川郡養元面
강원도
52쪽 1책
17×25㎝ 필사본
수원시박물관
B-1-687

進修堂監定時行間禮彙纂
조선총독부 중추원
108쪽 1책
寫本
光武6年(1902)序
국사편찬위원회
中A5E-25

參事官の永久的使命(滿洲國縣旗)
100쪽 1책
笠木良明著
大亞細亞建設社(東京)
20㎝ 활자본
1935
국립중앙도서관

朝28-75

天道敎槪論
조선총독부 경무국 도서과
235쪽 1책
朝鮮總督府警務局(京城)
23㎝ 활자본
1930
국회도서관
299.51 ㅈ538ㅈ

鐵塔計算竝圖面
75쪽 1책
19.8×27㎝
수원시박물관
B-1-720

靑去來案 卷八
미상
1책
20×28㎝
1904
수원시박물관
B-1-630

請願書
6쪽 1책
19.8×27㎝
1906
수원시박물관
B-1-707

忠北都衿錄

상무소
17쪽 1책
19×27.5㎝ 필사본
1900
수원시박물관
B-1-016

忠淸北道四郡民情視察報告書
조선총독부 중추원
21쪽 1책
20×28.5㎝ 필사본
1927
수원시박물관
B-1-173

治水及水利踏査書
조선총독 관방토목부
861쪽 1책
朝鮮總督府(京城)
26㎝ 활자본
1920
국립중앙도서관
朝76-8

學務行政硏究報告書
조선총독부 중추원
1책
필사본
수원시박물관
B-1-681

學務行政硏究報告書
10쪽 1책

19.5×27㎝
수원시박물관
B-1-751

韓山農地開發事業 德龍貯水池實施計劃書
조선농지개발영단
25쪽 1책
18.5×25.5㎝ 필사본
1943
수원시박물관
B-1-395

同治四年正月日咸鏡道三甲各鎭保甲子條防布年終成冊
18쪽 1책
20×28㎝
수원시박물관
B-1-628

行政簡素化二依ル事務刷新二關スル府郡提出意見
미상
82쪽 1책
18×24㎝ 필사본
1943
수원시박물관
B-1-161

會社定款及組合規約
法典調査局
31쪽 1책
26㎝ 활자본
미상

ㅈ

근대 한국학 총서를 내면서

새 천년이 시작된 지도 벌써 몇 해가 지났다. 식민지와 분단국가로 지낸 20세기 한국 역사의 와중에서 근대 민족국가 수립과 민족문화 정립에 애써 온 우리 한국학계는 세계사 속의 근대 한국을 학술적으로 미처 정립하지 못한 채, 세계화와 지방화라는 또 다른 과제를 안게 되었다. 국가보다 개인, 지방, 동아시아가 새로운 한국학의 주요 연구대상이 된 작금의 현실에서 우리가 겪어온 근대성을 다시 한 번 정리하고 21세기에 맞는 새로운 모습으로 탈바꿈시키는 것은 어느 과제보다 앞서 우리 학계가 정리해야 할 숙제이다. 20세기 초 전근대 한국학을 재구성하지 못한 채 맞은 지난 세기 조선학·한국학이 겪은 어려움을 상기해 보면, 새로운 세기를 맞아 한국 역사의 근대성을 정리하는 일의 시급성은 아무리 강조해도 지나치지 않다.

우리 '근대한국학연구소'는 오랜 전통이 있는 연세대학교 조선학·한국학 연구 전통을 원주에서 창조적으로 계승하고자 하는 목표에서 설립되었다. 1928년 위당·동암·용재가 조선 유학과 마르크스주의, 그리고 서학이라는 상이한 학문적 기반에도 불구하고 조선학·한국학 정립을 목표로 힘을 합친 전통은 매우 중요한 경험이었다. 이에 외솔과 한결이 힘을 더함으로써 그 내포가 풍부해졌음은 두말할 나위가 없다. 연세대학교 원주캠퍼스에서 20년의 역사를 지닌 '매지학술연구소'를 모체로 삼아, 여러 학자들이 힘을 합쳐 근대한국학연구소를 탄생시킨 것은 이러한 선배학자들의 노력을 교훈으로 삼은 것이다.

이에 우리 연구소는 한국의 근대성을 밝히는 것을 주 과제로 삼고자 한다. 문학 부문에서는 개항을 전후로 한 근대 계몽기 문학의 특성을 밝히는 데 주력할 것이다. 역사부분에서는 새로운 사회경제사를 재확립하고 지역학 활성화를 위한 원주학 연구에 경진할 것이다. 철학 부문에서는 근대 학문의 체계화를 이끌고 사회과학 분야에서는 학제간 연구를 활성화시키며 근대성 연구에 역량을 축적해 온 국내외 학자들과 학술교류를 추진할 것이다. 이러한 연구들은 일방성보다는 상호 이해와 소통을 중시하는 통합적인 결과물의 산출로 이어질 것이다.

근대한국학총서는 이런 연구 결과물을 집약적으로 정리하기 위해 마련하였다. 여러 한국학 연구 분야 가운데 우리 연구소가 맡아야 할 특성화된 분야의 기초 자료를 수집ㅣ출판하고 연구 성과를 기획ㅣ발간할 수 있다면, 우리 시대 연구자들뿐만 아니라 학문 후속세대들에게도 편리함과 유용함을 줄 수 있을 것이다. 새롭게 시작한 근대 한국학 총서가 맡은 바 역할을 충분히 할 수 있도록 주변의 관심과 협조를 기대하는 바이다.

연세대학교 원주캠퍼스 근대한국학연구소

편자

일제 조선관습조사 토대기초연구팀

본 연구팀은 2011년부터 3년 동안(2011.12.1.~2014.11.30.) '일제의 조선관습자료 해제와 DB화 작업' 연구과제로 한국학중앙연구원에서 지원을 받았다. 제1~3차년도 연구는 1906년부터 1938년까지 일제가 한국을 침략하면서 생산한 한국인의 각종 관습, 민속, 제도, 일상생활 등에 관한 자료들을 종합적으로 조사, 수집, 정리하였다. 이 자료 중에서 일부 핵심 자료를 대상으로 DB 구축, 해제, 자료 복사 및 디지털화를 〈조사·분류·정리〉, 〈해제·역주〉, 〈기초자료 및 자료집 간행〉 단계별로 진행하였다. 이 사업에 참여한 연구책임자 이하 공동연구원·전임연구인력은 다음과 같다.

왕현종 | 연세대 역사문화학과 교수, 연구책임자
이영학 | 한국외국어대 사학과 교수, 공동연구원
최원규 | 부산대 사학과 명예교수, 공동연구원
김경남 | 경북대 사학과 교수, 공동연구원
한동민 | 수원화성박물관장, 공동연구원
이승일 | 강릉원주대 사학과 교수, 전임연구인력 및 공동연구원
원재영 | 연세대 역사문화학과 강사, 전임연구인력

연세근대한국학총서 110 (H-023)
근대 한국 관습조사 자료집 1

일제의 조선관습조사 종합목록
일제 조선관습조사 토대기초연구팀

초판 1쇄 발행 2019년 7월 17일

펴낸이 오일주
펴낸곳 도서출판 혜안

등록번호 제22-471호
등록일자 1993년 7월 30일

주소 04052 서울시 마포구 와우산로 35길 3(서교동) 102호
전화 02-3141-3711~2 / **팩스** 02-3141-3710
이메일 hyeanpub@hanmail.net

ISBN 978-89-8494-580-7 93910

값 43,000 원